Medi cina senti mente lor

Ce se află cu adevărat în spatele emoțiilor noastre

Medicina sentimentelor

Inimi frânte

Lacrimi de bucurie

Piele de găină

Traducere din germană de
Paul Slayer Grigoriu

Ilustrații de
Patrick Widmer

Dr. med. JULIA FISCHER

CO-LECȚIA DE ȘTIINȚĂ

PUBLICA

Titlul și subtitlul originale: *DIE MEDIZIN DER GEFÜHLE: Gebrochene Herzen, Freudentränen, Gänsehaut! Was wirklich hinter unseren Emotionen steckt*

Autor: Dr. med. Julia Fischer

Descrierea CIP a Bibliotecii Naţionale a României
FISHER, JULIA

Medicina sentimentelor : inimi frânte, lacrimi de bucurie, piele de găină! : ce se află cu adevărat în spatele emoţiilor noastre / dr. med. Julia Fisher ; il. de Patrick Widmer ; trad. din lb. engleză de Paul Slayer Grigoriu. - Bucureşti : Publica, 2021

ISBN 978-606-722-425-2

I. Widmer, Patrick (il.)
II. Grigoriu, Paul Slayer (trad.)

159.9

EDITORI: Cătălin Muraru, Silviu Dragomir

DIRECTOR EXECUTIV: Adina Vasile

REDACTOR-ȘEF: Ruxandra Tudor

DESIGN COPERTĂ: Alexe Popescu

CORECTORI: Rodica Crețu, Paula Rotaru

DTP: Răzvan Nasea

CUPRINS

F

Furtuna sentimentelor

Cuvânt-înainte

Ne trezim între ele, ca în mijlocul unui uragan. Vuiesc în jurul nostru, ne răvășesc, ne țin sub apă și ne taie răsuflarea. Pot să ne ridice de jos, să ne poarte și să ne facă să zburăm. Sentimentele ne însoțesc în momentele agitate ale vieții, însă sunt alături de noi și în zilele cele mai liniștite. Uneori neobservate, ca aerul pe care îl respirăm. Dar sentimentele sunt primele pe care le percepem când ne trezim și ultimele pe care le simțim înainte să adormim. Pofta de mâncare, dorința de mișcare, cheful de sex. Bucuria pe care ne-o aduc familia, muzica sau o idee grozavă. Teama care ne face să fim prudenți când traversăm strada și supărarea pe care ni le provoacă nedreptatea, șansele ratate sau metroul. Durerea surdă pe care o simțim în burtă când pierdem pe cineva drag. Neliniștea care ne încețoșează rațiunea înaintea primei întâlniri. La fiecare întâmplare, la fiecare gând, la fiecare decizie sunt părtașe și sentimentele. Fără ele nu am putea să facem nimic!

Dar ce sunt sentimentele? Cum, când și de ce apar? Și putem oare să le influențăm? Nimic nu este mai fascinant pentru mine decât acest tip de întrebări. Întrebări despre minunile făcute fără încetare, uneori pe nesimțite, de adunătura noastră de celule, uneori mai mare, uneori mai mică, numită corp. Fiind specialistă în medicină, îmi place să merg până la capăt pe urmele acestor minuni de zi cu zi. Cum funcționează amintirile? Inima poate cu adevărat să se frângă? De ce fericirea este sănătoasă? Cercetez ce se află în spatele acestor lucruri și sunt de fiecare dată atât de entuziasmată de ce mi se deschide înainte, încât aș vrea să împărtășesc cele aflate cu toată lumea. Adesea fac acest lucru în intervențiile mele radiofonice sau pe contul meu de Instagram. Însă, când am început să mă ocup mai îndeaproape de cercetarea științifică a *sentimentelor*, am înțeles foarte repede: este nevoie de un cadru mai amplu. Am răscolit prin cărți de specialitate, am citit studii științifice și le-am pus întrebări experților – și am rămas profund impresionată. Mă simțeam ca și cum aș fi găsit niște ochelari cu care deveneau vizibile nuanțe și contexte din lumea noastră care până atunci îmi fuseseră ascunse.

Din prima clipă am pornit nu doar în explorarea fascinantă a științei, ci și într-o călătorie inițiatică spre mine însămi. Am început deodată să *înțeleg* ce se întâmplă în mine în anumite situații; ce implică să fii nervos sau nerăbdător. De ce „doare" când cineva mă dezamăgește sau când îmi este dor de cineva. De ce apropierea de alți oameni este un asemenea izvor incredibil de putere. Și în același timp mi s-a lămurit de ce se poartă mulți dintre noi cum se poartă. Fiecare taină a creierului nostru pe care am vrut să o deslușesc prin studiu mi-a dezvăluit noi fațete ale noastre ca persoane și mi-a provocat reflecții care mi-au influențat pe termen lung viziunea asupra vieții și asupra modului în care o stăpânim.

Trebuie spus că sentimentele sunt un domeniu de studiu incredibil de complicat. În privința funcției lor există un consens aproape general: ne asigură supraviețuirea, îndemnându-ne să facem ce e bine pentru noi – adică propice organismului – și arătându-ne ce ar trebui să evităm, pentru că ne-ar putea face rău. Sentimentele sunt puterea și slăbiciunile noastre, motorul și asigurarea de viață.

Dar caracterul lor subiectiv și existența lor volatilă, ascunsă în adâncul nostru, fac ca studiul lor să fie o adevărată provocare. Știința încearcă să-și facă sarcina mai ușoară, făcând diferența între sentimente și emoții. Însă și aici se vede imediat cât de complexă este problema: în ciuda unor eforturi de zeci de ani, nu s-a reușit până acum să se ajungă la o definiție consensuală a celor două noțiuni. O definiție (provizorie) de lucru acceptată de mulți cercetători ar fi:

Termenul *emoție* se referă la totalitatea proceselor biologice care au loc ca răspuns nemijlocit la o experiență din corpul nostru: activarea sistemului nervos autonom, punerea în mișcare a hormonilor, schimbarea expresiei feței și cenzurarea anumitor reacții.

Termenul *sentiment* descrie, pe de altă parte, trăirea subiectivă a acestor procese corporale. Este experiența personală a emoției, pentru care este decisivă și aprecierea situației. Astfel, percepem agitația și palpitațiile la apariția unui dușman ca teamă și o luăm la fugă, în timp ce aceleași procese fiziologice declanșează în noi un alt sentiment (și, e de sperat, și altă reacție), când tocmai se apropie de noi cel de care suntem îndrăgostiți.

Așadar, sentimentele celorlalți ne rămân ascunse, dacă nu cumva cei care le trăiesc nu ne povestesc despre ele. În schimb, emoțiile pot fi măsurate – cel puțin manifestările lor biologice.

Iar pentru a face acest lucru oamenii de știință au tot felul de idei: măsoară curenții creierului, frecvența bătăilor inimii și tensiunea arterială, stabilesc concentrația de hormoni, manipulează activitatea unor zone ale creierului cu curent electric și medicamente, studiază creierul animalelor și observă cum se comportă oamenii al căror creier a suferit de pe urma unor boli sau a unor accidente. Incredibile sunt pe deasupra și imaginile din creier pe care le putem obține prin procedurile moderne imagistice ale neurologiei - fără a deschide craniul. De una dintre aceste metode de cercetare vom tot da de-a lungul acestei cărți: rezonanța magnetică nucleară (RMN). Această dezvoltare a rezonanței magnetice „normale" (știți deja despre ce e vorba: „țevile" care furnizează fără raze imagini din interiorul corpului, numite și „Kernspin") ne permite nu doar să avem imagini stratificate cu structurile creierului, ci măsoară și activitatea metabolică în timpul observației. Asta înseamnă că ne oferă cu adevărat imagini ale *funcționării* creierului. Deci oamenii de știință pot vedea ce se întâmplă într-un creier care „simte".

Și cu acestea ajungem la un punct critic: putem să observăm și să descriem ce se întâmplă când oamenii simt. Dar să *explicăm* nu am reușit până astăzi. Studiul sentimentelor este prea nou pentru asta, hățișul de 86 de miliarde de celule nervoase, 5,8 milioane de kilometri de trasee nervoase și 100 de miliarde de sinapse din creierul nostru, prea complicat - iar omul, ca ființă simțitoare, prea complex. Asta înseamnă că nici eu nu vă pot oferi în această carte explicații dovedite dincolo de orice îndoială. Dar vă pot oferi presupuneri fiabile, care se sprijină la rândul lor pe impresionantele observații științifice actuale. Este foarte posibil ca studiile să aducă în următoarele decenii cu totul alte explicații. Dar de aceea sunt lucrurile atât de interesante: cu fiecare ipoteză, ne apropiem un pic mai mult de adevăr - și cu toate acestea probabil că va exista mereu o distanță între explicațiile științifice și ceea ce simțim cu adevărat -, cu inima, cu pielea,

cu părul. De aceea nu trebuie nici să vă faceți griji că știința ar „rupe vraja" lumii sentimentelor. Dimpotrivă, aș spune eu. Fiecare descoperire interesantă aduce cu sine și noi întrebări, secrete și minuni. În fața noastră se deschid lumi fascinante, pe care nu le-am descoperi niciodată dacă nu am încerca să privim în spatele cortinei.

Studiile științifice din ultimele decenii au arătat, de pildă, că emoțiile nu apar într-o singură zonă a creierului, cum se credea înainte. Ele sunt mai degrabă rezultatul unei interacțiuni fine între rețele întregi. O interacțiune care ne face să ne minunăm în fața complexității ei și în același timp ne pune în față multe noi enigme.

Dacă vom face referire în această carte la zonele creierului, la rețele și la transmițători, tot nu vom putea observa decât o mică parte din imensa și minunata mașinărie din creierul și trupul nostru. Ca și cum, în întuneric, am îndrepta raza lanternei asupra unei singure rotițe dintr-o mașinărie impresionantă. Și pentru că locurile prin care vom călători au uneori nume, împărțiri și funcții complicate, găsiți spre sfârșitul cărții „O scurtă introducere în creierul nostru". Aici aflați lucruri de bază despre modul de funcționare a giganticei noastre mașinării minunate și puteți urmări mereu traseul nostru.

Și vă promit: ce se întâmplă în mica rază de lumină a lanternei noastre ne spune multe lucruri despre motivele pentru care râdem, plângem, ne certăm, ne luptăm, ne temem, iubim și trăim așa cum o facem. În plus, ne arată fără urmă de îndoială cât de strâns legate sunt sentimentele de sănătate, cât de inseparabil este trupul de spirit. Suferința psihică ne provoacă dureri trupești, iar un trup bolnav tulbură sufletul. Din păcate, nicio carte, oricât de lungă ar fi, nu poate conține o explicație completă a tuturor sentimentelor noastre – de aceea m-am limitat la acelea care ni se par cele mai importante mie și oamenilor din jurul meu.

Remarcabil este faptul că, cu ajutorul cunoștințelor despre emoții, putem într-adevăr să schimbăm modul în care gândim și simțim. Putem să reducem temerile și stresul, să hrănim dragostea și legăturile, să potențăm la maximum bucuria și fericirea. Căci și acest lucru mi-a fost arătat de lumina lanternei: creierul nostru este o structură dinamică pe care o putem antrena și forma (nu că-i incredibil?) – cu efecte de durată asupra vieții, a experienței, a sănătății.

Haideți cu mine în călătorie, urmați raza lanternei mele – și lăsați-vă duși de uragan.

F

Fluturi în stomac

Când suntem îndrăgostiți lulea

Ochii lui aveau o strălucire intensă turcoaz, cum nu mai văzusem niciodată. Parcă erau apa nespus de adâncă și de o limpezime de cristal de pe o plajă de vis, așa cum sunt numai în Caraibe - sau în postările de pe Instagram ale celor care fac reclame turistice. Voiam să sar în această lucire turcoaz. Și să nu mai ies niciodată la suprafață. Avea pielea bronzată, părul ciufulit blond-auriu și un zâmbet adorabil. Tricoul lucios turcoaz, care îi făcea ochii să pară de o nuanță și mai pronunțată de turcoaz, stătea lipit de brațele bronzate, musculoase - și asta aș fi vrut și eu să fac.

Sună groaznic de siropos? Dar chiar așa a fost: prima mea întâlnire cu Jonas. În vara lui 2009, în fața ușii casei mele din cartierul berlinez Kreuzberg. Mi-a încețoșat mintea, m-a făcut să roșesc, m-au trecut căldurile și răcorile, iar în burtă simțeam o furnicătură care aș fi vrut să țină pentru totdeauna. O întâlnire magică și biochimia ei arată clar: eram îndrăgostită până peste cap.

A fi îndrăgostit - privit la rece, este un fenomen straniu. Și îndrăgostiții sunt creaturi stranii: sunt ca posedate de o persoană, nu mai pot să se gândească decât la ea și vorbesc doar despre ea, își neglijează prietenii și familia, cântă pe sub balcoane, se înroșesc, se bâlbâie, au palpitații, transpiră, nu au nevoie de somn și vor doar să scrie mereu mesaje, să vorbească la telefon și să-și dea întâlniri. Nu pot altfel. Și în același timp mor de frică să nu se facă de râs. Ceea ce - desigur, într-un mod foarte drăguț - are un efect cât se poate de ridicol.

Cum își iese în așa hal din minți un om sănătos și în general cât se poate de normal? Ce face ca trupul și emoțiile lui să o ia razna?

Răspunsul la această întrebare a fost descoperit în 1954 de doi oameni de știință și a fost, ca și în cazul multor alte mari descoperiri științifice, o pură întâmplare. Sau mai bine spus: pentru că unul dintre ei a dat-o complet în bară cu ce avea de făcut. James Olds, un tânăr psiholog, recent promovat, și Peter Milner, student în neurologie, studiau în anii cincizeci la Universitatea McGill din Montreal procesele de învățare ale minții. În acest scop, le implantau unor șobolani electrozi și le transmiteau prin ei mici electroșocuri, când fugeau într-un colț anume al cuștii. Pentru că era dureros, șobolanii au învățat repede să evite acel colț.

Toți, în afară de șobolanul 34. Acesta se comporta foarte ciudat: de fiecare dată când oamenii de știință îi transmiteau un electroșoc, își ridica boticul, adulmeca și alerga înapoi la locul unde primise electroșocul. Și asta nu s-a întâmplat o singură dată. La fiecare nou stimul electric, dădea fuga chiar mai repede în același colț. După al treilea impuls, era limpede: șobolanul *își dorea* mai multe șocuri electrice.

Olds și Milner s-au mirat. De ce acestui șobolan electroșocurile păreau să-i placă, în timp ce toți ceilalți încercau să se ferească de ele? Au mai făcut un experiment: animalului i s-a dat posibilitatea să-și aplice singur electroșocuri, apăsând o pârghie. Cum a reușit să înțeleagă mecanismul, șobolanul 34 a intrat în transă: nu se mai putea opri din apăsarea pârghiei. Ca un drogat, uita să mănânce și să bea, nu îl interesa sexul și alerga chiar peste plăci încinse sau cu încărcătură electrică pentru a ajunge la pârghie. Apăsa pe ea de peste 2 000 de ori pe oră, până la epuizarea totală, ba chiar până la moarte.

Ce se întâmplase?

Olds și Milner au făcut o radiografie a creierului șobolanului și au observat: la fixarea electrodului, Olds îndoise din greșeală sonda și astfel ajunsese să stimuleze alt loc din creier decât cel plănuit. Prin această eroare, cei doi oameni de știință descoperiseră una dintre cele mai însemnate structuri ale creierului: centrul de recompense.

Acum, sigur că creierul unui șobolan este destul de diferit de al nostru. Și totuși o mulțime de studii care au mers pe urma experimentelor lui Olds și Milner au arătat că și noi, oamenii, avem un asemenea centru de recompense – respectiv un întreg sistem de recompense – foarte important pentru noi. Ca sinonim se folosește adesea denumirea „centrul plăcerii". Faptul că plăcerea este echivalată cu recompensa ar putea să ne nedumerească, însă se lămurește dacă înțelegem funcția acestui sistem neuronal: face legătura între plăcere și recompensă – și creează astfel *dinamica* fundamentală a existenței noastre.

Primul pas este să ne facă să fim atrași de lucrurile care ne garantează supraviețuirea, respectiv supraviețuirea speciei: de mâncare, de băutură (pur și simplu ca să nu murim de foame sau de sete), de provocări (ca să descoperim lucruri noi, să învățăm și să ne dezvoltăm) și de sex (tocmai ca să perpetuăm specia). Centrul de recompensă sau al plăcerii ne asigură o asemenea motivație, încât ducem la capăt acțiunea în care anticipăm fericirea chiar și dacă există împotrivire. Activitatea lui este dorință pură. Dacă îi cedăm, ne străduim și în cele din urmă obținem lucrul dorit - poate fi o friptură (șnițel din gulii), o oră de sport sau o partidă sălbatică de sex pe masa din bucătărie -, atunci al doilea pas este că suntem cuprinși de simțăminte minunate de fericire și mulțumire. Mesajul pe care ni-l transmite creierul: „Maaamă, ce bine e! Mai vreaaaaau!" Încântați, suntem motivați să facem *noi* eforturi, pentru a trăi din nou sentimentul de fericire. Ca un câine care primește ceva bun dacă se ridică în două labe.

Această alternanță între plăcere și recompensă are loc permanent, este un fel de motor al nostru. Fără sistemul de recompense am sta lipsiți de motivație într-un colț și specia ar dispărea. Datorită lui ne trezim în fiecare dimineață, mergem la muncă și... ne îndrăgostim.

Așadar, îndrăgostirea și iubirea nu sunt decât expresia unei activități electrice de undeva, din creier, al cărei singur scop este să ne înmulțim?

Aceste două sentimente minunate încep, ce-i drept, cu asta - dar focul de artificii făcut din reacții chimice care le urmează, care ne încețoșează mintea, face să vibreze fiecare celulă din corpul nostru și roiuri de fluturi să ne gâdile stomacul nu poate fi redus în niciun caz la „doar".

Deci nu vă fie teamă: explicațiile științifice nu răpesc nimic din fascinația, enigmaticul sau romantismul iubirii - care rămâne cel mai fantastic, mai impresionant și mai important sentiment al omenirii.

Mie mi se pare că, dacă înțelegem unde apare scânteia, prin care structuri ale corpului și ale creierului iese și cum declanșează acolo mereu noi focuri de artificii, senzația devine mai fascinantă. Și cu siguranță ne ajută să-i înțelegem mai bine pe cei îndrăgostiți nebunește (pe noi înșine, pe cel iubit, pe prietena cea mai bună sau pe copilul nostru adolescent). Și spun: poate chiar să ne ajute să iubim mai bine.

Oooooooo, ce frumos e! Mai vreaaaaau! – Sistemul nostru de recompense

Când suntem îndrăgostiți nebunește de cineva, simplul gând la el sau la ea (sau privirea în ochii turcoaz) este de ajuns ca o scânteie să aprindă sistemul nostru de recompense. Denumirea lui științifică este „sistemul mezolimbic". *Mesos* e cuvântul grec pentru „mijloc" și vine aici de la „mezencefal", creierul mijlociu, locul de unde pornește acest sistem.

„Sistemul limbic" este o unitate funcțională de structuri ale creierului, care joacă un rol important în prelucrarea sentimentelor, a amintirilor și a proceselor de învățare. Structurile se află parțial adânc în interiorul creierului, dar și pe scoarța cerebrală.

Din punctul de vedere al evoluției, sistemul limbic este o parte foarte veche a creierului nostru – un indiciu pentru acest lucru este că a jucat din primele zile ale existenței noastre pe această planetă un rol esențial în viața, respectiv supraviețuirea noastră. Și că iubirea, plăcerea și recompensa sunt sentimente sau chiar impulsuri adânc înrădăcinate în noi. Înăuntrul sistemului de recompense, scânteia electrică înaintează pe circuitele nervoase ca un fitil, de la o

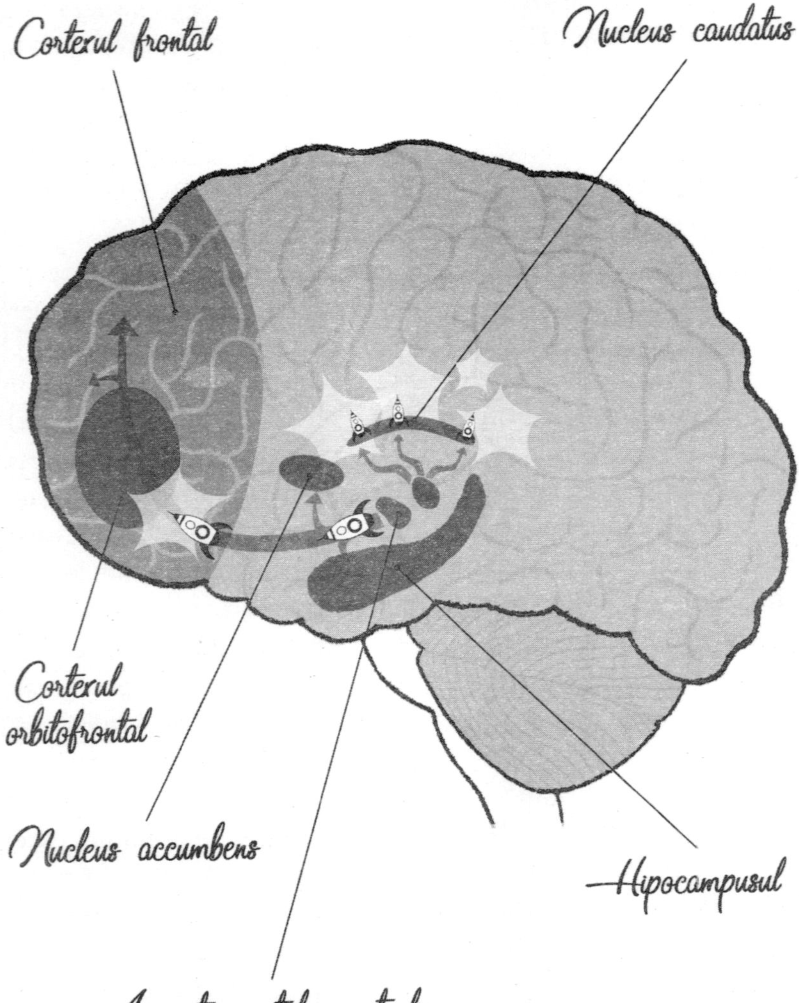
Cortexul frontal
Nucleus caudatus
Cortexul orbitofrontal
Nucleus accumbens
Hipocampusul
Area tegmentalis ventralis

structură la alta. Le aprinde ca pe niște butoaie cu dinamită și declanșează astfel explozie după explozie. Gândurile îndrăgostite sau anumite semne exterioare (ca ochii turcoaz, ah!) aprind prima scânteie într-o structură din creierul mijlociu, care este punctul de pornire a sistemului nostru de recompense: așa-numita area tegmentalis ventralis. Odată aprinsă, eliberează dopamina, neurotransmițătorul nostru de „plăcere". Iar aceasta ne dă o energie inepuizabilă, ne face să ne concentrăm toată atenția asupra unui scop și ne motivează să îl urmărim fără preget. Ne face să ne simțim în extaz, să fim alerți, iar inima ne bate mai tare. Cine nu cunoaște toate acestea de când a fost îndrăgostit? Dopamina este unul dintre hormonii esențiali pentru simțirea bucuriei și cu ajutorul ei scânteia electrică hălăduiește acum de-a lungul și de-a latul sistemului nostru de recompense.

O formațiune de celule nervoase cam cât un sâmbure de cireașă aflată adânc în creierul anterior joacă aici un rol central. Aceasta este structura pe care o atinsese din greșeală Olds cu electrodul la șobolanul 34. Ea formează nucleul cel mai important al sistemului nostru de recompense - de unde și numele de „centru de recompense". Glumind, am putea chiar să spunem că acesta este „punctul G al creierului nostru" - sau, ca să facem pe deștepții: nucleul accumbens. Dacă scânteia de dopamină nimerește acest butoi cu pulbere, de aici sar rachete în toate direcțiile: spre bucla de sentimente a sistemului limbic, la cârmaciul sistemului nervos vegetativ, la hipotalamus și la stăpânul percepțiilor senzoriale, cortexul cerebral. Pentru senzația de „îndrăgostire", segmentul frontal, aflat chiar în spatele frunții și al ochilor, cortexul prefrontal, joacă un rol deosebit de important. Este un fel de direcție a creierului nostru și răspunde de coordonarea atenției, de controlul impulsurilor și de planificarea acțiunilor complexe. În segmentul inferior al cortexului prefrontal, aflat chiar în spatele ochilor (nume științific: cortex orbitofrontal), devenim conștienți de sentimentele extatice de fericire, iar el ne strigă: „Maaaaamă, ce frumoooos e! Hai, să facem rost de mai mult, mai muuuuult!"

Dăm totul, pentru a împlini dorința. Dacă reușim, prin venele noastre se revarsă satisfacția pură.

Dacă cei care au studiat creierul au fost multă vreme de părere că și acest sentiment înălțător se realizează tot prin intermediul dopaminei, astăzi este pus în sarcina altor doi transmițători: endorfinele și acidul gamma-aminobutiric, pe scurt GABA. Acesta este cel mai important neurotransmițător inhibitor din creierul nostru, care oprește secretarea dopaminei învolburate. Când putem să-l luăm de mână pe aparținătorul ochilor turcoaz, când cedăm poftei enorme de ciocolată sau când un dependent înghite în sfârșit mult-dorita gură de alcool, GABA bate din palme și frânează sistemul de recompense:

— În regulă, oameni buni, *it's a wrap!* Liber.

Și dorința nervoasă scade în intensitate. În paralel, opioidele trec la cârmă - cei mai mulți veți fi auzit de ele, sunt substanțe care atenuează durerile și declanșează în noi un sentiment plăcut de mulțumire și care ne fac pur și simplu happy. Există sub formă de medicament, dar corpul nostru le poate produce și singur - la ele ne referim când vorbim despre „endorfine". („Endorfină" este un cuvânt compus din „**endo**gen", adică produs de corp, și „m**orfină**", cel mai important reprezentant al clasei opioidelor.) Și acestea ne fac să ne simțim „high" - ele aduc acel moment în care suntem cuprinși de euforie și nu mai avem niciun gând, în afară poate de: *Ohhh, yessss.* Ne simțim fericiți, mulțumiți și mândri.

Hipocampul, și el parte a sistemului limbic și șef al amintirilor, este responsabil pentru transferul lucrurilor importante din memoria pe termen scurt în cea pe termen lung. Și tot ce poate să declanșeze o explozie în sistemul nostru de recompense este stocat sub deviza: „A fost extraordinar, trebuie să repetăm în curând."

În sfârșit, hipotalamusul se ocupă de alte circuite legate de reacțiile corporale tipice din afara creierului care apar când ești îndrăgostit și pe care le cunoaștem cu toții. Vom vorbi imediat mai mult despre ele – dar să mai rămânem un pic în creier și la procesele care-l dau peste cap.

Cu ajutorul procedurilor imagistice ale cercetării moderne a creierului, oamenii de știință pot chiar să facă *vizibilă* îndrăgostirea, așa cum are loc în cap. O procedură foarte folosită în acest domeniu este rezonanța magnetică nucleară (RMN). Această metodă măsoară circulația sangvină din țesuturi, de pildă din creier, și arată astfel care celule au o activitate mai intensă. Pentru că acestea consumă energie și au nevoie în acest scop de zahăr și oxigen și de aceea sunt mai alimentate cu sânge și apar mai luminoase pe imagini decât celelalte. Pentru a merge pe urmele îndrăgostirii, cercetătorii din Statele Unite au băgat „în țevi" 17 voluntari proaspăt îndrăgostiți nebunește și le-au arătat alternativ fotografii cu partenerii lor și cu prieteni. Și... ta-daa: la vederea omului profund iubit, sistemul de recompense al participanților / participantelor se aprindea și strălucea pe ecran. Printre altele, scânteia și un grup de celule nervoase în formă de „C", aflat în adâncul creierului: nucleul caudat. Acesta participă la rafinarea mișcărilor, printre altele, în cadrul sistemului de recompense, el este cel care ne îndrumă dorința. Ne ajută să facem diferența: de ce anume am chef acum? Cum ar fi să cedez dorinței și cât efort merită să fac pentru ea? Apoi face să apară în capul nostru „motivația" și plănuiește mișcările cu ajutorul cărora ne putem împlini dorința.

La vederea fotografiei cu persoana iubită, sistemele de recompense ale participanților la studiu au strigat:

— O, bună, iubitule! Vino să te iau în brațe!

De altfel, același lucru se întâmplă când un dependent vede substanța de care este dependent.

Și oamenii de știință din Marea Britanie au scanat cam în același timp creieri de îndrăgostiți și au făcut alte observații interesante: în timp ce și sub ochii lor sistemul de recompense mergea la turații înalte, alte zone își reduceau activitatea, de pildă amigdala cerebrală și părți ale cortexului prefrontal. Amigdala cerebrală este importantă în primul rând pentru senzațiile de frică și agresiune.

Informații suplimentare: amigdala cerebrală

Amigdala face și ea parte din sistemul limbic și este de mare însemnătate pentru experiența sentimentelor, însă într-un alt fel, deosebit de complex.

Vorbim mereu despre amigdala cerebrală, ca și cum ar exista una singură - însă avem două, câte una în fiecare jumătate a creierului. Mai exact: în partea frontală, internă a lobului temporal. Ca să vedeți mai bine: gândiți-vă la o linie dreaptă care trece prin ochi și una care trece prin urechi. Amigdalele se află cam în locul unde se întâlnesc aceste linii. Sunt formațiuni complexe, compuse dintr-o duzină de mici subunități, și se află în legătură cu multe alte structuri ale creierului. Per total, sunt un fel de „sistem de alarmă" al creierului. Scanează mediul pentru a detecta atracțiile importante, citesc expresiile faciale, comportamentele și interacțiunile

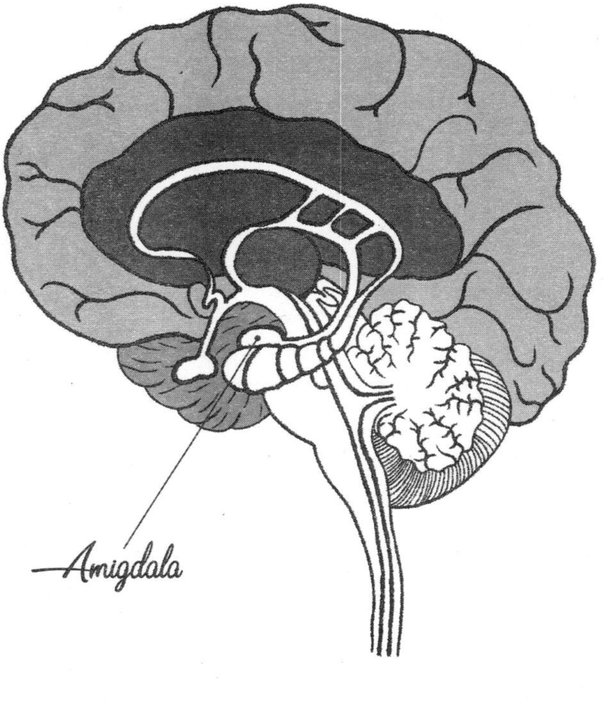

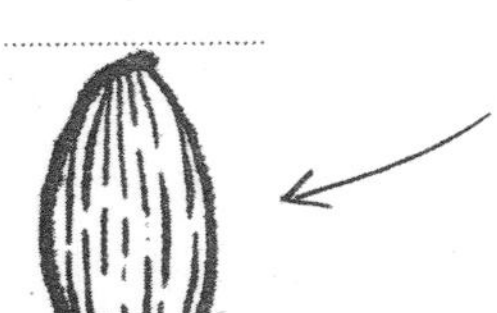

Amigdala are aproximativ dimensiunile și forma unei migdale, de unde și numele. (în original, „de aceea se numește și sâmbure de migdală" – valabil pentru germană, nu si pentru română).

semenilor noștri și conferă apoi situațiilor o apreciere emoțională. Joacă rolul central mai ales când resimțim teamă sau furie și în reacțiile corporale la aceste emoții (vom afla exact despre ce este vorba în capitolele „Când îți îngheață sângele în vine – Teama!" și „Fac spume! – Când fierbi de furie").

A fi îndrăgostit pune stavilă amigdalei, așa că ne simțim mai curajoși și, în general, mai bine. Și cortexul prefrontal, autoritatea noastră de control, responsabil pentru autodisciplină și evaluare socială critică, este atenuat la cel îndrăgostit nebunește și întreabă doar, precaut:

— Dragul meu, ești sigur că, cu abilitățile tale muzicale rudimentare, îmbrăcat cu această cămașă roz și cu o floare după ureche, vrei să cânți sub balconul ăsta „And aiiiiiaaaiii will always loooooove yooouuuuu"?

În condiții normale, datorită influenței raționale a cortexului prefrontal, am hotărî probabil:

— Mnuu, mai bine lasă.

În mintea îndrăgostită și intoxicată de iubire, însă, răspunsul nostru este:

— Normal, o să-i placă la ne-bu-ni-e!

Așadar creierul îndrăgostit apasă pur și simplu butonul „ne simțim bine" și ignoră toate influențele potențial negative. De aceea îndrăgostiții fac lucruri fără cap și în același timp de un curaj nebunesc și îl văd pe cel iubit într-o formă idealizată, ca pe un supererou, pentru că au o pereche de ochelari roz care-i fac să fie pur și simplu orbiți de iubire.

Toate aceste nebunii de îndrăgostiți ne sunt mijlocite de sistemul de recompense – în special de area tegmentalis ventralis, de nucleul accumbens și de nucleul caudat, cu dopamina lor. Toate acestea, mai ales nucleul accumbens, formează acele structuri din creier asupra cărora au efect multe dintre drogurile euforizante, ca amfetamina, cocaina și ketamina. Dar și dependențele care nu sunt legate de substanțe, deci dependențe comportamentale, precum cea de jocuri de noroc, de sex, de cumpărături sau de mâncare, își exercită puterea întunecată asupra sistemului de recompense. Fac să se reverse dopamina și își creează astfel intoxicația. Aceasta este interesantă și plină de farmec, ne face siguri pe noi și mândri – sigur că vrem cât mai multe asemenea sentimente.

Însă în cazul substanțelor artificiale care creează dependență, aceasta este o iluzie periculoasă, căci drogurile ne afectează corpul, dependența de jocuri de noroc sau de cumpărături, contul. Ambele aduc pe termen lung nefericirea și reprezintă un pericol potențial letal. A fi îndrăgostit este, ce-i drept, de regulă mult mai puțin periculos, dar da: îndrăgostiții au același metabolism ca cineva care ia cocaină. Ca și cocaina, a fi îndrăgostiți ne face euforici și ne însuflețește și, la fel ca drogul, poate da dependență. Dacă nu primim ceea ce vrem, dorința ne consumă aproape cu totul. Ne topim după cel/cea adorat(ă), poate timp de săptămâni sau luni ori peste mări și țări, iar această dorință doare.

Și pentru acest lucru este responsabil tot sistemul nostru de recompense: când tânjim după ceva și nu-l putem obține, produce și mai multă dopamină. Ne concentrăm și mai tare pe acel om, credem că viața noastră e pierdută dacă nu ajungem la el și dăm orice ca să-l cucerim. Dacă eșuăm, e o catastrofă. Așa că în prezența lui devenim timizi și nesiguri. Presimțim: dacă nu va fi al nostru, chinurile dragostei ne vor provoca simptome de sevraj și dureri fizice. Până la urmă, în joc este viitorul nostru genetic!

* * *

Pe lângă dopamină, serotonina este unul dintre cei mai importanți transmițători din creierul nostru. Se formează în intestin și în trunchiul cerebral, în așa-numiții nuclei Raphe, și de acolo este trimisă în tot creierul. Este cunoscută mai ales sub numele de „hormonul fericirii" (denumirea induce în eroare, dar vom vorbi despre asta mai târziu). De aceea în primă fază poate părea surprinzător: cantitatea de serotonină pare să scadă în creierul îndrăgostit. Și anume la un nivel comparabil cu al oamenilor care suferă de tulburare obsesiv-compulsivă – care deci sunt obligați să se gândească permanent la anumite acțiuni: la spălatul pe mâini, care controlează dacă ușa este închisă sau aragazul stins, fac ordine... Mulți oameni foarte îndrăgostiți spun în chestionare că în peste 90% din timp nu se pot gândi decât la cel iubit – sunt forțați, dacă vreți. Este adevărat că anumite tipuri de tulburări obsesiv-compulsive sunt tratate cu medicamente care cresc concentrația de serotonină din creier. Legătura nu este lămurită în cele mai mici detalii, dar este evident: gândurile se învârt mereu în jurul unei persoane, pentru că există prea puțină serotonină în circulație.

În plus, serotonina asigură echilibrul. Absența ei ar putea explica și stările brusc schimbătoare ale celor îndrăgostiți: dacă poți să te ghemuiești în brațele musculoase și bronzate și să respiri mirosul de piele caldă, toată lumea este roz. Dacă însă, mai târziu, posesorul acelor brațe nu răspunde în câteva secunde la mesajul plin de patos de pe WhatsApp, te prăbușești într-o gaură adâncă.

Inima care bate, mâinile transpirate, furnicăturile din burtă – și dorința!

Procesele care ne zăpăcesc de cap au așadar loc în primul rând chiar în cap. Dar nu doar aici – pentru că, până la urmă, din imaginea îndrăgostirii fac parte și bătăile inimii, mâinile umede de transpirație și fluturii din stomac. Comanda pentru toate aceste reacții periferice vine tot de la creier: la un moment dat, în timpul artificiilor declanșate în lanț în sistemul de recompense, scânteia dorinței ajunge și la hipotalamus. Acesta se află imediat în spatele ochilor, este cam de dimensiunile unei monede de cinci cenți și cântărește vreo 15 grame. Și el este cârmaciul sistemului nervos vegetativ. Odată aprins, pune mâna pe una dintre cele mai puternice arme ale sale și apasă pe trăgaciul așa-numitei axe de stres (tot ce trebuie să știți despre ea veți afla în capitolul „Când îți îngheață sângele în vine – Teama!"). Hormonii transmit mesajul „Ochi turcoaz strălucitori = Obiectul dorinței în raza vizuaaală!" întâi din hipotalamus în hipofiză și apoi mai departe la glanda suprarenală. Aceasta își secretă pe loc muniția, adică hormonii de stres – adrenalina, noradrenalina și cortizolul – în sânge. Și aceștia ne fac să trecem la acțiune. Pentru că, așa cum vom afla mai târziu mai îndeaproape, rolul acestor hormoni este să ne pregătească pentru întâlnirea cu un dușman: totul în noi trece în stare de alertă, pentru ca, în cazul unei reacții de tipul luptă sau fugi, să putem fie să luptăm, fie să fugim. La fel de excitantă este și întâlnirea cu cel de care suntem îndrăgostiți, doar că într-un fel frumos: ne simțim inima în gât, ne crește tensiunea, respirăm mai repede – pe scurt: suntem plini de energie, cu toate simțurile treze și mai impulsivi decât de obicei. Dar și nervoși, tremurăm și transpirăm – în combinație cu

sentimentele pozitive din cap, toate acestea sunt totuși extraordinare. Ca și atunci când faci bungee-jumping sau te dai în montagne russe. În asemenea situații excepționale – iar îndrăgostirea este categoric o situație excepțională – corpul începe prin a mobiliza toate forțele cu ajutorul adrenalinei și noradrenalinei. Zone ale corpului care nu sunt folosite pe moment sunt oprite, ca de pildă tractul gastrointestinal: nu simțim nici foame, nici sete. În schimb, uneori ni se face aproape rău de emoție și simțim furnicătura: celebrii fluturi din stomac.

De ce? Păi, nu știm.

Chiar dacă multe circuite și efectul aproape tuturor hormonilor sunt cunoscute în mare măsură –, fluturii scapă înțelegerii științifice. Teoria cea mai la îndemână este că neutralizarea bruscă a tractului gastrointestinal duce la mici crampe ale pereților stomacali, care încep să ne furnice. Dar acest lucru nu este nici dovedit, nici prea romantic. Mult mai romantic este în schimb faptul că, firește, îndrăgostirea nu poate fi (încă?) nici pe departe explicată în întregime științific. Gâdilătura din burtă rămâne una din tainele ei. Faptul că ne place această gâdilătură ne este arătat de corp: pentru că, la fel ca în cazul tuturor lucrurilor care ni se par pur și simplu extraordinare, sistemul nostru de recompense se declanșează și strigă:

— Iii-haaa, ce-mi place, *gimme more!*

Informații suplimentare: Prima întâlnire perfectă! Montagne russe

Ce simțim când suntem îndrăgostiți se aseamănă foarte mult cu impulsul pozitiv pe care îl simțim la o probă de curaj. De aceea Helen Fisher, antropolog și cercetătoare într-ale iubirii, îi sfătuiește pe îndrăgostiții care vor să cucerească pe cineva să facă alături de persoana aleasă lucruri nebunești sau chiar periculoase. De pildă, tura în montagne russe despre care tocmai vorbeam. Aceasta declanșează mașinăria care secretă dopamina și e posibil ca persoana admirată să facă legătura între furnicătura din stomac și posesorul mâinii umede de transpirație pe care o ține – și să se îndrăgostească. Din același motiv ar putea fi o idee bună să fii un pic mai scump la vedere și mai misterios. Secretele reconfortante creează dorința de a le desluși – și o cucerire este răsplătită de creier cu dopamină.

Să revenim la mesagerii furnicăturilor: adrenalina și noradrenalina sunt hormoni cu viața destul de scurtă. Pentru ca îndrăgostirea să supraviețuiască duratei lor de viață de doar câteva minute, acum își intră în rol al treilea hormon din glanda suprarenală: cortizolul. Cunoscut ca hormonul stresului prin excelență, preia sarcinile adrenalinei și noradrenalinei, doar că pe termen lung. Efectul lui în combinație cu adrenalina și noradrenalina explică de ce inima poate continua să bată tare săptămâni și luni în șir. Și probabil și de ce, în toată această perioadă, nu avem nevoie nici de mâncare, nici de somn, ca să rămânem productivi și treji, ci doar de aer și de iubire.

Mai există un sentiment care ne ține treji: dorința de sex. Pentru că nu vrem doar să ne gândim permanent la cel pe care îl adorăm, ci și să fim cu el, să-l simțim, să-l dezbrăcăm. Și această senzație este mijlocită de hormonul dorinței, dopamina, însă indirect: pornește producția de testosteron. Cei mai mulți oameni știu că acesta este un hormon sexual exclusiv masculin, dar și femeile îl au – doar că într-o cantitate mai redusă. La bărbați se formează în testicule și în glanda suprarenală, la femei, în ovare și în glanda suprarenală. La amândoi creează dorința sexuală. Pentru aceasta, desigur, nu trebuie să fii neapărat îndrăgostit. Pentru că dorința se poate aprinde și în absența iubirii, aventurile fierbinți și pașii în lături fără însemnătate mai profundă devin posibili.

Studiile au demonstrat: și bărbații, și femeile fac mai mult sex dacă nivelul de testosteron este mai ridicat, la amândoi. Sportivii care își injectează testosteron pentru a avea performanțe mai bune au mai multe fantezii erotice și o dorință sexuală mai puternică. Femeile au dorința mai mare adesea în preajma ovulației – pentru că atunci nivelul de testosteron este cel mai ridicat. Iar oamenii cu mai puțin testosteron au o dorință mai mică. La bărbați nivelul de testosteron începe să scadă de la 25 de ani, de aceea dorința sexuală scade odată cu vârsta. La femei, în schimb, libidoul tinde mai degrabă să crească la vârsta mijlocie pentru că, în timp ce nivelul de estrogen scade încet-încet, efectul testosteronului devine mai puternic.

În acest context sunt interesante observațiile cercetătoarei italiene Donatella Marazziti: ea a observat că la bărbați nivelul de testosteron scade când se îndrăgostesc, în timp ce la femei crește. Deci se echilibrează. Motivul nu este lămurit, dar o ipoteză este că în acest fel la femei dorința sexuală crește, în timp ce bărbații și-o limitează: doar la cea aleasă. Poate că acesta este un punct culminant al evoluției: ne dorim să facem sex cu o anume persoană dorită, dacă se poate cât mai mult, și așa cresc șansele de a avea urmași.

Un lucru este clar: la cei proaspăt îndrăgostiți, excesul de dopamină din creier asigură cantitatea corectă de testosteron în circuit. În organele genitale circulația sângelui este mai intensă, ne dau un semn la cel mai mic gând la persoana dorită („Ăăă, hei? Eu, adică noi, avem și noi nevoile noastre!"), iar rezultatul este dorința sexuală. Când în sfârșit se întâmplă ce ne-am imaginat deja de o sută de ori în minte, în fantezii încinse, creierul nostru este transpus într-o stare de excepție.

Cum ajungi la această concluzie? Consemnând activitatea creierului bărbaților și femeilor în timpul orgasmului prin rezonanță magnetică nucleară – cum a făcut, de pildă, neurologul Barry Komisaruk. Împreună cu colegii săi de la Universitatea Rutgers din New Jersey, a realizat în ultimii douăzeci de ani numeroase studii în timpul cărora – chiar dacă ne vine poate greu să ne închipuim acest lucru – participantele și participanții au reușit să ajungă la punctul culminant în țevile înguste și complet lipsite de romantism pentru RMN. În funcție de sarcină, acest lucru le-a reușit fie prin autostimulare, fie cu ajutorul partenerului / partenerei, dar de fiecare dată sub ochii oamenilor de știință. O participantă a descris pentru cotidianul britanic *The Guardian* cum s-a pregătit, săptămâni în șir, pentru experiment (căci este extraordinar de important pentru obținerea imaginilor ca subiecții să stea nemișcați în scanerul de RMN): a exersat să se miște cât mai puțin în timpul orgasmului. În acest scop și-a lipit un clopoțel de frunte și s-a antrenat până când acesta nu a mai scos niciun sunet...

Iar imaginile RMN au arătat următorul lucru: când excitația sexuală se revarsă asupra noastră ca un val, activitatea crește treptat în aproape toate zonele creierului. Pentru finalul apoteotic, două regiuni sunt esențiale: sistemul de recompense și hipotalamusul. Pe de o parte, hipotalamusul activează din nou sistemul nervos autonom: inima bate nebunește și fața ni se înroșește de la sânge. Pe de altă parte, aici este locul unde se produce un alt transmițător fascinant: oxitocina. Acest hormon este produs în general când suntem alături de oameni care ne plac – atunci ne intermediază sentimentul unei afecțiuni iubitoare. Acest lucru se întâmplă în cazul familiei sau al prietenilor și mai ales când suntem împreună cu cel iubit. În momentul orgasmului, creierul nostru este pur și simplu inundat de oxitocină: suntem pătrunși de simțăminte minunate de dorință și de legătură profundă cu partenerul/partenera de sex. (De-a lungul cărții vom ajunge să cunoaștem îndeaproape oxitocina.) În plus, explodează și rachetele din sistemul de recompense, iar rezultatul îl cunoaștem: „Oooooo, daaaa, mai vreaaau! Mai vreau acest sentiment, mai vreau acest om!" Așa se explică și de ce mulți proaspăt îndrăgostiți nu mai ies din dormitor. Și de ce sexul cu cineva de care nu vrei să te îndrăgostești poate fi o idee proastă: evident că oxitocina nu face diferența între persoana iubită și o aventură de o noapte. Mijlocește în ambele cazuri sentimente de apropiere.

A fi îndrăgostit este așadar o stare incredibilă. Undeva între tulburare obsesivă și intoxicație cu droguri, între eșec total și sport de performanță. Vital și posibil letal. Pe scurt: cel mai frumos sentiment din lume. Dar știm cu toții: acest sentiment este finit. Și chiar dacă în primă fază pare paradoxal, e bine că este așa! Pentru că oricât de plăcut ar fi, pentru corp înseamnă un stres cumplit. Nu ar putea să existe prea mult la acest nivel de activitate fără să sufere pagube. De aceea este important și corect ca nebuniile metabolismului să revină la un moment dat la normal.

Sigur, acest lucru poate însemna că doi oameni care inițial erau foarte îndrăgostiți o vor lua după puțină vreme pe căi diferite; că o inimă se va frânge. Dar poate însemna și că alte zone ale creierului și alți hormoni preiau comanda; că poți să iei acasă ochii turcoaz și brațele musculoase și că te poți ghemui în ele.

Că îndrăgostirea se transformă în iubire.

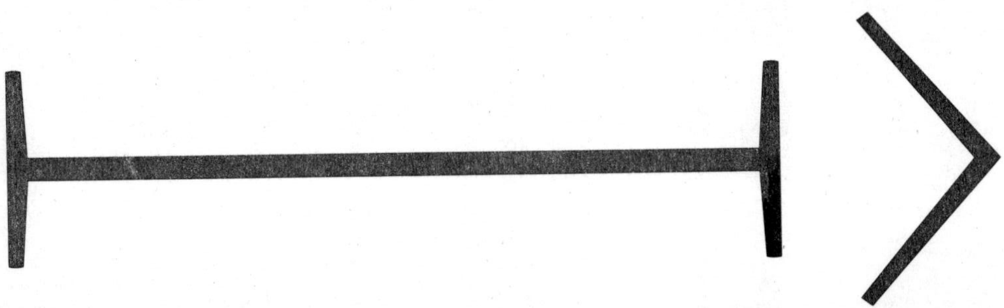

În al nouălea cer

Adevărata iubire

Știți zilele alea care sunt de la început până la sfârșit de tot rahatul? Sigur că știți. Când ai dormit prost, când te trezești și mai indispus și nu-ți dorești nimic mai mult decât o cafea (fără de care nu ești nici funcțional, nici suportabil), în care storci ultima picătură de lapte din cutia goală, lapte care distruge cafeaua, pentru că EVIDENT că se acrise deja. Când nu mai ai timp să-ți faci o a doua cafea și o iei la goană spre ușa casei, dar deodată te oprești... Ai ceva ud pe ciorapi. A, super! Pisica a vomitat pe jos. Deci ștergi repede, iei alți ciorapi, te încalți – și BINEÎNȚELES că e deja MULT PREA TÂRZIU. Metroul tocmai a plecat, următorul merge fără pasageri – SIGUR CĂ DA. Cu al treilea legătura cu tramvaiul e la limită, așa că sprintezi din metrou spre stație, doar ca să trebuiască să stai și să te uiți, pentru că semaforul e roșu, cum vehiculul mult-dorit trece frumos pe lângă tine, pe partea cealaltă a drumului – cât se poate de aproape, dar de neajuns din cauză că strada e foarte circulată. Când încep să cadă stropi răzleți, apoi tot mai mari, apoi începe să plouă cu găleata și simți cum părul ți se face fleașcă în cap și machiajul începe să se scurgă, când te întrebi ce impresie vei lăsa la întâlnirea importantă pe care urmează să o ai când o să intri pe ușă repezită, udă și cu machiajul întins pe față. Totul din cauza câtorva minute de întârziere. Și așa trece toată ziua: alergi, calci în gume de mestecat și excremente de câine, nu ai timp să mănânci sau să bei o cafea (fir-ar!) și ești mereu la un pas de catastrofă. Ptiu! Recunosc, toate acestea sunt doar așa-numite „First World Problems" - dar puse cap la cap sunt o mizerie.

Când, după o asemenea zi, deschid ușa obosită, agitată și nesigură (of, frate, sper că nu am călcat în străchini în vreun moment important?!) și intru în casa scărilor, deodată iuțesc pasul. „În sfârșit, acasă! În sfârșit, la Jonas!" Și după zece ani de relație inima îmi tresaltă când mă gândesc la el (poate nu în fiecare zi, dar des!) și gonesc în sus pe scări (ba chiar mai bucuroasă și mai repede, aproape în zbor, de când avem un copil). Odată ajunsă în casă mă prăbușesc la el în brațe și îi povestesc cât de enervaaaanntă a fost ziua mea. Atunci el mă strânge în brațe, cu acea îmbinare minunată de fermitate și tandrețe, îmi zâmbește și îmi spune:

— Hai că nu-i chiar așa de rău, draga mea.

Ha, îmi spun, *chiar nu e.*

Respir o dată adânc și deodată mă relaxez.

Dacă primele întâlniri cu Jonas m-au făcut să am mâinile umede de transpirație, inima în gât și o agitație cu furnicături, astăzi prezența lui îmi dă liniște și siguranță. Când îmi sprijin capul de adâncitura dintre umerii și pieptul lui, în care stă atât de bine, încât parcă ar fi fost făcută special, sunt cuprinsă în câteva milisecunde de un sentiment plăcut de siguranță și afecțiune profundă și mă încarc. Stresul și grijile zilei mi se par deodată meschine și neînsemnate.

Dar de unde vine această schimbare? Suntem tot aceiași oameni, cu aceiași creieri și aceiași hormoni ca în vara lui 2009, în fața ușii casei mele din Berlin-Kreuzberg - dar sentimentul este cu totul altul.

De ce? Ce se întâmplă în noi, când îndrăgostirea se transformă în iubire?

Rețeaua iubirii din creierul nostru
The Love Brain Network

Acum vreo douăzeci de ani, două grupuri științifice de lucru aflate la mii de kilometri unul de celălalt și-au pus întrebări foarte asemănătoare. Fără să se cunoască, aceeași idee le-a venit aproape în același timp: să facă vizibile iubirea și îndrăgostirea în creierul omenesc, cu ajutorul rezonanței magnetice nucleare.

Am pomenit deja de cele două grupuri de lucru în capitolul anterior, „Fluturi în stomac - Când suntem îndrăgostiți lulea" - acum vom privi observațiile lor mai îndeaproape. La Londra, neurologii Semir Zeki și Andreas Bartels au băgat în țevi bărbați și femei care spuneau că sunt îndrăgostiți până peste cap de 2-3 ani, în medie. Iar la New Jersey, Helen Fisher, antropolog, și psihologul Arthur Aron au studiat oameni care erau îndrăgostiți până peste cap de șapte luni, în medie. După ce ochii au anunțat creierul în urma vederii unei fotografii, „Iată dragostea mea!", o scânteie electrică a iubirii le-a aprins centrele de recompense, iar pe imaginile produse de RMN locurile cu pricina au început să se lumineze: area tegmentalis ventralis (punctul de pornire a sistemului de recompense și structura preferată a șobolanului 34), nucleul accumbens (centrul de recompense, respectiv „punctul G al creierului") și nucleul caudat (miezul care ne evaluează dorința) – și erau pe atât mai luminoase, pe cât era mai pătimașă iubirea în vinele proaspeților îndrăgostiți.

Categoric, Helen Fisher este la fel de fascinată ca mine de ceea ce se întâmplă în corpurile noastre: a comparat foarte emoționată aceste imagini cu farmecul unui cer înstelat scânteietor.

Grupurile de lucru și-au publicat rezultatele și nu le-a venit să creadă când au aflat unul de celălalt: două experimente aproape identice, realizate pe două continente, cu oameni de vârste, etnii și contexte socio-culturale diferite – cu același rezultat. Yes! Ce altă confirmare mai bună pentru munca depusă? Dar pentru că au observat și diferențe, oamenii de știință au început să-și compare rezultatele îndeaproape. Și au observat că, cu cât e mai lungă perioada de îndrăgostire, cu atât sunt implicate noi zone ale creierului; în primul rând cortexul cingular anterior și cortexul insular, ambele părți ale cortexului cerebral, strâns legate de sistemul de recompense. Funcțiile lor sunt foarte complexe și nu putem decât să speculăm ce înseamnă exact activarea acestor zone. Dar presupunem că ne înlesnesc sentimentele despre care este vorba în următorul exemplu:

Prietenii mei Clara și Paul sunt de un an bun un cuplu extrem de fericit. Ea este ziaristă independentă, iar el, producător de reclame – ambii lucrează mult și le place ceea ce fac. Cu câteva săptămâni în urmă, Clara a primit o ofertă de loc de muncă fix la un post de radio din München. În primă fază s-a bucurat enorm, pentru că încă din studenție aceasta fusese dorința ei secretă. Dar ceea ce înainte ar fi fost un *no-brainer*, adică un lucru de la sine înțeles („Când pot să încep? Mâine!"), devine deodată complicat. Doar vrea să rămână cu Paul! Și el are munca, prietenii, totul la Berlin. Ce o să spună dacă ea vrea să plece la München? Probabil că ar fi rănit, dar nu ar opri-o. Câteva luni ar încerca să păstreze legătura de la distanță, dar cu timpul s-ar îndepărta și cu siguranță la puțină vreme după aceea totul s-ar termina. Nu, nu vrea asta! Deci optează pentru relație și refuză slujba. Până la urmă, e vorba despre iubire. Puțin tristă, dar mulțumită, îi povestește lui Paul. El o ia în brațe și fidelitatea ei pătimașă îi umple vinele de iubire fierbinte. A doua zi, Clara tocmai pregătește cina când aude cheia în ușă. În fața ei apare Paul cu un covrig în mâna dreaptă și un cârnat alb în stânga și îi spune:

— Hai, dragă, mergem la München. Amândoi, împreună.

În cortexul cingular anterior se întâlnesc sentimentele, atenția selectivă și memoria de lucru: el combină percepțiile cu gândurile conștiente, motivațiile și amintirile, astfel încât să putem reflecta ce acțiune vrem să întreprindem după ce experimentăm un sentiment. Implică în acest proces în egală măsură propria stare emoțională și sentimentele pe care le bănuiește la celălalt. Așa apar aici așteptările, anticiparea, empatia și disponibilitatea pentru comunicare socială.

Cortexul insular este implicat în nenumărate percepții – din organele noastre senzoriale, dar și din cele interne. Ne înregistrează și ne evaluează gusturile, mirosurile și zgomotele, durerile, bătăile inimii și fluturii din stomac. Astfel are un rol central și în percepția diferitelor sentimente. De pildă combină conștiința de sine cu experiența socială și mijlocește empatia. Dar și în privința scârbei joacă un rol esențial, ca și în menținerea dependențelor și obiceiurilor: dacă unui fumător

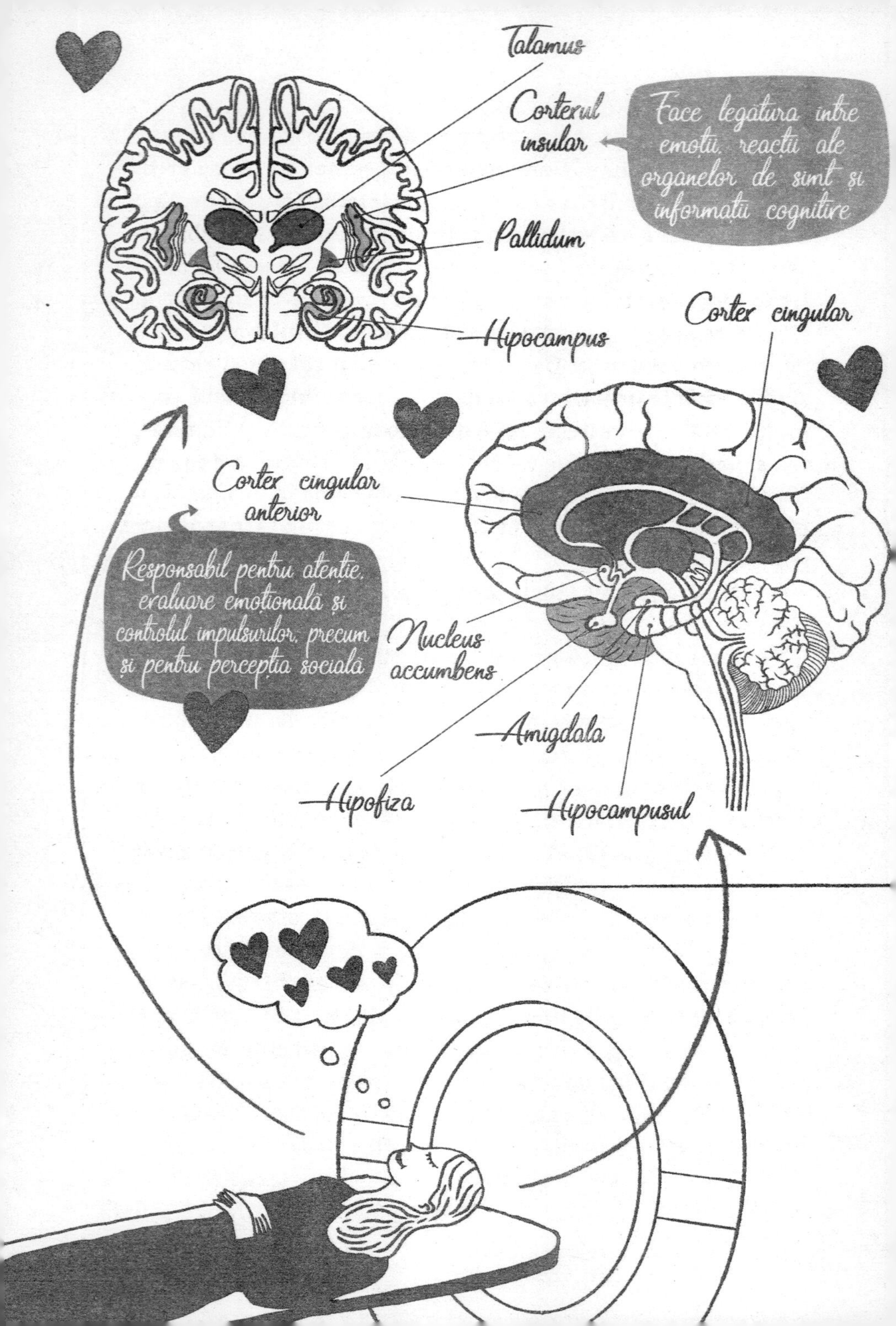
Talamus
Cortexul insular
Face legătura între emoții, reacții ale organelor de simț și informații cognitive
Pallidum
Hipocampus
Cortex cingular
Cortex cingular anterior
Responsabil pentru atenție, evaluare emoțională și controlul impulsurilor, precum și pentru percepția socială
Nucleus accumbens
Amigdala
Hipofiza
Hipocampusul

îi este afectat cortexul insular de un accident vascular, îi dispare dintr-odată pofta de țigări.

În schimb cortexurile insulare cât se poate de funcționale, strălucitoare, și cortexurile cingulare anterioare ale îndrăgostiților de durată din țevile de RMN ne fac să intuim că odată cu durata iubirii ne obișnuim cu partenerii noștri și dezvoltăm față de ei o dorință asemănătoare cu dependența. Suntem atenți la sentimentele lor și le luăm în calcul în reflecțiile și acțiunile noastre. Eu se transformă în Noi.

După cum am spus: aceste procese nu sunt încă descifrate complet. Dar rezultatele „studiilor despre dragoste" din Londra și New Jersey par să confirme ceea ce înainte doar simțeam: când întâlnim un om deosebit, ne poate schimba modul în care gândim și simțim.

Faptul că odată cu prelungirea duratei iubirii pe cerul RMN-ului s-au aprins noi stele i-a fascinat în egală măsură pe cercetătorii din Marea Britanie și pe cei din Statele Unite. Se atașaseră de subiect și au vrut să afle mai multe despre „dragostea din creier". Și, într-adevăr, aceste prime încercări au declanșat un adevărat efect de domino în privința cercetărilor legate de iubire – pesemne că neurologii au devenit dintr-odată conștienți că în privința iubirii se treziseră târziu, în timp ce experții din alte domenii își băteau capul de sute de ani în legătură cu sentimentul magic, în poezii, cântece, cărți și scenarii. Dar, na, mai bine mai târziu decât niciodată.

Să ne întoarcem la cercetătorii care au mișcat prima piesă de domino. Helen Fisher și colegii ei din New Jersey au început să caute oameni care se iubeau de multă vreme și erau fericiți, ca să-i bage în țevile de RMN. Pentru că, deși cei mai mulți dintre noi nu credem acest lucru, iar rata divorțurilor din lumea occidentală vine mai degrabă să-l contrazică, așa ceva există: cupluri care, și după zeci de ani, când au îmbătrânit și au încărunțit, tot mai simt fluturi în stomac, oameni care se topesc de dorul partenerului când nu sunt cu el, care nu vor să trăiască fără celălalt. Cuplurile care au găsit iubirea veșnică.

Ce ne poate spune creierul lor despre acest mister?

Iubirea este muzică

În timp ce la New Jersey accentul era pus așadar pe creierul îndrăgostiților, la Londra, Bartels și Zeki se ocupau de forma de iubire prin excelență, tot veșnică: iubirea maternă.

Prin ce se deosebește de iubirea romantică?

Dacă facem comparația între aceste noi experimente, ne apropiem foarte mult de răspunsul la întrebarea cum se transformă îndrăgostirea în iubire.

Cuplurile din studiul lui Helen Fisher erau împreună de 21,4 ani în medie (10-29 de ani) și spuneau că erau la fel de îndrăgostite și de fidele. Și acum oamenii de știință le-au arătat participanților fotografii cu prieteni buni și imagini cu iubitul. Și au observat repede: așa era! Iubiții erau în continuare îndrăgostiți lulea. Vederea persoanei iubite făcea să dea în clocot transmițătorul dorinței, dopamina, iar sistemele de recompensă străluceau la fel de puternic ca la cei proaspăt îndrăgostiți. Astfel se dovedea științific că cei care iubeau de multă vreme simțeau în continuare bătăi puternice ale inimii și fluturi în stomac.

Însă se luminau și alte zone din creierul celor care iubeau. În fața ochilor cercetătorilor se aprindea o întreagă rețea neuronală a iubirii, care în literatura americană se numește afectuos *The Love Brain Network*. Leagă acțiuni complexe în fascicule, este o interacțiune acordată la milimetru între diferite structuri ale creierului – ca la muzicienii dintr-o formație. Unii izbesc zdravăn tastele, alții îi acompaniază încet sau fac pauze.

Exact ca la îndrăgostiții pe termen lung din prima serie de experimente, cortexul cingular anterior și cortexul insular au realizat un crescendo – un semn că partenerul / partenera devine tot mai important(ă) pentru noi și că îl / o integrăm cât se poate de conștienți în lumea sentimentelor noastre și în viața noastră de zi cu zi, cu sentimentele și nevoile lui / ei.

Mai departe au intrat în orchestră alte structuri, cu nume complicate, științifice, dar care în privința iubirii au funcții minunat de drăgălașe: talamusul, globul palid (globus pallidum), hipocampul și nucleii Raphe.

Talamusul este una dintre cele mai importante structuri din creierul nostru. Ca un portar, întâmpină toate percepțiile senzoriale ale corpului (în afară de cele legate de miros), le sortează și le trimite în zonele potrivite ale scoarței cerebrale, de unde ajungem să le percepem. De aceea talamusul este numit și „poarta conștiinței". Globul palid se află în imediata lui apropiere – este o formațiune de celule nervoase, care participă la mijlocirea iubirii cu două mecanisme – imediat vă spun mai multe despre asta. Nucleii Raphe ne sunt deja cunoscuți, ca și hipocampul: primii formează transmițătorul serotonină, cunoscut ca „molecula fericirii", iar cel de-al doilea are un rol esențial în formarea amintirilor.

Odată ce aceste zone ale creierului s-au luminat pe imagini, s-a confirmat un lucru pe care oamenii de știință îl bănuiau deja – și acum ajungem la partea drăgălașă a acestor zone ale creierului. Au un punct comun esențial: o grămadă de puncte de legătură pentru un hormon cu totul deosebit și absolut fascinant. Hormonul care, după toate aparențele, este principalul responsabil pentru transformarea îndrăgostirii agitate într-un sentiment reconfortant, complet și relaxat de iubire profundă pentru persoana aleasă. Permiteți-mi să vi-l prezint: așa-numitul hormon al legăturii, oxitocina. Este de-a dreptul incredibil ce poate să facă această proteină minusculă cu noi, în noi și cu relațiile noastre interumane: se formează când faci sex, la naștere și în timpul alăptării, ne mijlocește afecțiunea față de partener / parteneră, față de copilul nostru, față de familie, ne face monogami (în serie?) și este sănătos pentru trup și psihic. Joacă un rol esențial în construirea de relații sociale, în întemeierea familiilor și creșterea copiilor - cu alte cuvinte: ne menține specia, nici mai mult, nici mai puțin. Și, în plus, ne creează cele mai frumoase sentimente pe care le cunoaștem. Cum face toate aceste lucruri vom vedea în capitolul următor. Deocamdată mai rămânem un pic la neurobiologie și la rețeaua de dragoste din creierul nostru.

Una dintre structurile pomenite de curând, globul palid, este o componentă a așa-numitului „sistem endogen de opioide" - deci ale unei rețele de structuri ale creierului, care comunică cu opioidele ca substanțe de semnal. Să ne amintim: opioidele sunt „droguri relaxante" formate de corpul nostru, care alină durerile, ne liniștesc și ne fac fericiți. Se formează când ne bucurăm de ceva - de mâncare sau de sex, de pildă - și în acest moment se activează, printre altele, globul palid. Neurologia numește această bucurie *liking*, deci *plăcutul*, și o deosebește de *wanting, doritul*. Ce sunt exact aceste procese și ce se întâmplă când nu mai sunt în echilibru vom afla în capitolul „Sar în sus - Ce este adevărata fericire?". Deocamdată putem simplifica un pic: *wanting* este sentimentul dorinței imperioase, transmisă de sistemul de recompense prin dopamină, iar *liking*, acțiunea pură de a savura, creată de opioide. În cazul creierului îndrăgostit, oamenii de știință au formulat următoarea ipoteză: în timp ce sistemul de recompense declanșează în ele, prin dopamină, sentimente de dorință excitată și poftă fierbinte, sistemul opioidelor le adaugă percepția unei afecțiuni mai calme, mai profunde.

Helen Fisher și echipa ei au identificat așadar structuri în creier care, cu ajutorul oxitocinei și al opioidelor, ne fac să simțim o legătură puternică cu partenerul nostru, să-i căutăm apropierea și pe termen lung și să dorim să ne ocupăm de el (evident, este valabil și pentru *ea*). Și anume fără să ne transpire mereu palmele, fără să nu putem gândi limpede și fără să ne fie rău de emoții.

Aceste rezultate s-au potrivit cu cele ale studiului londonez al lui Bartels și Zeki, care au cercetat mame prin RMN. Acestora le-au fost arătate fotografii ale propriilor copii și altele ale unor copii din familii prietene. Rezultatul: zonele creierului care se luminau la vederea propriului puișor erau în mare parte aceleași cu cele care le mijlocesc sentimente de afecțiune de durată celor îndrăgostiți pe termen lung, printre altele sistemul de recompense și globul palid, strâns legat de el. Aceste rezultate nu i-au surprins însă pe cercetători, pentru că se știe că opioidele și în special oxitocina sunt ingredientul principal pentru dragostea maternă. Când participantele priveau fotografii ale copiilor unor prieteni, „rețeaua iubirii" avea o activitate mult diminuată.

Coincidența rezultatelor celor două experimente ne mai dezvăluie însă ceva despre calitatea sentimentelor care s-au manifestat în mod evident în mințile celor îndrăgostiți pe termen lung: afecțiunea care se adaugă dorinței erotice are o componentă familială. Noua iubire este primită în cercul familiei.

Însă, în ciuda „sentimentelor familiale" dintre partenerii de cuplu, sigur că iubirea maternă și cea romantică nu sunt același lucru. Astfel, oamenii de știință au identificat structuri care nu s-au luminat decât în creierul mamelor „îndrăgostite": așa-numita substanță cenușie periapeductală și girusul fusiform. Substanța cenușie periapeductală este o structură din mezencefal, care face parte tot din sistemul opioidelor și în plus este presărată cu receptori pentru hormonul de legătură oxitocină. Cu ajutorul ambelor substanțe, substanța cenușie periapeductală poate să reprime durerile care apar mai ales în cazul experiențelor emoționale violente - de pildă la naștere. Experimentele făcute pe mame-șobolan au arătat cât de importante sunt opioidele produse aici pentru sentimentele de legătură dintre mamă și copil: când oamenii de știință le neutralizau prin medicamente substanța cenușie periapeductală din creier, își pierdeau brusc interesul pentru puii lor și îi lăsau să zacă. Când oamenii de știință ridicau blocada și eliberau din nou opioidele din creierul animalelor, dragostea maternă a șobolanilor se aprindea din nou.

Girusul fusiform este o regiune din zona inferioară a lobului temporal și a celui occipital. Este esențial pentru recunoașterea fețelor și a mimicii lor. Probabil această structură este permanent activă la mame, pentru că ele sunt programate să perceapă în câteva secunde orice emoție de pe chipul copilului lor, ca să se poată ocupa de nevoia exprimată prin aceasta.

Evoluția de la îndrăgostire la iubire nu este însă doar o aprindere și o stingere a unor întregi regiuni esențiale din creierul nostru - apar schimbări și la o scară mult mai mică. Astfel, activitatea din anumite structuri ale sistemului nostru de recompense se deplasează un pic. În timp ce la îndrăgostiți lucrează acele părți care mijlocesc dorința, la cei care se iubesc de mult sunt active în primul rând zonele care prelucrează experiențele frumoase și care joacă un rol în formarea obișnuințelor. Asta ar putea însemna că iubirea este un obicei care se formează din dorința sexuală, când este satisfăcută. Poate că și acesta este un motiv pentru care anumite aventuri ajung să însemne mai mult decât plănuiseră inițial cei implicați...? În același timp, cuvântul „obișnuință" nu înseamnă că dorința dispare cu totul. Am văzut: centrele dorinței din creier rămân în continuare active, doar că, în timp, apar mult mai mulți muzicieni care cântă în concertul sentimentelor. Ca nucleii Raphe – o formațiune de aproximativ nouă mii de celule nervoase din trunchiul cerebral, care își mijlocesc efectul prin neurotransmițătorul serotonină. Serotonina poate (la fel ca oxitocina) să suprime durerile, să regleze nivelul de stres și să asigure echilibrul – iar lipsa ei stă în strânsă legătură cu depresiile, precum și cu tulburările de anxietate și cu cele obsesiv-compulsive. Am aflat câte ceva despre serotonină în capitolul „Fluturi în stomac – Când suntem îndrăgostiți lulea", pentru că și din creierul îndrăgostit există o lipsă de serotonină. Se presupune că aceasta este de vină pentru faptul că gândurile celor proaspăt îndrăgostiți se învârt obsesiv în jurul persoanei adorate și că propria fericire li se pare pierdută dacă dragostea nu este reciprocă. Invers, în creierii care iubesc și sunt fericiți pe o perioadă lungă, nucleii Raphe ridică din nou nivelul de serotonină – o posibilă explicație pentru faptul că gândurile la iubițel nu mai sunt atât de obsesive, ci echilibrate și pline de afecțiune. Că ne fac să ne simțim în siguranță și protejate în brațele lui și că voma de pisică de pe ciorapi chiar nu mai contează. Lucrurile funcționează, bineînțeles, la fel, când un bărbat iubitor se cuibărește în brațele femeii visurilor lui.

„Așa e, chiar nu-i așa de grav", tragem imediat concluzia.

Și până la urmă emoția pe care o simțim la vederea iubitului / iubitei face ca anumite zone ale creierului să nu mai cânte decât o muzică de fundal. Iar la cuplurile care se iubesc acestea sunt și de data aceasta exact aceleași ca la mame. De pildă, activitatea amigdalei cerebrale (vă amintiți, actorul principal în privința fricii și a agresiunii) se diminuează, ceea ce ar putea fi un alt motiv pentru care, într-o relație fericită, ne simțim mai mulțumiți și mai siguri pe noi decât când suntem singuri.

Și anumite segmente ale cortexului cerebral încep un decrescendo. Printre ele, zone ale cortexului prefrontal și ale celui cingular, precum și ale lobului parietal și ale celui temporal. Acestea sunt împreună responsabile pentru atenție și învățare, precum și pentru percepția emoțiilor negative. Dacă, în cadrul unor experimente, aceste zone sunt neutralizate pe cale artificială, subiecții nu mai reușesc să evalueze corect sentimentele negative (dacă acest lucru este bun sau rău, depinde de situație...) și au mai puține gânduri triste (asta e oricând bine). Poate că aceasta este o explicație a faptului că nici după ce ne scoatem ochelarii roz nu percepem vreo ciudățenie a partenerului sau o trecem generoși cu vederea. Și de ce îi iertăm mai ușor greșelile decât pe ale unor oameni care nu ne sunt la fel de dragi. Sau de ce bombănelile altor copii li se par mamelor cumplit de enervante, în timp ce de la propria odraslă înghit orice. Anume pentru că, într-o anumită măsură, suntem și mai departe „orbiți de dragoste". Poate că și acesta este un truc iscusit al evoluției, care astfel se asigură de ce nu-l dăm cu capul de pereți pe partenerul nostru când își lasă DIN NOU pantofii EXACT în fața ușii casei, motiv pentru care, când vreau să o deschid, se izbește întâi puternic de pantofi, iar apoi sare periculos spre capul meu. Sau de ce, când copiii comentează DIN NOU pe scaunul din spate, nu declanșăm mecanismul de ejecție.

La ce bun toate acestea?

Și la ce bun toate acestea? La întrebarea care este izvorul, respectiv funcția iubirii, oamenii de știință, filosofii, poeții, cântăreții – și câți alții! – se străduiesc să răspundă de secole. O teorie științifică este că iubirea s-ar fi dezvoltat din impulsul simplu al dorinței și scopul elementar al procreării, când strămoșii noștri au devenit bipezi. Chiar dacă mersul în două picioare a fost un mare câștig când a fost vorba despre folosirea uneltelor, purtarea armelor sau culegerea fructelor, femeile s-au trezit deodată cu o problemă: în loc să-și care copiii în spate, trebuiau de acum să-i țină în brațe – și astfel deveneau mai neîndemânatice și mai lipsite de apărare. În sălbăticia liberă a strămoșilor noștri, o mamă singură ar fi fost pierdută. În plus, anatomia bazinului feminin s-a modificat prin mersul în două picioare, canalul de naștere s-a îngustat. Consecința? Copiii trebuiau să vină pe lume mai devreme și deci cu un creier subdezvoltat – altfel capul ar fi fost pur și simplu prea mare pentru naștere. Așa că au ajuns să aibă nevoie – așa cum au, bineînțeles, până în ziua de azi – să fie îngrijiți de părinți ani în șir. Iar aceștia, la rândul lor, de o comunicare intensă, de durată, între ei. Astfel devin necesare un creier și un cap mai mare, ceea ce, dată fiind îngustimea canalului nașterii, a dus în timp la o naștere și mai timpurie – lucru care, la rândul lui, a condiționat și mai multă comunicare și cooperare într-o întreagă rețea socială. Creierul a crescut mai departe și celulele nervoase tot mai numeroase ne-au înlesnit nouă, oamenilor, o mai mare capacitate de învățare și o inteligență mai dezvoltată. O presupunere răspândită este că viața noastră socială complexă a avut o contribuție esențială la faptul că de-a lungul evoluției masa creierului nostru s-a triplat și așa am ajuns ființele extrem de dezvoltate care suntem astăzi. Ființe foarte dezvoltate cu o rețea scânteietoare a iubirii în creier, care îi poate ține pe doi oameni împreună prin sentimente magice. Cel puțin până când copiii trec de prima fază de creștere și se pot descurca singuri. Dacă relația de iubire mai durează și după aceea este un lucru care ține de nenumărați factori interni și externi – pe unii dintre ei îi vom înțelege în capitolul „Veșnicele furnicături – Cum să ținem vie pasiunea?"

Iubirea – orchestra perfectă

Înțelegem că: ce face iubirea cu creierul nostru și invers sunt lucruri incredibil de complexe. E aproape sigur că procesele descrise nu sunt decât o cărămidă în transformarea din îndrăgostirea nebunească, agitată, în iubirea mai stabilă, mulțumită. Oare vom reuși vreodată să descifrăm toate mecanismele? Încercarea de a o face este cu siguranță una dintre cele mai complicate și mai fascinante sarcini ale științelor neurologice din secolul XXI. Aceasta este acompaniată de cântarea bine acordată a sistemului neuronal scânteietor al iubirii. Sistemul de recompense e solist, ne încălzește cu substanța dorinței, dopamina, și face să ne pulseze prin vine dorința și o excitare ca o intoxicație. Celelalte zone ale

Cortex Big Band

creierului vin cu suportul sonor – armonia, ritmul, starea de spirit. Interpreți: drogurile care ne fac să ne simțim bine, endorfinele, și hormonul de legătură. Cântă împreună splendid în tonalități majore, care ne liniștesc, ne dau putere, ne iau durerile și ne fac pur și simplu fericiți. Am găsit pe cineva cu care ne simțim acasă, pe care îl dorim, cu care putem să fim noi înșine și care ne iubește tocmai pentru asta. Nu mai suntem singuri, ci mergem împreună la München. Ne simțim cuprinși de cea mai mare fericire și în lumina ei ne simțim în armonie cu toată lumea. Este cel mai frumos sentiment, cel mai frumos cântec din lume.

Și cine dirijează? Dacă la început sunt încă sentimentele tulburătoare, dorința fierbinte și îndrăgostirea oarbă din adâncurile creierului, după o vreme dirijorul principal, cortexul prefrontal, revine la pupitru. Cineva trebuie să facă ordine în procesele cognitive, care țin de sentimentul magic al iubirii: să fii atent, să percepi, să evaluezi, să decizi, să planifici, să acționezi, să înveți, să-ți amintești, să te obișnuiești... Odată cu maturizarea tot mai deplină a relației, suntem tot mai puțin sub influența focului de artificii din creier și a axelor hormonale din corp. Putem lua frâiele în mână și ne putem hotărî pentru sau împotriva cuiva și să dăm conștienți o formă iubirii.

Și, da, așa e, uneori ne iese mai bine, alteori mai rău. Până la urmă, orice formație bună mai cântă și piese furioase de rock sau tânguieli triste în tonalitate minoră, care te apasă pe inimă. Ne vom mai legăna și vom mai dansa și noi pe asemenea ritmuri. Mai târziu. Dar deocamdată ziua de rahat a trecut, tragem adânc aer în piept și orchestra din noi cântă în tonalitate majoră.

Țin la tine

Hormonul nostru de legătură, oxitocina

V-ați întrebat vreodată de ce atingerile tandre sunt atât de plăcute? Indiferent că este vorba despre îmbrățișări, mângâieri, strângeri sau frământări pline de dragoste – atingerile drăgăstoase fac toate celulele din corpul nostru să strige: „O, daaaa, giugiuleală!"

Și când te gândești că din punct de vedere științific atingerile nu sunt nimic altceva decât deformări mecanice ale pielii. În piele se află sute de milioane de celule senzoriale dintre cele mai mici și terminații nervoase libere, care preiau toate informațiile despre aceste deformări: locul, intensitatea, calitatea – este vorba despre presiune, vibrație, întindere? Sunt fierbinți sau reci? Se mișcă? Mic indiciu, apropo: cel mai plăcut mod de a percepe atingerile este când sunt tandre și se mișcă deasupra pielii noastre cu o viteză de aproximativ zece centimetri pe secundă. Receptorii specializați înregistrează atingerea în cele mai mici detalii și o trimit pe căi nervoase spre creier. Printre altele, în hipotalamus.

Vă amintiți? Până acum am cunoscut hipotalamusul ca fiind cârmaciul sistemului nostru nervos vegetativ, aflat în creier chiar în spatele ochilor. Acesta dirijează toate funcțiile vitale: el ne coordonează respirația, menține temperatura corpului constantă când tremurăm de frig sau transpirăm, hotărăște în privința somnului și a stării de trezie, a foamei și a setei, a liniștii și a stresului. Și el produce substanța care face fiecare celulă să exulte când suntem atinși tandru: oxitocina. O construiește din părțile ei componente și o trimite prin piemonturi de forma unor tentacule în hipofiză. Acest organ, cam de dimensiunile unui sâmbure de cireașă, se află la nivelul rădăcinii nasului, într-un mic jgheab osos al craniului, și nu cântărește decât aproximativ un gram. Atârnă ca o picătură de partea inferioară a hipotalamusului (de aceea hipofiza se mai numește „glanda pituitară") și formează cu el o unitate funcțională. Stochează oxitocina și o protejează, până când cârmaciul de sus dă semnul: „Oooo, cineva mă strânge tandru la piept și mă mângâie cu mâna pe spate, speed: cinci centimetri pe secundă. *We love it!*" Apoi o aruncă în sânge, și de-acum să te ții! Cui îi vine greu să se atingă cu palma întinsă pe cap și în același timp să se mângâie circular pe burtă, aceluia i se vor lăsa urechile. (Poate că nu vreți să încercați asta când stați într-o cafenea arhiplină din Kreuzberg și scrieți o carte – lumea se uită ciudat...)

Oxitocina are un talent incredibil la coordonare și multitasking. Este în același timp neurotransmițător și hormon, deci își exercită numeroasele efecte atât în creier, cât și în cele mai diferite organe și ne influențează astfel funcțiile corporale, psihicul și chiar relațiile cu alți oameni.

În creier oxitocina acostează imediat la sistemul de recompense și face ca aici să se reverse transmițătorul dorinței noastre, dopamina: „Ce frumos e, mai dă-mi!"

Prin alte numeroase structuri din creier, pe care le trezește cu un sărut, ne mijlocește sentimente minunate, liniștite, de solidaritate și iubire față de cel care tocmai ne drăgălește.

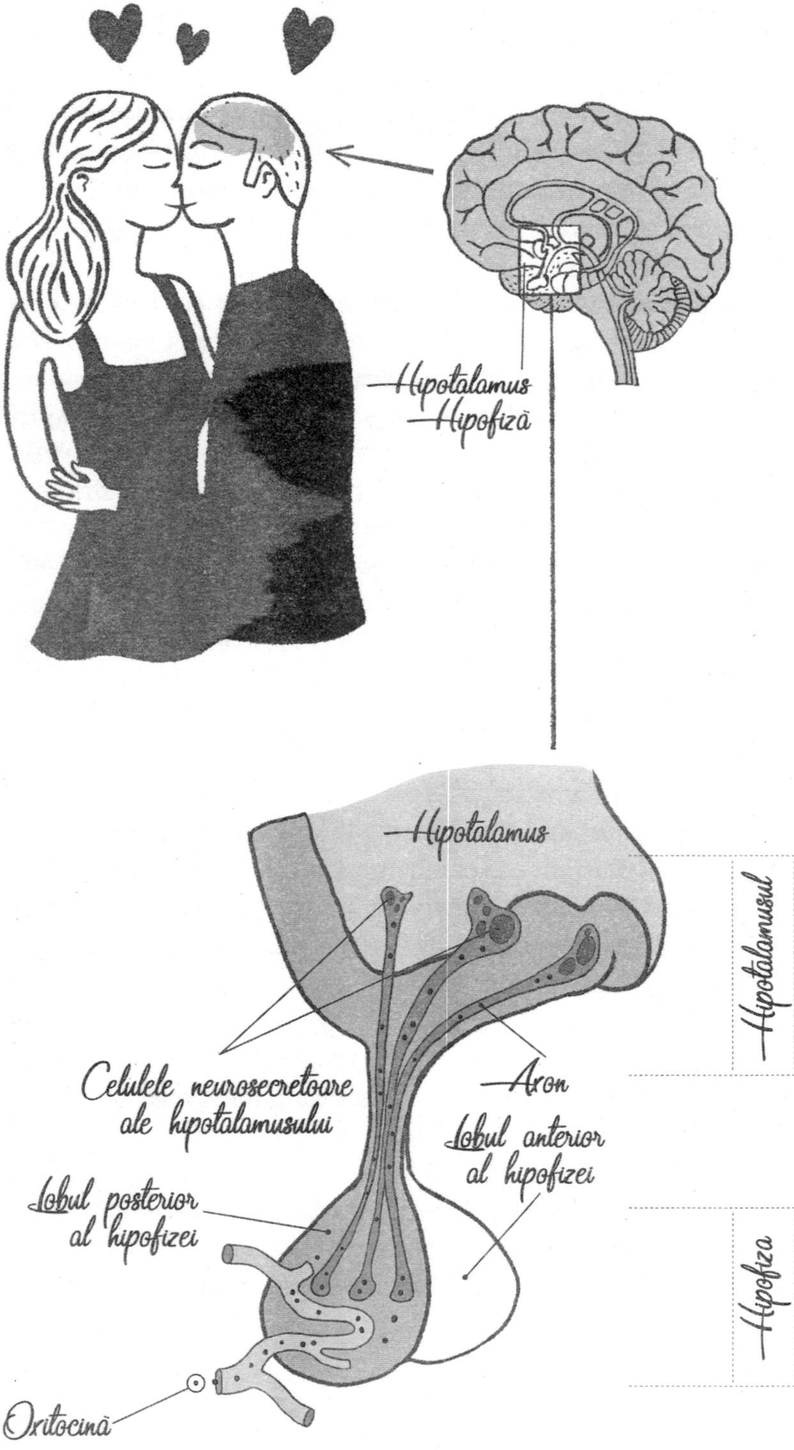
Hipotalamus
Hipofiză
Hipotalamus
Hipotalamusul
Celulele neurosecretoare ale hipotalamusului
Axon
lobul anterior al hipofizei
lobul posterior al hipofizei
Hipofiza
Oxitocină

În același timp pornește spre întinderile corpului nostru și nu-i scapă aproape niciun organ - cu efecte incredibile. Dar s-o luăm pe rând. Haideți să facem o incursiune miiiică de tot în istorie.

Fiziologul și biochimistul britanic Henry Hallett Dale se afla, la începutul secolului XX, pe urmele unei descoperiri incredibile. El nu credea că creierul nostru transmite comenzi spre organe pe trasee nervoase continue lungi de mai mulți metri – ca un cablu LAN, dacă vreți –, ci bănuia că informațiile sar de la o celulă nervoasă la alta prin substanțe chimice - cvasi-wireless. A fost așadar unul dintre primii oameni de știință care a înțeles că impulsurile nervoase sunt transmise de la celulă la celulă cu ajutorul neurotransmițătorilor. Pentru acest lucru a primit în 1936 chiar Premiul Nobel. Dar până acolo a străbătut un drum lung, pe care a izolat multe substanțe din toate organele posibile (mai ales de la pisici) și le-a cercetat îndeaproape, până la efectele pe care le produceau. Așa a ajuns ca, în 1906, să extragă o substanță până atunci necunoscută din hipofiza unei pisici însărcinate. I-a injectat-o în venă și a urmărit cu sufletul la gură ce se întâmplă. Nu a trebuit să aștepte prea mult: la câteva secunde după injecție, uterul pisicii a început să se contracte ritmic. Dale declanșase cu substanța durerile nașterii. Fascinat de transmițătorul care, după cum se vedea, călătorea din creier până în uter, unde declanșa contracțiile, Dale i-a dat ca nume expresia grecească „naștere rapidă" sau „dând naștere ușor": *oxytokos* sau: *oxitocină*. La 47 de ani după descoperire, deci în 1953, biochimistul american Vincent du Vigneaud a reușit să descifreze structura hormonului (este compus din nouă aminoacizi) și să-l producă pe cale artificială, lucru pentru care a primit și el Premiul Nobel, în 1955. Aceasta a fost piatra de temelie a carierei de medicament a oxitocinei, începută în anii 1960: de atunci este mijlocul predilect de a provoca sau de a accelera nașterea – sub formă de tablete sau intravenos, ca „picătura nașterii".

Și nici știința nu a mai reușit să-și ia mâinile de pe oxitocină. De înțeles.

La puțin timp după ce a fost descoperită, oamenii de știință au descoperit a doua funcție a oxitocinei: este, la mame, „hormonul alăptării". Când bebelușul se lipește de mamelonul mamei și începe să sugă, milioane de mici nervi înregistrează mișcarea și anunță hipotalamusul: „Atenție, pălmuțe și buze căutătoare pe piept, odraslei îi este sete!"

Hipofiza secretă imediat oxitocină în sânge și o trimite către sâni, unde produce încordarea mușchilor conductelor de lapte – și, prin urmare, reflexul revărsării laptelui: „Lapte, du-te!" –, iar odrasla poate să bea. La unele mame este suficient să audă strigătul bebelușului – și imediat minusculele celule musculare din sâni se contractă sensibil (nu mereu spre bucuria posesoarei și a tricourilor ei...).

În timp ce bebelușul bea, creierul mamei produce în continuare oxitocină – fluxul laptelui este menținut constant și în același timp se încordează și celulele musculoase din uter. Astfel, alăptatul ajută, prin oxitocină, uterul să oprească sângerarea postnatală și să-și revină la dimensiunile inițiale – mai mult sau mai puțin o gimnastică de recuperare naturală. Și, în același timp, oxitocina își exercită vraja asupra lumii sentimentelor mamei și copilului: între cei doi se nasc o iubire și o legătură necondiționate.

În plus, oxitocina îi dăruiește mamei gânduri pozitive și energie. Poate un șiretlic al naturii: în felul acesta chiar și mama cea mai epuizată de naștere și de nopți nedormite la rând se îngrijește cu dragoste de micul boț de om neajutorat și urlător, care întoarce totul cu josul în sus... Și cu adevărat mamele cu mai puțină oxitocină în sânge sunt mai predispuse la depresii post-partum. În schimb, dacă există suficient hormon de legătură, se declanșează un circuit minunat al sentimentelor de bine: când mama se uită în ochii mari și rotunzi ai bebelușului ei dolofan cu nasul cârn, iar acesta o privește la rândul lui, în primă fază în ambii creieri se produce mai multă oxitocină și în a doua fază hormonul se leagă de ambele sisteme de recompensă: sunt lansate rachete de dopamină în toate direcțiile. Satisfacția profundă se îmbină cu dragostea nemărginită și încredere totală și acest cocteil pătrunde în tot corpul, până în vârfurile degetelor și până-n ultimul fir de păr. Și, așa cum se întâmplă cu lucrurile care ne declanșează sistemul de recompense: MAI VREM. Mama și copilul se doresc unul pe celălalt mai mult – și așa se giugiulesc, se joacă, se plac și chițăie veseli. Legătura crește.

Anumite experimente pe animale au arătat cât de importantă este oxitocina pentru această legătură între mamă și copil: la fel ca la șobolanii la care oamenii de știință au neutralizat substanța cenușie preapeductală, blocarea oxitocinei la tinere oi cu miei a dus la dispariția subită a dragostei materne. Păreau nici să nu-și mai bage în seamă puii și nu se mai îngrijeau de ei. În schimb, dacă oamenii de știință le injectau oxitocină unor animale virgine, acestea începeau imediat să aibă o grijă mișcătoare de mieii străini. Odată cu oxitocină erau deci pătrunse de dragoste maternă pură.

Și tații au treabă cu oxitocina

Multă vreme s-a presupus că oxitocina ar fi un hormon exclusiv feminin, însă apare și la bărbați. Poate că „dragostea paternă" nu este o expresie la fel de răsunătoare ca echivalentul matern (iar oamenii de știință au început chiar să se intereseze de ea abia la sfârșitul anilor 1960 – până atunci circula ipoteza – fatalmente eronată! – că doar mamele ar avea treabă cu copiii, iar tații ar fi în plus), dar bineînțeles că nu este mai puțin puternică sau mai puțin importantă – și este mijlocită tot de oxitocină. Și prin vinele și creierii tinerilor tați curge hormonul atașamentului – și anume cu atât mai mult cu cât se ocupă intens de copiii lor. Unitățile de joc și de giugiuleală cresc concentrația de oxitocină în ambele corpuri și asigură astfel o legătură mai afectuoasă, de care amândoi profită o viață întreagă. (Tați, luați-vă concediu de creștere a copilului!) Faptul că la tinerii tătici scade în același timp nivelul de testosteron face ca evoluția giugiulelii și a îngrijirii să fie perfectă. Și, nu, nu este deloc lipsit de masculinitate.

Pe lângă legătura cu mama și tatăl, oxitocina – respectiv: giugiuleala – declanșează la nou-născuți încă o serie de procese incredibil de fascinante: ajută la creștere. Astfel, copiii născuți prematur care sunt mângâiați mult sau care sunt lăsați să-și odihnească trupul mic și gol pe pielea neacoperită a mamei sau a tatălui iau aproape de două ori mai mult în greutate decât bebelușii atinși mai puțin. În plus, oxitocina joacă un rol de bază în maturizarea creierului – deci în formarea și asocierea în rețele a unor celule nervoase importante. Prin giugiuleala din primii ani de viață, în creier apare un fel de „model de legătură", care decide din acest moment de câtă afecțiune este capabil omul. În primul rând acest lucru are loc prin formarea receptorilor de oxitocină, complexe de proteine la suprafața celulelor noastre, cu care oxitocina se potrivește ca o cheie în broască. Doar când o celulă are un asemenea receptor pentru oxitocină, aceasta poate să o „descuie" și să-și exercite efectul asupra ei. Copiii care nu au parte de iubire sau au parte de prea puțină în primii ani, foarte importanți pentru dezvoltare, formează puțini asemenea receptori. Și acest deficit nu mai poate fi recuperat, chiar dacă mai târziu sunt mult îmbrățișați – hormonul legăturii curge în gol. Copiii „sub-giugiuliți" nu învață nici să primească, nici să dăruiască iubire. Și astfel, când vor avea la rândul lor urmași, le poate veni greu să dea dovadă de empatie față de ei.

Pe lângă dificultatea de a-și construi relații cu alți oameni, lipsa atenției la corp duce la aceea că cei afectați de ea sunt toată viața mai predispuși la stres și la dependențe.

În schimb, cu cât a fost mai sensibilă îngrijirea de care a avut cineva parte în copilărie, cu atât mai bine funcționează sistemul lui de oxitocină. Unor asemenea oameni le este mai ușor să le dăruiască dragoste propriilor copii și astfel să le dea posibilitatea să o transmită și ei mai departe într-o bună zi.

Nu putem decât să intuim în ce măsură ne influențează oxitocina sănătatea psihică. O sinteză a rezultatelor studiilor privind legătura oxitocinei cu bolile psihice din ultimii ani arată că joacă un rol atât în cazul autismului și al schizofreniei, cât și al tulburărilor de anxietate. Dacă în aceste cazuri hormonul va putea fi folosit într-o zi și în scopuri terapeutice este un lucru pe care încearcă să-l lămurească cercetări susținute din zilele noastre.

Arvicoline de prerie versus arvicoline de munte

Și, în sfârșit, oxitocina funcționează ca un adevărat lipici și pentru cuplurile care se iubesc. Acest lucru a fost demonstrat în primul rând de multe experimente cu arvicoline de prerie. Când un mascul și o femelă din această specie de rozătoare simpatice se întâlnesc pe câmpiile și stepele din America de Nord și se aleg, în primă fază fac fără întrerupere sex – fără probleme până la patruzeci de ore. Apoi nu se mai îndepărtează unul de celălalt. Își îngrijesc unul altuia ore în șir blana, își cresc puii împărțindu-și sarcinile în mod egal și, dacă unul dintre ei moare, celălalt rămâne singur tot restul vieții. Respectiv: acești șoareci drăguți fac parte din cei 3-5% dintre mamifere care sunt monogame. Arvicolina de prerie are în munții din America de Nord o rudă foarte apropiată: arvicolina de munte. Pe aceasta, în schimb, nu o interesează câtuși de puțin alte relații sociale în afară de aventurile de o noapte. Pare să-și schimbe la întâmplare partenerii și nu-i pasă nici de pui, nici de celelalte exemplare din aceeași specie. Este fascinant că aceste două specii de arvicoline nu se deosebesc decât în privința câtorva gene – în proporție de 99% sunt aceleași –, și anume, ați bănuit voi ceva, genele sistemului oxitocinelor.

Când arvicolinele de prerie fac sex, hipofiza lor produce oxitocină și vasopresină. Aceasta din urmă se deosebește de oxitocină doar prin doi aminoacizi și se leagă în mare parte de aceiași receptori.

În 1997, neurobiologul Thomas Insel a vrut să știe dacă într-adevăr acești doi hormoni sunt cei care fac diferența enormă între comportamentul amoros al celor două specii

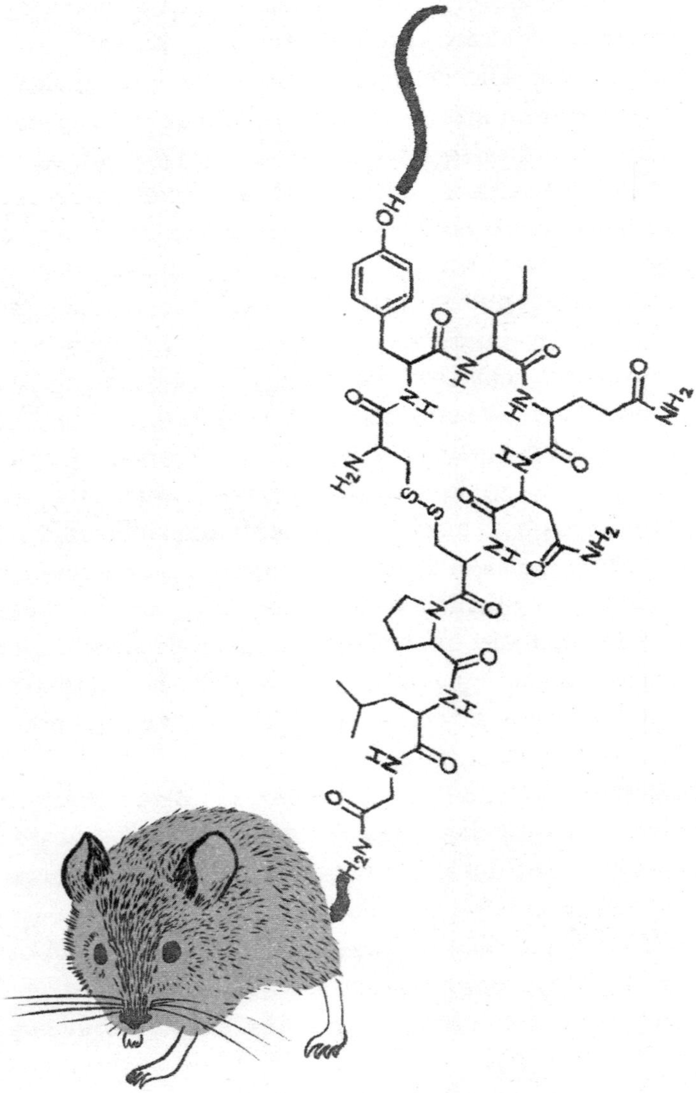

de rozătoare. De aceea a blocat în cadrul unui experiment cu arvicoline de prerie eliberarea de oxitocină și vasopresină în creierii lor și le-a lăsat să facă sex. Și iată: întâlnirea lor sexuală s-a limitat la o aventură – așa cum se obișnuiește la verișoarele lor. În schimb, când Insel i-a injectat unei arvicoline de prerie oxitocină, aceasta s-a atașat puternic de primul șoarece mascul care i-a ieșit în cale. Uau!

Oare funcționează și invers? Oare arvicolinele seducătoare de munte devin monogame dacă le injectezi cu oxitocină și vasopresină?

Niște oameni de știință, colegi cu Insel, au încercat. Și au urmărit: nimic.

A reieșit că diferența nu era legată de producția generală de hormoni, ci de cantitatea de receptori de oxitocină și vasopresină din creierul șoarecilor. Sistemele de recompense ale arvicolinelor de prerie erau presărate de asemenea receptori, în schimb la colegii lor de la munte nu apăreau decât câțiva. Dacă însă oamenii de știință au transferat și *gena* pentru acești receptori la arvicolinele de munte, într-adevăr, și acestea au început să se atașeze. Fără un transfer genetic – destul de improbabil în sălbăticie – o arvicolină de munte nu va afla însă niciodată ce minunat este să te ghemuiești la pieptul iubitului într-o noapte rece și să treci prin bune și prin rele alături de el.

Bineînțeles că nu putem transpune în totalitate procesele din creierul șoarecilor la om. Dar multe studii arată că și la noi, oamenii, oxitocina acționează ca prin vrajă asupra comportamentului social și a sentimentelor dintre partenerii dintr-un cuplu. Are efectul unor ochelari care, când ni-i punem, ne fac mai atenți la relațiile interumane, mai empatici. Astfel, participanții la un studiu au putut interpreta mai bine sentimentele celui din fața lor doar privindu-l în ochi, dacă li s-a pulverizat oxitocină în nas. Cel din fața mea este acum trist, anxios sau fericit? Pentru oamenii care au doar foarte puțină oxitocină, de pildă din cauza unei caracteristici genetice, este imposibil să se pună în locul altora. Nu cunosc mila și empatia.

Însă dacă avem o doză suficientă a acestui hormon de legătură, suntem mai deschiși față de alții și avem mai degrabă încredere în ei.

Paul Zak, specialist în neuroeconomie, cunoscut ca „Dr. Love" în baza studiilor intense și mediatizate legate de oxitocină, a realizat, împreună cu oamenii de știință de la Universitatea Zürich, unul dintre primele studii despre efectul pe care îl are oxitocina asupra încrederii în legăturile de afaceri. Echipa a pus niște studenți să joace un joc - unora le-a dat oxitocină, altora nu. Apoi studenții au fost împărțiți în două grupuri: „investitori" și „mandatari". Fiecare „investitor" trebuia să hotărască câți bani i-ar împrumuta unui „mandatar" necunoscut. Ambii știau: această sumă avea să fie triplată și necunoscutul avea să poată hotărî dacă și în ce măsură avea să împartă câștigul cu „investitorul". Dacă „mandatarul" era corect, ambele părți puteau câștiga - dacă era un egoist fără scrupule, „investitorul" ieșea pe minus. Cel din urmă nu avea cum să știe dinainte cât de fiabil era „mandatarul" lui. Riscant. Iar rezultatul a fost surprinzător de limpede: sub influența oxitocinei, participanții le dădeau partenerilor lor de două ori mai des suma maximă - și își asumau astfel riscul cel mai ridicat. De cele mai multe ori, erau recompensați - cu cât câștigau mai mult „mandatarii", cu atât mai generoși erau cu „investitorii".

Asta înseamnă poate că oxitocina ne face pur și simplu nesăbuiți?

Oamenii de știință au vrut să afle și acest lucru și au schimbat partenerul uman cu un computer. Încrederea „investitorilor" s-a dus pe apa sâmbetei – tot sub influența hormonului giugiulelii. Participanții nu-și mai dădeau banii cu împrumut.

Acest lucru arată că oxitocina este o piatră de bază pusă la temelia încrederii sociale între noi, oamenii. Și încrederea socială este baza oricărei relații sociale – fie ea particulară, economică sau politică. Este liantul societății noastre. Probabil că anumitor domni din elita politică mondială actuală nu le-ar fi stricat niscai unități de giugiuleală în copilărie...

Este ușor de spus / scris. Dar este greu să ne imaginăm o nevoie mai urgentă decât sentimentul de apartenență la și de legătură cu o comunitate și cu persoanele iubite. Sigur: mâncarea, băutura, somnul sunt necesare pentru viață, dar *trăim pentru* legăturile noastre sociale. Pe vremea vânătorilor și culegătorilor, lucrurile erau și mai evidente: fără grup erai sortit morții sigure de foame, boală sau atacat de animalele sălbatice.

Dar și astăzi avem nevoie ca de aer de protecție și siguranță, de familie și de prieteni. Ca nou-născuți, ca adulți, ca bătrâni. Oxitocina ne dă posibilitatea să simțim suficientă încredere și să fim suficient de atenți la alții.

Ultimul lucru este demonstrat de un alt experiment: oamenii de știință au pus câteva perechi să se certe în laborator pe probleme ale vieții cotidiene și le-au dat unora dintre ele fie oxitocină, fie un placebo, ca spray nazal. Niciunul dintre participanți nu a observat ce i se dăduse. Și iată: sub influența hormonului cuplurile se priveau mai des în ochi, erau mai deschise în privința sentimentelor, se întrerupeau mai rar și aveau în general discuții mai constructive. Oxitocina conferă disponibilitatea de a face compromisuri. Acest efect este amplificat de reducerea hormonilor de stres din sânge (tot un efect al oxitocinei). Invers, pierdem din abilitățile sociale dacă suntem foarte stresați: cortizolul inhibă oxitocina – nu ne interesează cum se simt semenii noștri, devenim insensibili la nevoile altora. Poate vă amintiți de asta data viitoare când alergați cu „ochelarii de stres" prin lume sau când vă certați fără scrupule cu iubitul. Pe de altă parte, când iubitul este stresat și insensibil: strângeți-l bine în brațe. Poate devine mai accesibil după o doză de iubire...

Pentru că, la fel ca la arvicolinele de prerie, și la noi hipofiza produce oxitocină când ne giugiulim. Iar când facem sex, pur și simplu ne inundă, pe noi și sistemul nostru de recompense. (Ce aveți de gând să faceți cu legătura dintre sex și certurile mai constructive este de acum treaba voastră...) În baza acestei revărsări de oxitocină este atât de frumos să-l ții pe celălalt în brațe după sex. Și de aceea sexul regulat sau măcar multele îmbrățișări sunt bune pentru relație. Cu cât mai multă apropiere fizică, cu atât mai multă oxitocină, cu atât mai profund sentimentul de legătură cu partenerul / partenera și (atenție!), cu atât mai atractiv ni se pare (și noi lui / ei). Este un lucru demonstrat de oamenii de știință din Bonn, care le-au dat unor soți monogami oxitocină, i-au băgat în țevile de RMN și apoi le-au arătat fotografii cu femei. Întâi cu femei străine, apoi cu prietene, apoi cu propriile soții. Rezultatul: sistemele de recompense ale bărbaților se aprindeau de departe cel mai tare la vederea propriilor soții. Cu adevărat socoteau că partenerele lor erau cele mai atrăgătoare.

Pesemne că acest circuit al oxitocinei este și motivul pentru care o relație nu se naște neapărat din pasiune arzătoare, urmată de sex, revărsare de oxitocină și apoi sentimente de atașament, ci că poate funcționa și invers. De exemplu doi prieteni buni, care petrec mult timp împreună, se îmbrățișează, sunt apropiați, pot simți la început sentimente de legătură dintre cele mai profunde, apoi atracție sexuală și în cele din urmă iubire unul pentru celălalt.

Odată ce circuitul între doi iubiți se pornește, oxitocina pare într-adevăr să încurajeze monogamia.

La oamenii care înșală constant, motivele pot fi o copilărie lipsită de dragoste, dar și genele receptorilor de oxitocină. Acestea conțin instrucțiunile de construcție pentru punctele de legătură ale hormonului giugiulelii și, în funcție de variante, pot primi mai multă sau mai puțină oxitocină. Asta înseamnă că tipul de receptor din noi este un alt factor care poate juca un rol esențial în fericirea noastră în dragoste.

Sfârșitul hormonului giugiulelii?

Și, în sfârșit, oxitocina are un efect a cărui descoperire a făcut multe ziare și reviste să publice titluri de tipul „Latura întunecată a oxitocinei" sau „Sfârșitul hormonului giugiulelii". Pentru că hormonul poate provoca și efecte care, la prima vedere, par mai degrabă antisociale.

Psihologul Carsten De Dreu a pus două grupuri de participanți aflați sub efectul oxitocinei să joace un joc ca adversari și a observat că, în ciuda faptului că luaseră hormonul, mulți dintre ei dădeau dovadă de invidie și neîncredere față de oponenți și se bucurau de răul lor. La o privire mai atentă, lucrurile s-au limpezit: cei din același grup cooperau, conform așteptărilor, deosebit de armonios „pe oxitocină" – dar reacționau dușmănos față de cei care nu făceau parte din comunitatea lor socială. Subiecții își preferau amicii în dauna celor din afara grupului.

Acest mod de funcționare a oxitocinei își are rădăcinile în evoluție. Ca hormon de legătură, oxitocina face ca, de milioane de ani, cei din aceeași specie să coopereze și să trăiască în comunități stabile. Dar, deloc drăguț, ne face și să ne delimităm de indivizi și de grupuri care nu fac parte din comunitatea noastră. Pe vremurile când eram vânători și culegători, acest lucru era vital și un avantaj în evoluție: când se întâlneau două grupuri concurente, trebuia să lupți alături de ai tăi. Loialitatea era răsplătită, nu în ultimul rând prin cele obținute de grup în urma victoriei. În schimb, cine avea un comportament împotriva normelor grupului, trebuia să se aștepte la consecințe – în cel mai rău caz, la excluderea din grup, care echivala cu o condamnare la moarte.

Și astăzi cele două fețe ale „monedei oxitocinei" continuă să fie adânc înrădăcinate în noi: pe de o parte simțim instinctul important al protejării copiilor, în calitatea noastră de părinți, spiritul de echipă când jucăm fotbal sau curajul civil în societate. Pe de altă parte, pot ieși la iveală egoismul, xenofobia sau rasismul.

Un experiment interesant în această direcție a fost realizat de René Hurlemann, pe când era profesor de psihiatrie la clinica universitară din Bonn, cu niște colegi din Lübeck și Oklahoma. Au întrebat peste o sută de studenți germani care este poziția lor față de refugiați, apoi le-au dat câte cincizeci de euro și i-au lăsat în fața unor computere, să decidă dacă și câți din acești bani vor să dea pentru nevoiași – o jumătate erau refugiați, cealaltă, băștinași. În cele din urmă au dat unei jumătăți dintre participanți un spray cu oxitocină și au reluat experimentul. Rezultatul: la participanții care aveau o viziune pozitivă față de refugiați, disponibilitatea de a dona a crescut – în aceeași măsură pentru refugiați și pentru nevoiașii din țară. Asupra participanților care avuseseră înainte o poziție de respingere față de imigranți, hormonul giugiulelii nu a avut niciun efect. Este deci evident că oxitocina poate să întărească o predispoziție altruistă existentă, dar nu poate crea nimic.

La sfârșit oamenii de știință au mai făcut un experiment: le-au dat din nou participanților oxitocină și i-au pus din nou să hotărască dacă vor să facă o donație pentru refugiați sau pentru nevoiașii din țară. De data aceasta însă li s-a comunicat, la fiecare dintre cazuri, cât dăduseră cei dinaintea lor. Rezultatul: deodată, chiar persoanele cu o atitudine inițială mai degrabă negativă au donat cu până la 74% mai mult pentru refugiați decât în experimentul precedent. Acest lucru arată că: într-un grup cu o coeziune puternică (facilitată de oxitocină), aplicarea unei norme sociale de către un membru al acestui grup are un caracter puternic de exemplu – chiar dacă în primă fază această atitudine se îndepărtează de poziția personală. Dacă vorbim concret despre situația refugiaților, înseamnă că: dacă vecinii, prietenii și cunoscuții sunt deschiși față de imigranți și gata să îi ajute, ar putea să-i motiveze să-și schimbe părerea și pe semenii lor care tind să aibă o poziție mai xenofobă.

După ce Hurlemann a publicat și explicat aceste rezultate, pe de o parte au fost recunoscute de știință, pe de alta au provocat un val de revoltă între persoanele cu orientare naționalistă de dreapta. A fost dușmănit și chiar amenințat, numit „Frankenstein" și acuzat că ar vrea să-i facă docili cu ajutorul drogurilor pe patrioții germani și pe oponenții așa-numitei invazii masive musulman-africane.

Mi se pare înfricoșător că în societatea din zilele noastre oamenii de știință independenți și care lucrează curat trebuie să se teamă pentru siguranța lor, pentru că unor oameni cu concepții politice radicale nu le plac rezultatele lor. Când, de fapt, reacția criticilor confirmă exact ceea ce a descoperit Hurlemann: condiționată de evoluție, nevoia de coeziune și de legătură cu cei la fel ca noi este adânc înrădăcinată în noi. Atât de adânc, încât poate provoca tendința de a-i exclude și a-i combate pe cei care gândesc altfel. Mi-aș dori ca în viitor să ne folosim de potențialul pozitiv al unor asemenea descoperiri: să fim mai înțelegători unii cu alții și să ne străduim, ca membri ai speciei „om", să ajungem la o coexistență pașnică. Am putea începe prin a ne purta cu semenii noștri cum ne așteptăm să se poarte și ei cu noi.

Și rostul vorbei lungi

Și ce ne arată toate acestea în legătură cu acest hormon complex, oxitocina? Faptul că, firește, nu este un drog minune cu efecte exclusiv pozitive, care să funcționeze după deviza „cu cât mai mult, cu atât mai bine". Acesta este și răspunsul dat tuturor celor care poate și-au pus deja întrebarea dacă nu ar trebui pur și simplu să-și pună o sticluță cu spray de oxitocină pe măsuța de noapte ca să-și rezolve orice problemă. Nu i-aș sfătui. Efectele oxitocinei sunt incredibil de complexe și efectele pe termen lung nu sunt nici pe departe suficient de cunoscute. Nimeni nu știe încă cine ce receptori are și cum reacționează aceștia la ingerarea pe termen lung sau repetată de oxitocină. Și cercetarea este încă departe de a putea aprecia și efectul pe care l-ar putea avea un tratament permanent cu oxitocină asupra creierilor încă în dezvoltare ai copiilor autiști sau asupra bolnavilor psihic. Rămâne de văzut dacă vom folosi vreodată spray-ul cu oxitocină în același fel în care folosim analgezicele (sau dacă vom vrea să o facem). Până atunci noi, cei care avem suficientă oxitocină și receptori pentru această grămăjoară complexă de proteină, trebuie să ne socotim fericiți și pur și simplu să ne giugiulim cât mai mult. Pentru că - da, iarăși „pentru că"! - este un lucru incredibil de sănătos și poate chiar să ne prelungească viața!

Viață mai lungă datorită giugiulelii

Giugiuleala reduce stresul. Și o face prin două mecanisme. Pe de o parte, oxitocina eliberată reprimă amigdala cerebrală, principalul actor al reacțiilor de teamă din creier. Asta înseamnă că situațiile care în mod normal ne înfricoșează sau chiar ne fac să intrăm în panică își pierd mult din efectul neliniștitor, când prin creier se revarsă suficient hormon de giugiuleală. În momentul de față se fac studii pentru a stabili dacă, eventual în combinație cu terapia comportamentală, oxitocina ar putea fi folosită în cazul tulburărilor de anxietate și de panică.

Iar pe de altă parte oxitocina intervine în axa hipotalamus - hipofiză - cortex suprarenal, „axa stresului", la capătul căreia are loc producția „hormonilor activității", adrenalina, noradrenalina și cortizolul. Oxitocina împiedică eliberarea lor și aduce astfel liniște în sistemul cardiovascular - astfel, îmbrățișările cu o persoană iubită pot să scadă sensibil tensiunea și ritmul cardiac. Giugiuleala regulată poate, de asemenea, să diminueze riscul de infarct și de accident vascular. Iar unica ghemuială-în-adâncitura-perfectă-dintre-piept-și-umeri poate, după o zi stresantă, să facă pur și simplu să se dizolve ghemul concentrat de First World Problems.

Data viitoare când aveți emoții crâncene pentru că dați un examen sau trebuie să faceți o prezentare în fața unei mulțimi: savurați înainte o doză zdravănă de giugiuleală cu iubitul / iubita! Este dovedit că diminuează nivelul de stres și sporește concentrarea.

În plus, oxitocina întărește sistemul imunitar – tot scăzând nivelul de cortizol. Acesta reprimă celulele de apărare – adică dacă suntem stresați, ne îmbolnăvim mai ușor. Prin giugiuleală acest efect este inversat. Numărul de globule albe, luptătorii unității de apărare a corpului nostru, crește, iar agenții patogeni sunt, ca să spunem așa, înlăturați prin îmbrățișare. În acest sens s-a făcut cândva un experiment destul de nebunesc: oamenii de știință au întrebat patru sute de oameni despre contactele lor sociale, dacă se simt susținuți și cât de des sunt îmbrățișați și mângâiați. Și apoi le-au pulverizat pur și simplu viruși de răceală în nas! Rezultatul uimitor: boala a izbucnit mult mai rar la oamenii cu cercuri mari de prieteni și familii drăgăstoase.

Atingerea poate însă să facă chiar mai mult. Pe lângă oxitocină, eliberează în creier și dopamină și opioide – un cocteil care face adevărate minuni. E drept că masajele sunt adesea luate în râs ca un lucru pe care și-l permit oamenii cu mulți bani și poftă de lux. Și practic nu se recunoaște cât pot face masajele, poate și pentru că nu este nevoie să înveți ani mulți ca să știi să le faci. Sondajele arată însă că în cazul multor afecțiuni cronice terapia prin masaj înlătură temerile, combate depresiile și poate chiar să aline durerile.

Dacă punem cap la cap toate efectele giugiulelii, devine plauzibil faptul că contactul fizic frecvent este unul dintre motivele pentru care oamenii din cupluri stabile trăiesc mai mult decât cei singuri. Și că spun că, per total, sunt mai satisfăcuți.

Cu toate acestea, cei dintre voi care nu au un partener romantic de giugiuleli nu trebuie, din fericire, să dispere. Și întâlnirile cu prietenii, activitățile în grup, râsul împreună și dansul sporesc concentrația de oxitocină. În plus, oricine își permite din când în când un masaj, iar mângâiatul animalelor de companie face de asemenea oxitocina să se reverse în creier. De aceea, tot mai des, se folosesc animale în cadrul tratamentelor – împotriva afecțiunilor psihice, a durerii, a singurătății.

Deci ce ziceți de o pisică sau de o slujbă suplimentară ca îngrijitor de câini?

Sfatul meu medical este: indiferent că o faceți împotriva stresului sau a temerilor, a problemelor de cuplu, pentru sănătate sau pur și simplu de plăcere: giugiuliți-vă cât puteți! Ar trebui să devină un lucru din rutina noastră zilnică, în aceeași măsură ca mult-invocata porție de fructe. Pe locuri, fiți gata, start!

V

Veșnicele furnicături

Cum să ținem vie pasiunea?

Sunt convinsă că ați fost îndrăgostiți la un moment dat. Până peste cap. Și sunt la fel de sigură că ați simțit deja fericirea care îți curge prin vine când iubirea este reciprocă. Toată lumea îl știe, acest sentiment atât de minunat, electrizant, când aproape că plesnești de bucurie. Cu toate acestea, puțini mai cred astăzi că iubirea poate dura veșnic. Și statistica pare să confirme acest lucru: în Germania, una din trei căsătorii se încheie cu divorțul. Oscar Wilde îl intuia încă din 1893: „Ar trebui să fim mereu îndrăgostiți. Acesta este motivul pentru care nu ar trebui să ne căsătorim niciodată."

Chiar așa să fie? Relația stabilă ucide dragostea?

De fapt, studiile cu RMN ne-au arătat că, din punct de vedere neurofiziologic, iubirea romantică este posibilă și după zeci de ani de relație.

Însă cum? Și cum se poate ca un sentiment atât de minunat, de împlinitor ca iubirea pur și simplu să cedeze?

Este absolut limpede: nu există răspunsuri simple la aceste întrebări. Dar chimia creierului și a sentimentelor ne dă puncte de pornire interesante. Iar eu spun că putem să ne folosim de ele ca să fim fericiți.

Gândiți-vă concentrați la felul de mâncare preferat. Cum aroma îmbietoare vă urcă în nări, vă lasă gura apă și cum crește anticiparea. În fața voastră se află o porție mare, frumos servită - așa de frumoasă că vă vine să vă băgați în ea. Apoi luați prima îmbucătură, textura e perfectă și, în cele din urmă, în sfârșit, gustul preferat vă explodează pe limbă. Miam! Orgasm în creier!

Și acum imaginați-vă: de fiecare dată când vă e foame, cineva vă servește această mâncare preferată. Dimineața, la prânz și seara. Mâine, poimâine, zile în șir, săptămâni în șir. Oricât de gustoasă ar fi – mai degrabă mai devreme decât mai târziu nici nu mai vreți să vedeți felul de mâncare preferat. Se transformă în fața ochilor voștri într-o masă cenușie, explozia de gust și orgasmul dispar și în urmă rămâne o monotonie neplăcută. Indiferent cât vă plăcea înainte.

Acesta este efectul cumplit al obișnuinței sau al deprinderii. Are loc la toate nivelurile corpului și este de fapt o strategie de supraviețuire a creierului. Din punct de vedere științific deprinderea explică faptul că la un moment dat individul nu mai reacționează la stimuli slabi, lipsiți de pericol, când este supus frecvent la acțiunea lor. Adică: învățăm că nu trebuie să percepem de fiecare dată din nou mobila din casă și că nu trebuie să sărim și să reacționăm la fiecare zgomot sau la fiecare mișcare din câmpul nostru vizual. Dacă creierul ar trebui să prelucreze constant totalitatea tuturor stimulilor care se revarsă asupra lui, probabil că mai devreme sau mai târziu s-ar sparge cu zgomot, ca un balon.

Datorită deprinderii, prima rachetă lansată în noaptea de Revelion încă ne sperie zdravăn, însă după câteva ore, în ciuda pocniturilor constante, ca în vreme de război, putem adormi liniștiți. Ne obișnuim cu zgomotul autostrăzii, cu ticăitul ceasului sau cu purtarea hainelor. Și adesea câte unul își caută ochelarii pe care îi are de mult pe nas. Dacă însă stimulul declanșator face o pauză destul de lungă, dispare și efectul deprinderii. De fiecare dată îmi dau seama de acest lucru când se termină concediul de vară: când trebuie, odată ajunsă acasă, să îmbrac din nou pantaloni lungi și mai ales pantofi zdraveni – mi se pare groaaaznic de enervant. Așa de enervant încât m-am întrebat: oare mi-au crescut picioarele? După câteva ore deja nu mai simt tenișii.

Această formă, cea mai simplă a învățării, se bazează pe faptul că celulele nervoase pur și simplu nu transmit mai departe stimulii care au fost selectați de creier la categoria „lipsit de importanță". Un rol important este jucat de diferitele mecanisme moleculare: în primul rând celula nervoasă emițătoare eliberează mai puțini neurotransmițători, în al doilea rând celula receptoare scade strânsoarea receptorilor, care leagă astfel mai puțină substanță, iar în al treilea rând neurotransmițătorii sunt dezactivați repede, astfel încât nu au decât puțin timp ca să se lege de receptorii rămași. Consecința: legătura e întreruptă.

Mda, și nici sistemul de recompense nu este pesemne imun la acest mecanism al deprinderii. Stimularea constantă duce de asemenea la un efect de obișnuință. Și cele mai colorate rachete de dopamină își termină la un moment dat praful explozibil. Depozitele substanței plăcerii se golesc, receptorii celulelor nervoase învecinate fac cu mâna, spun mulțumesc și se opresc, iar efectul dopaminei scade. Ca într-o dimineață rece și plină de fum de 1 ianuarie, numai pe ici, pe colo mai șuieră câte o rachetă uitată de dopamină.

Mecanismele neuronale ale obișnuinței fac ca un lucru care adineaori ne făcea foarte fericiți să devină încet-încet plictisitor. Nici cea mai gustoasă mâncare preferată nu ne

LOW FUEL
DOPAMINE

place la fel în fiecare zi, copiii nu mai au chef după o vreme de aceeași jucărie, iar dependenții de droguri trebuie să își crească mereu doza ca să simtă același efect. Chiar dacă în privința drogurilor și a medicamentelor expresia corectă este „dezvoltarea toleranței" – rezultatul este același: reacție diminuată a organismului la un stimul exterior: obișnuință. (Opa, deodată mă pune pe gânduri consumul de cafea mereu crescând în timpul scrierii acestei cărți... mmm, în fine, nu contează, să continuăm...)

Se poate întâmpla chiar ca prezența jucăriei preferate, a felului de mâncare celui mai râvnit sau a partenerului să nu ne devină doar indiferentă, ci chiar să ne enerveze de-a dreptul! Pentru că, atunci când rachetele de dopamină se sting, nu mai sunt eliberate nici opioidele sau GABA cel liniștitor. Asta înseamnă că sentimentul de satisfacție dispare. În locul lui apar nemulțumirea și neliniștea interioară. Sentimentul este acum: ceva lipsește. Și nu voi primi acel ceva aici. Trebuie să plec, să merg mai departe, să caut o altă satisfacție.

Pe vremea vânătorilor și culegătorilor mecanismul era diferit: împinși de foame și de centrul de recompense, strămoșii noștri străbăteau teritorii, confecționau unelte și arme și vânau zile în șir. Pentru fiecare masă trebuiau să facă mari eforturi, iar recompensa era în cele din urmă justificată și „proporțională". O teorie spune că deprinderea avea pe atunci o funcție importantă: că deja un mic surplus – o recoltă bogată sau o vânătoare foarte reușită – golea destul de repede depozitele de dopamină ale oamenilor și că, după puțină vreme, nu mai aveau mare „chef" de mâncare. În schimb apărea o neliniște care îi făcea să mănânce mai mult decât ar fi avut nevoie pe moment. Doar prin această „supra-alimentare" în perioadele de surplus erau pregătiți pentru perioadele sărace care le stăteau fără îndoială înainte. În următoarele perioade de lipsuri, sistemul de recompense avea suficient timp să se recupereze, să-și umple la loc depozitele. Și dacă după câteva zile mai omorau un mamut, pofta de mâncare și bucuria erau din nou proporționale.

Problema societății de surplus actuale din țările industrializate este că nu există perioade de lipsuri. Nu facem pauze. Studiile au arătat că unii oameni au nevoie în medie o dată la 11 minute (nu vă duce gândul la sloganul publicitar al unui cunoscut portal online de întâlniri romantice?) de un nou stimul, adică să se uite pe telefonul mobil, să vadă ultimul clip pe YouTube, să posteze ceva pe Instagram. Pentru că cred că altfel se plictisesc. Consumăm, ne suprasaturăm, suntem nemulțumiți și vânăm următoarea împlinire.

Pentru relația noastră acest lucru înseamnă că: indiferent cât de tare și de atrăgător ar fi în ochii noștri partenerul – dacă stăm non-stop cu el sau cu ea, fascinația de la început lasă locul normalității (chiar dacă este – în cel mai bun caz – o normalitate afectuoasă).

La acestea se adaugă scăderea nebuneștii „chimii a îndrăgostirii". Vedem din nou lucrurile mai limpede, deodată observăm câte un defect al partenerului. Cu timpul scade poate și frecvența relațiilor sexuale, producția de oxitocină devine mai mică și sentimentele de legătură pot să fie și ele diminuate. Pe deasupra, cel mai probabil nici nu ni se mai aduce în fiecare dimineață cafeaua la pat. Pfffff...

Acțiune comună împotriva plictiselii

Cum putem să facem în așa fel încât partenerul sau partenera noastră și relația să nu-și piardă din farmec, ba chiar să ne enerveze? O strategie frecventă (pun pariu că și voi cunoașteți asemenea cupluri), cel mai adesea inconștientă și destul de distructivă, este să creezi noi emoții călcând pe alături sau creând drame inutile. Consecința, e drept, este o nouă stimulare nervoasă, dar mai degrabă sub forma de certuri și stres de separare. Nerecomandat.

Sună banal, dar e fundamental: avem nevoie de pauze! Nu de relație, ci unul de celălalt. Numai așa putem anula efectul deprinderii. Concret, asta înseamnă că: *o* iubire nu te poate împlini complet și total, *un* om singur nu te poate face fericit. Cu toții avem nevoie de schimbare, de provocări, de hobby-uri – și trebuie să i le permitem și celuilalt. Numai dacă fiecare are timp și loc să fie el însuși sau ea însăși, sistemul de recompense beneficiază de pauzele necesare de recuperare și este stimulat în altă parte și se reîncarcă. Și numai cine funcționează autonom reușește să-i acorde acest lucru și celuilalt. Abia atunci cheful de Noi are o șansă și pe termen lung.

Și prin aceasta devine clar ceea ce știm, bineînțeles, cu toții: dragostea adevărată nu înseamnă să fii proprietarul cuiva și să-l legi strâns de tine, ci să-i oferi îmbinarea corectă de libertate și siguranță. Aceasta nu înseamnă doar să „îi dai voie" să aibă și alte pasiuni, ci să-l susții activ să se dezvolte. Iar noi dacă observăm că iubitul nostru crede în *noi* și chiar ne încurajează să căutăm și să ne confruntăm cu noi provocări, acest lucru ne dă un mare spor de satisfacție. În plus, face să ne crească încrederea în noi și puterea să ne atingem cu adevărat țelurile propuse – creștem și ne dezvoltăm mai departe. Asta ne face să ne simțim excelent, iar bucuria se transmite relației. Eu, de pildă, îmi dau seama de fiecare dată că tocmai când am depășit singură o provocare, îmi vine în același timp să plesnesc de bucurie pentru relația mea excelentă, care mă împlinește. Și cum, pe de altă parte, țelurile pe care le atinge Jonas mă fac să fiu atât de bucuroasă și de mândră, încât să-mi spun: *Da, domnule, tipul ăsta chiar e tare! Și este tipul* meu *tare! Uraaa!*

Sigur că tendința de a fi autonomi nu trebuie să ducă la înstrăinare. A stabili obiective comune, a discuta despre probleme, pur și simplu a petrece timp împreună sunt lucruri esențiale pentru calitatea relației - numeroase studii confirmă aceste afirmații. Tot ele arată însă și că este important cum petrecem acest timp. Probabil că nici asta nu va surprinde pe nimeni, dar din proprie experiență știu că o mică amintire nu strică: satisfacția într-o relație crește odată cu activitățile în care cuplurile au activități comune - dansează, mănâncă, merg la teatru - în mult mai mare măsură decât când cei doi stau de pildă unul lângă altul pe canapea și fiecare navighează prin contul lui de Instagram. Indiferent cât de confortabil și de relaxant poate părea acest lucru după o zi obositoare, efectul pe termen lung este plictiseala. Și sigur că nu este corect, pentru că (poate există excepții, dar sunt rare) nu omul de lângă tine, de pe canapea a devenit plictisitor, ci disponibilitatea lui permanentă îți insinuează că așa ar fi. În schimb, cu cât sunt mai interesante activitățile comune, cu atât mai bune sunt pentru relație - și anume pe termen lung. Puteți să jucați cărți, să vă cățărați împreună pe un perete sau să călătoriți în jurul lumii.

Și un rol important joacă probabil iarăși sistemul de recompense: pentru că reacționează cel mai puternic la întâmplări surprinzătoare. Lucrurile frumoase, neașteptate, chiar periculoase, duc la eliberarea de dopamină și adrenalină. O emoție cu furnicături minunate ne trece prin tot corpul și dorința de mai mult - de unde știm senzația? Păi, sigur că da:

de la îndrăgostire. A trăi aceste sentimente extatice cu alesul inimii noastre, a le împărtăși și astfel a le dubla este fericire pură, nu-i așa?

Psihologul american Arthur Aron a studiat eficiența acestui fenomen pentru satisfacția în relațiile pe termen lung. I-a legat unii de alții, de mâini și de picioare, pe membrii unor cupluri și i-a trimis într-o sală de sport să parcurgă împreună o cursă cu obstacole. Perechile trebuiau să țină între capete sau între corpuri o pernă – și să nu o lase să cadă. Cercetătorul a căutat să vadă cât de mulțumite erau perechile de relația lor înainte și după experiment. Rezultatul? După ce au fost dezlegați, partenerii se simțeau mai apropiați decât înainte de experiment.

Provocările comune lansează sincron rachetele din sistemele de recompensă ale ambelor minți, valul de adrenalină face ca ambele inimi să accelereze ritmul – așa ceva sudează. Buna dispoziție împlinește relația, iar plictiseala nu are nicio șansă.

Există cupluri pentru care certurile au același efect. Și discuțiile încinse eliberează adrenalina și pot face să crească dorința pentru celălalt (nu există oare atâtea scene de film în care într-o clipă bărbatul și femeia vor să-și scoată ochii, iar în clipa următoare, lenjeria?!). Nu vreau în niciun caz să incit cuplurile care se iubesc să se certe, ci doar, poate, să netezesc un pic imaginea contradicțiilor. O ceartă este o provocare, care cere rezolvarea în comun a problemelor și găsirea unei noi înțelegeri pentru a fi depășită. Este o muncă importantă la construirea relației, la care cei doi se înhamă împreună. Dacă reușește, asta înseamnă evoluție: conviețuirea este ridicată la un nou nivel și oferă surprize și posibilități de dezvoltare pentru ambele persoane implicate. Iubirea rămâne vie – un mijloc remarcabil de a combate plictiseala. Și, pe deasupra, sistemul de recompense apreciază efortul: rezultatul este cel mai adesea un nivel nou și mai profund al dragostei.

Contrariile se atrag!
Contrariile se atrag?

Experiențele comune, surprizele comune stimulează așadar îndrăgostirea și dorința sexuală. Cine a citit cu atenție știe însă și că: soluția nu este, evident, ca de acum să te duci *în fiecare zi* să te dai cu iubitul în montagne russe sau să sari cu parașuta. O suprastimulare a sistemului de recompense împiedică satisfacția de durată și nu poate nici să salveze o relație care nu funcționează.

Pentru că, sigur, și acesta este un scenariu realist: când diminuarea îndrăgostirii inițiale ne pune în fața unei imagini neînfrumusețate a partenerului (#nofilter!), ne dăm deodată seama: nu ne potrivim. Și atunci poate că tocmai caracterul ei extravertit, care la început ni se părea atât de interesant și de fascinant, ne enervează. Sau lipiciul lui care la început ni se părea romantic devine extrem de agasant. Poate că diferențele sunt prea mari. Pentru că dacă la începutul relației contrariile pot să se atragă, pentru că sunt noi și incitante, într-o relație pe termen lung asemănările devin tot mai importante. Vrem pe cineva a cărui minte să funcționeze ca a noastră. Pe cineva care să gândească și să simtă ca noi. Studiile au arătat: cu cât putem să ne punem mai bine în locul unei persoane și cu cât ne simțim mai înțeleși de acea persoană, cu atât mai puternic se inflamează sistemul nostru de recompense și cu atât mai atrăgător ni se pare cel din fața noastră. Altfel, sentimentul că suntem neînțeleși activează zone ale creierului responsabile pentru sentimente negative și dureri. De aceea poate să ne doară foarte tare când iubitul sau iubita nu ne împărtășește principiile sau dorințele.

La întrebarea de ce anumite relații pur și simplu nu funcționează nu există, firește, un răspuns standard. Și, dacă ajungi la concluzia că pur și simplu nu merge, nici cea mai rapidă tură în montagne russe nu schimbă nimic.

Dar, *dacă* o relație funcționează, mai multă distracție o face pur și simplu mai distractivă. Așa că: mișcați-vă fundurile! Știu, e muuult mai ușor de spus decât de făcut. Cunoaștem cu toții acea, hmm, să-i spun „lene" sau „comoditate"?, care te trage după o zi lungă de muncă să te pui la orizontală pe canapea. Și aici se ascunde un mecanism pervers, străvechi, al creierului nostru. Căci creierului nostru îi place la nebuniiiie rutina. Ajunge să facă fluierând lucrurile pe care le tot repetă. Și asta ne face viața mult mai ușoară: ne spălăm pe dinți fără efort, ne facem o însemnare fără efort, parcăm cu spatele fără efort și mergem fără efort pe același drum. Dar, inevitabil, aici se insinuează și câteva obiceiuri nedorite: dulciurile, scobitul în nas, statul nedezlipit de canapea. Însă, dacă facem acest lucru conștient și ne dăm un șut în fund (sau acceptăm să ni-l dea altcineva), putem schimba ceva. Și adesea rămânem surprinși de cât ne place să încercăm ceva nou. Dopamină!

Râsul este contagios

Este interesant că s-a demonstrat că fețele care exprimă o stare de bine – respectiv zâmbesc sau râd – ni se par deosebit de atrăgătoare. Ne molipsesc, zâmbim și noi și astfel punem în mișcare anumiți mușchi de pe față care, prin traseele nervoase, eliberează endorfine în creier. Râsul ne poate face mai fericiți chiar când nu ne este deloc gândul la asta! Un motiv în plus să facem acest lucru împreună mai des. Și să integrăm în viața de zi cu zi obiceiuri pozitive. Ca porții regulate de sport sau seri de ieșit în oraș în doi. Apropo de ieșit în oraș în doi: intimitatea și sexul ajută, evident, la rândul lor, să menținem pasiunea vie. Pe de o parte prin producția de oxitocină, pe de altă parte printr-un adaos de testosteron în sânge. Acesta declanșează producția de dopamină. Și amândouă ne provoacă mai multă plăcere.

Și – chiar dacă îmi repugnă foarte tare să gândesc în aceste categorii – științele neurologice vin în sprijinul unui clișeu: activitatea creierului feminin și cea a celui masculin se deosebesc în mod caracteristic, când sunt îndrăgostite. În timp ce la stăpânii creației mai active sunt zonele care prelucrează stimulii vizuali, la femei se declanșează mai mult regiuni responsabile pentru atenție, amintiri și comunicare. Ceea ce ne face să presupunem că după toate probabilitățile bărbații sunt mai interesați de aspectul exterior când vine vorba de iubire. Poate pentru că sunt obișnuiți, după milioane de ani, să verifice starea de sănătate și capacitatea partenerei de a purta copii în pântece. Și că femeile se uită mai mult la caracter, la „valorile interne": poate bărbatul să se îngrijească așa cum trebuie de mine și de odraslele mele? Este mult mai greu să evaluezi acest lucru și ai nevoie de atenție, memorie și discuții intense. Pentru satisfacția pe termen lung într-o relație acest lucru ar putea să însemne: fetelor, îmbrăcați-vă cu ceva drăguț la ieșirea în oraș în doi, iar voi, băieți, faceți liniștiți câteva dezvăluiri despre voi, povestiți cum vă merge și ce vă mișcă! Trebuie însă să adaug: dacă zonele sunt mai active la unul dintre sexe, nu înseamnă că la celălalt sunt mute. Și noi, fetele, sorbim pe careva din ochi, iar discuțiile intense îi fac și pe gagii să simtă mai multă apropiere. Să nu mă înțelegeți greșit, nu vreau să sugerez că noi, femeile, trebuie mereu să arătăm drăguț, iar bărbații trebuie să vorbească mult. În unele zile nu e nimic mai frumos decât să stai în brațele celuilalt nepieptănată și în pantaloni de trening și să nu spui nimic. Acest tip de intimitate este bineînțeles important (oxitocină, încredere, legătură!) – și adesea partenerul și partenera ni se par cei mai frumoși tocmai în asemenea momente. Însă din când în când merită să-ți dai osteneala și să-ți faci timp pentru ceva special. Rezultatul este același: mai multă plăcere.

Observați că tindem cu toții mereu după plăcere și distracție. Un lucru care sună în primă instanță banal are, desigur, un sens mai profund. Știm deja din „Fluturi în stomac – Când suntem îndrăgostiți lulea": sistemul nostru de recompense ne motivează prin sentimentul de plăcere să facem acțiunile importante în primul rând pentru supraviețuire și în al doilea rând pentru dezvoltare. Un model din știința de cuplu cu numele simpatic „modelul autoexpansiunii" spune că și alegerea partenerului funcționează exact după acest mecanism, ca sistemul de recompense. Într-o exprimare un pic exagerată: vrem pe cineva de care să profităm pentru propria noastră dezvoltare. Ceva mai ponderat: ne dorim pe cineva ale cărui capacități, viziuni și rețea socială să constituie o îmbogățire pentru noi. Și pe limba romantică: ne căutăm jumătatea (mai bună?).

Cred că este corect: într-o relație, numai dacă avem sentimentul că ne completăm unul pe celălalt, că suntem „mai buni" împreună decât singuri, suntem dispuși să renunțăm la o parte din autonomia noastră pentru noul Noi. Atunci nu resimțim acest lucru ca pe o pierdere a libertății, ci ca pe o expansiune a sinelui. Și făcând în continuare lucruri noi și interesante împreună și după ani de relație, evoluăm împreună mai departe.

Bineînțeles, alternând mereu cu faze de recuperare suficiente, în care fiecare își poate urmări propriile scopuri și își poate umple rezervoarele. Faze în care rolul principal nu este jucat de erotism și aventură, ci de o bună colaborare, de prietenie și de grija față de celălalt. Sau în care apar probleme, partenerii fac greșeli, se ceartă zdravăn și apoi se pot suporta din nou. Toate astea sunt parte firească a lucrurilor. Atunci contopirea înseamnă creștere, și nu limitare – în sensul sistemului nostru de recompense.

Sunt convinsă că, dacă ne dezvoltăm personalitatea și în același timp relația într-o constantă colaborare cu iubitul sau iubita, dacă în loc de stagnare căutăm împreună provocări, creștem șansa unei rețele a iubirii scânteietoare pe termen lung în mințile ambilor parteneri. Și explozii electrizante de adrenalină care revin mereu în sânge. Atunci poate să existe iubirea veșnică. Cu romantism, plăcere și pasiune. Și poate că Oscar Wilde nu are chiar întotdeauna dreptate.

Inima frântă

Cum vindecă timpul toate rănile

„Se poate muri din dragoste?" Prietena mea Nina stă așezată în fața mea la cafenea, deși „așezată" e cam mult spus. Stă ghemuită pe scaun ca imaginea vie a nefericirii, cu un braț inert pe masă, și își folosește parcă ultimele puteri pentru a-și sprijini capul cu celălalt. Ochii ei sunt lipsiți de strălucire, iar cearcănele întunecate de sub ei sunt atât de adânci, încât îmi este teamă că Nina ar putea să dispară cu totul în ele. Îmi cam vine să zâmbesc la întrebarea ei – însă când o văd mă cuprinde grija că ar fi cu putință... De când a părăsit-o Sven, cu trei săptămâni în urmă, a slăbit, are chipul palid și părul neîngrijit. Se mișcă atât de încet și atât de lipsită de vlagă, de parcă ar avea poveri grele pe umeri. Incredibil ce poate face suferința din dragoste dintr-o femeie tânără și frumoasă!

— Doare așa de tare. Nu pot să mă gândesc decât la el, stau fără rost, mă uit în gol. Viața nu mai are niciun rost.

Vai, biata Nina! O ajută la ceva să-i explic ce se întâmplă în corpul ei?

Știm: când suntem îndrăgostiți, fiecare gând la persoana iubită lansează rachete de dopamină în sistemul nostru

Hai, sună odată!

de recompense. „Am nevoie de ea, acuuuum!" răsună prin circumvoluțiunile noastre - probabil că nivelul nostru de serotonină este la cel al unui suferind de tulburare obsesiv-compulsivă. Rezultatul este: obsesia. Dacă însă dragostea nu este reciprocă, dacă totul se termină deodată, e o dramă.

„De ce nu mă vrea fata asta?" „Trebuie să-și dea seama: suntem făcuți unul pentru celălalt!" Căutăm peste tot semne ale destinului care să ne spună că totul e o greșeală, că o să ne sune cu siguranță în curând, că sigur va bate imediat la ușa noastră. Nu poate fi întâmplător că tocmai acum la radio se aude cântecul nostru! Fiecare asemenea gând declanșează noi rachete de dopamină și, odată cu ele, o dorință dureroasă, mereu mai mare. Dacă nu ne-o putem împlini, pentru că celălalt pur și simplu nu ne mai vrea, lucrurile se înrăutățesc: pe de o parte creierul nostru nu mai eliberează nici GABA, neurotransmițătorul liniștitor, nici opioidele care ne umplu de fericire - sentimentul satisfacției nu apare -, în schimb devenim neliniștiți și iritabili. Iar pe de altă parte așteptarea recompensei după care tânjim - sărutul iubitului sau iubitei - ne face să producem mai multă dopamină. În plus, anumite celule nervoase își intensifică activitatea, celule care nu produc singure dopamină, dar incită sistemul de recompense să o facă, astfel încât circuitul dorinței prinde viteză mai mare. Poate atinge proporții incredibile și odată cu el și disperarea pătimașă. Bănuiesc că toată lumea cunoaște sentimentul: ne dorim cu atât mai mult ce nu putem avea. Oamenii de știință americani numesc acest fenomen *frustration attraction* - deci „atracție prin frustrare". Cu cât tânjim mai mult fără răspuns, cu atât crește iubirea pentru obiectul după care tânjim.

Și cu atât mai violente devin reacțiile fizice declanșate de chimia dată peste cap a creierului prin hipotalamus, cârmaciul sistemului nervos vegetativ. Circumvoluțiunile suferinde din iubire strigă la el: „Frate, îl vreau înapoi pe tipul ăsta!", „Nu putem lăsa femeia să plece. Hai, hai, fă ceva, fă cevaaaa!". Hipotalamusul intrat în panică trage de mânerul „axei stresului" (despre care puteți citi totul în capitolul „Când îți îngheață sângele în vine – Teama!"): adrenalina, noradrenalina și cortizolul se împrăștie prin vinele noastre triste. Simțim cum inima ne bate în gât, respirăm mai repede, transpirăm și tremurăm. Partea fatală: stresul sporește și mai mult concentrația de dopamină din creier, dorința după ce nu putem avea crește și face să crească reacția de stres – un cerc vicios. Și un sentiment groaznic. Din cauza lui nu mai putem să mâncăm sau să dormim. Multor oameni părăsiți li se pare că urmează să sfârșească jalnic.

De unde întrebarea îndreptățită: se poate muri din dragoste?

Cred că ați identificat de mult paralelele și așa este: din punct de vedere biochimic, starea celui părăsit este similară cu a unui dependent de cocaină în sevraj. Pentru că știm: drogurile stimulatoare abuzează mecanismele iubirii. Ne activează centrul de recompense, în special area tegmentalis ventralis și nucleul accumbens, și ne amăgesc cu varianta absolută a celui mai frumos sentiment pe care îl cunoaștem. Combinația perfectă între plăcere, fericire, satisfacție, încredere în sine, absența temerii și împlinire. Creierul nostru, toate celulele din organism strigă: „Mai vreaaaaau!" și este nevoie de o nouă doză. Problema: prin mecanismul obișnuinței, efectul drogului slăbește după puțin timp, de fiecare dată avem nevoie de mai mult și mai repede, apare dependența. Când rămânem fără praful magic, pastila colorată sau, după cum se vede, sărutul dorit, rezultatele sunt disperarea, frica și durerea acută. Cercetările făcute pe oameni cu „inima frântă" au confirmat acest lucru: la RMN, pe lângă sistemul de recompense se luminează și cortexul insular și cel cingular. Am făcut cunoștință cu ele în creierii îndrăgostiți, unde împletesc emoțiile și reacțiile organelor noastre interne (ca bătăile inimii, transpiratul și nervozitatea) cu informații cognitive. Mai au însă și o altă funcție importantă: transmit durerea și suferința.

Cât de mult suferă cineva de pe ultima unei inimi frânte și dacă ajunge chiar să se învârtească în acest cerc vicios similar cu dependența diferă mult de la un om la altul și depinde de mulți factori. Vârsta, intensitatea îndrăgostirii, durata relației, copiii pe care îi are cuplul împreună, particularitățile personalității... Așa se face că un caracter puternic, independent, te poate proteja de durerile din dragoste, în timp ce persoanele timide sau cele cu respect de sine scăzut suferă adesea mai mult. Și cei care în timpul unei relații tind spre o iubire posesivă sunt mai afectați după încheierea ei decât cei care îi lasă de la bun început celuilalt mai mult spațiu.

Bărbații și femeile suferă diferit. Femeile plâng mai mult, au probleme cu somnul, mănâncă adesea fie prea mult, fie prea puțin și vor să vorbească, să vorbească și să tot vorbească. În schimb, bărbații preferă să se izoleze, să stea singuri, consumă mai degrabă alcool și droguri și tind mai mult spre comportamente agresive. Însă pesemne că aceste diferențe sunt determinate cultural, pentru că activitățile creierului sunt, în cazul suferinței din dragoste, aceleași, indiferent de sex. Pentru amândoi este valabil faptul că durerea este reală, dovedită neurochimic.

Pentru a înțelege CÂT de chinuitoare poate fi dorința dureroasă, când intri în sevraj din cauza drogurilor sau a iubirii, să ne amintim încă o dată sensul inițial al sistemului nostru de recompense: biochimia lui trebuie să ne arate nevoile noastre existențiale. Ne spune de ce avem nevoie pentru a supraviețui. Dacă nu împlinim această cerere, se naște în noi sentimentul că, nici mai mult, nici mai puțin, ne lipsește baza pentru supraviețuire. Că viitorul nostru genetic este în joc! Nu conștientizăm astfel aceste senzații, respectiv apariția lor, dar ele explică o parte a suferinței pe care o simte cel părăsit.

În plus, în creierul celor care suferă în urma unei despărțiri lucrează și globul palid, acel ghem de celule nervoase din adâncul creierului, legat de sentimentele de afecțiune familială și care devine mai activ când durata relației este mai lungă. În măsura în care globul palid ne poate dărui iubire, acum ne provoacă durere. Știm: apartenența și afecțiunea sunt nevoi elementare. Sentimentul unei iubiri fără răspuns este de aceea la fel ca disperarea existențială cu care bebelușii părăsiți își strigă mamele.

Cât de strâns sunt legate între ele sentimentele de iubire, jale și durere vom afla mai multe în capitolul următor, „Despre jale și durere - Prieten la nevoie" *(Stay tuned!)*. Deocamdată atât: dorul neostoit poate să se transforme în teama de moarte - să ne facă să credem că viața nu mai are niciun rost.

Prin ce trebuie să treci: fazele suferinței din dragoste

Adesea suferința din dragoste este împărțită, fără urmă de romantism, în mai multe faze, ca și procesul doliului după moartea unei persoane apropiate. Modelele pe faze nu sunt incontestabile, pentru că s-a dovedit că procesul de jelire este foarte diferit de la un individ la altul, iar sentimentele nu respectă vreun desfășurător sau vreo ordine. Reacțiile descrise în faze pot apărea toate – una după alta, deodată sau alternativ –, dar nu este obligatoriu. O altă desfășurare nu înseamnă deci că procesul de jelire este patologic.

O reacție timpurie des întâlnită în cazul părăsirii este cea de protest. Atunci excesul de dopamină și de hormoni de stres și lipsa de serotonină și de GABA nu-i dau pace celui părăsit. Nu vor să accepte sfârșitul relației și fac, prigonite de pasiune, totul pentru a-l cuceri din nou pe cel iubit, unii se transformă chiar în hărțuitori. Dacă însă toate se dovedesc zadarnice, dacă recompensa dorită nu vine, în ciuda concentrației mărite de dopamină, la un moment dat este activată amigdala cerebrală. Atunci cu jalea se amestecă frustrarea și furia, la unii oameni apare chiar o adevărată „iubire-ură". Nu există niciun motiv mai frecvent pentru uciderі decât iubirea fără răspuns.

Cel mai adesea, vine la un moment dat clipa în care noi și sistemul nostru de recompense observăm: bun, chiar s-a terminat. Nu se mai întoarce. Nu mă mai iubește. Se instalează resemnarea. Este momentul în care sistemul de recompense își pune detonantul de dopamină în lăzi ignifuge și le bagă adânc în beci. Consecința: lipsă de dopamină și, odată cu ea, sentimente de letargie și jale. Până la 40% dintre depresivi dezvoltă chiar o depresie zdravănă. Același lucru se întâmplă de altfel și în regnul animal: într-un experiment cu arvicolinele monogame de prerie, oamenii de știință le-au „furat" masculilor femelele. La început și-au căutat supărați și nervoși doamnele, apoi pur și simplu s-au abandonat pe ei înșiși. Când cercetătorii i-au legat de cozi de un stâlp, nu s-au agitat și nu s-au smucit, ci au rămas atârnați inerți. Ca Nina pe scaunul ei. Când cercetătorii le-au dat însă antidepresive, șoarecii s-au simțit brusc mai bine.

Unii suferinzi din iubire se simt atât de rău încât au chiar și gânduri sinucigașe – și le și pun în aplicare.

Broken-Heart-Ceee?

Da, poți cu adevărat să te îmbolnăvești din dragoste. Hormonii de stres, adrenalina, noradrenalina și cortizolul apasă pe inimă și pe vase, tensiunea crește și sistemul imunitar este reprimat. Astfel, la nefericirea suferindului se asociază ușor și infecții virale sau bacteriene.

Și în cele din urmă inima frântă poate chiar să-ți pună în pericol viața. Sindromul inimii frânte se manifestă prin dureri puternice în piept, greutăți la respirație și frică de moarte - exact ca un infarct. Cei afectați, cel mai adesea femei trecute de menopauză, trebuie să meargă imediat la spital, unde doctorii sunt nedumeriți de ce văd: și EKG-ul arată ca la un infarct, iar analizele de sânge arată la rândul lor valori tipice pentru infarct. Dar la angiografia coronariană, când medicii caută cu o sârmă prin arterele coronare blocajele care declanșează infarctul, lucrurile se lămuresc: nu este infarct. Doar pare.

Cauzele acestui sindrom nu sunt încă complet lămurite, dar rezultatele celor mai noi cercetări sugerează că în spatele lui s-ar putea afla o tulburare a sistemului limbic. Să ne amintim: sistemul limbic joacă un rol foarte important în prelucrarea sentimentelor. Când este dereglat, corpul nu mai reacționează cum trebuie la evenimente violente, care provoacă stresul, ci pierde în totalitate controlul.

De altfel, nu doar sfârșitul unei relații provoacă asemenea simptome ale sindromului inimii frânte, poate fi și o boală gravă sau chiar ceva pozitiv, ca un câștig la loto. De aceea se numește și cardiomiopatie de stres (deci o boală a mușchiului cardiac declanșată de stres) sau sindromul Takotsubo (japonezii care au descoperit sindromul l-au numit așa pentru că ultrasunetele inimii suferinde amintesc de un urcior, *takotsubo* în japoneză). Dacă declanșatorul este ceva copleșitor de frumos, medicii vorbesc și despre sindromul inimii fericite. Dar, indiferent cum i-am spune, știința actuală explică apariția simptomelor după cum urmează: ca reacție la un eveniment zguduitor, sistemul tulburat al emoțiilor activează la capacitate maximă hipotalamusul, iar acesta declanșează axa de stres, ceea ce face cortexul suprarenal să secrete cantități enorme de hormoni de stres în sânge. De trei ori mai mari decât la un infarct (iar acesta însuși reprezintă un stres care pune viața în pericol!) și de 34 de ori mai mari decât la un om sănătos. Inima nu se poate descurca și intră într-o rigiditate provocată de șoc – simptomele sunt aceleași ca la un infarct. Însă acesta din urmă este mult mai periculos, pentru că duce la moartea țesuturilor cardiace și astfel ne pune serios viața în pericol. Este adevărat că și sindromul inimii frânte poate duce la moarte, dar numai în aproximativ un caz din 25. În peste 90% din cazuri, simptomele dispar complet în doar câteva săptămâni.

Dar chiar și când totul se termină cu bine, înțelegem: suferința din dragoste poate să ne dea tot corpul peste cap.

Îndrăgostiții, mai ales cei fără noroc în dragoste, afișează un comportament care, conform definiției OMS, îndeplinește suficiente criterii pentru a intra în categoria dependențelor. Dintre aceste criterii fac parte, de pildă, dorința puternică și

/ sau impulsul de a consuma medicamentul (omul / pe Sven), simptome fizice de sevraj („doare așa de rău"), o capacitate de control diminuată în privința terminării ingerării („Nu pot să mă gândesc decât la el"), neglijarea altor interese („Stau și mă uit în gol, viața nu mai are niciun rost") și continuarea consumului, în ciuda pagubelor provocate. Chiar când am înțeles de fapt de mult că el sau ea nu ne (mai) vrea și că orice contact nu face decât să adâncească rana – tot mai sunăm, tot mai cerem o întâlnire –, dorul e pur și simplu prea mare.

Sevraj total

Dacă privim așadar iubirea ca pe dependența de o substanță și suferința din dragoste ca pe un simptom de sevraj, de aici deducem și o strategie de a depăși suferința din dragoste: nu ajută decât sevrajul total. Fără contacte, fără să citim mesajele vechi de pe WhatsApp, fără să ne holbăm la fotografii, rupem legătura cu celălalt pe rețelele sociale. Și, în primul rând: *Don't drink and dial!*

Cel mai bine este să închideți undeva tot ce vă amintește de persoana iubită. Orice amănunt poate produce o nouă traumă. Este valabil mai ales pentru mirosuri. Pentru că acestea pot, mai mult decât orice percepție senzorială, să trezească în câteva fracțiuni de secundă amintirile. Ține de faptul că simțul mirosului are o legătură directă cu stăpânul memoriei noastre: hipocampul. Este de asemenea parte componentă a sistemului limbic. În timp ce toate celelalte percepții senzoriale trebuie să treacă întâi de talamus și sunt sortate aici, mirosurile ajung direct în amintiri. Este extrem de practic când trebuie să decidem repede, de pildă, dacă o mâncare

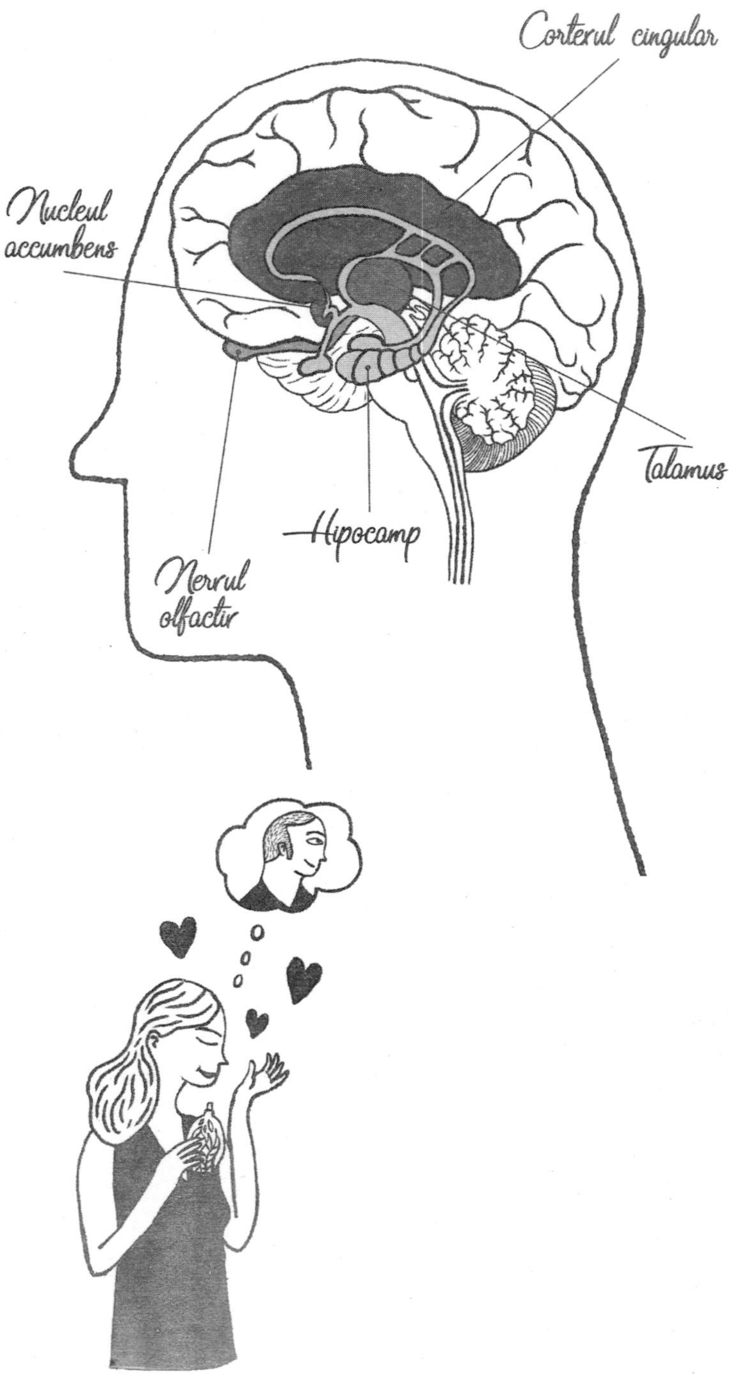
Cortexul cingular
Nucleul accumbens
Talamus
Hipocamp
Nervul olfactiv

mai este comestibilă sau s-a stricat. (Ne-a fost de mare ajutor în special pe când eram vânători și culegători, pe vremea când termenul de garanție nu era tipărit pe cutia de lapte.) Dar este fatal când tocmai încercăm să uităm pe cineva care ne-a frânt inima. O cantitate minusculă din parfumul iubit - mai exact: 108 molecule de parfum - este suficientă pentru a activa una dintre cele aproximativ 20 de milioane de celule ale mirosului din mucoasa olfactivă aflată în nas. Acestea sunt mici premergători ai nervului nostru olfactiv, nervus olfactorius, care este o adevărată ciudățenie: nu este de fapt un nerv, ci o parte antemergătoare respectiv o ridicătură a creierului. Catapultează imediat mirosul în mijlocul buclelor de memorie și „bum!". Deodată vedem în fața ochilor persoana de care ne este atât de dor, aproape că o putem simți. Și durerea este atât de reală, de parcă abia ce ar fi pus capăt relației.

Deci dăm la o parte tot ce ne trezește amintiri!

Și chiar dacă multe filme din lumea aceasta par să sugereze asta: vindecarea unei inimi frânte *nu* se află pe fundul unei sticle de whisky, într-un pachet de țigări sau într-o găleată de cinci litri de înghețată. Cei părăsiți apelează la asemenea „droguri de substituire" pentru că sistemul lor de recompense caută tot mai intens o satisfacție, pentru că persoana iubită este inaccesibilă. Pentru o scurtă perioadă înghețata și celelalte pot eventual să aline durerea și să liniștească gândurile agitate, dar consumul lor duce foarte probabil la următoarea dependență autodistructivă.

Sigur că în timpul doliului poți să te răsfeți, este bine să plângi, să țipi, dacă vrei - acestea fac parte din procesul de prelucrare și nimeni nu poate da o rețetă a acestuia, de la individ la individ. Cine însă s-a săturat poate să încerce să folosească chimia creierului în mod inteligent, în beneficiul său: în procesul renunțării la droguri, terapeuților le place să folosească terapia *reward-replacement*. Substanța de care este cineva dependent este înlocuită, pe cât se poate, cu o altă recompensă, respectiv: o activitate utilă. Sport, muzică, lucruri făcute împreună cu prietenii. Altfel spus: ceva care să-ți abată gândurile și să te facă să te simți bine! Poate se face și legătura cu un sentiment de satisfacție: când există ceva la care ai renunțat pentru partener / parteneră?

Activitățile stimulează producția de dopamină în mod pozitiv, iar în cercul prietenilor apropiați hipotalamusul produce hormonul giugiulelii, oxitocina. Știm: aceasta liniștește și alină durerea. De aceea faci față mai bine situației alături de oameni dragi decât singur cu ciocolată – chips – biscuiți – înghețată. Oamenii cu un cerc social fragil trebuie să rețină: suferința din dragoste nu este de subestimat! Dacă nici după câteva luni nu reușiți să vă eliberați singuri sau dacă chiar apar gânduri sinucigașe, mersul la psiholog nu e deloc o exagerare.

Și mișcarea poate să ajute: pentru că produce endorfine, dopamină și endocanabinoide – un cocteil minunat din „droguri" produse de propriul corp, care poate să aline durerile și să dea naștere unor sentimente de fericire.

Un experiment interesant al Universității Colorado arată chiar că ne ajută să ne simțim bine și numai să ne *gândim* că facem ceva bun. Oamenii de știință de acolo au studiat, cu ajutorul rezonanței magnetice, oameni care tocmai fuseseră părăsiți de persoana iubită și le-au dat pentru acest experiment un spray nazal. Unei jumătăți dintre subiecți li s-a spus că este vorba despre un remediu foarte eficient împotriva suferinței emoționale și a tristeții, celorlalți li s-a spus adevărul: era o soluție salină. Și ce să vezi? Cei din grupul care primiseră „remediul împotriva durerii" s-au simțit după aceea mult mai bine. Și nu numai atât: cu adevărat substanța cenușie periapeductală a început să lumineze. Cunoaștem acest lucru din creierii care iubesc: reduce durerea prin opioide, care apar în special în cazul unor evenimente cu puternic impact emoțional. Ca suferința din dragoste. Deci dacă facem ceva despre care numai credem că ne face bine, chiar ne simțim mai bine după aceea!

Iubește-te pe tine însuți și abia apoi și pe aproapele tău

Poate că sună un pic ezoteric, dar lucrul care ajută cel mai mult în suferința din dragoste e iubirea de sine. Cine este bun cu el însuși, cine își cunoaște nevoile și este și atent la ele și (totdeauna foarte important!) are motive de bucurie și în afara relației va face față, în cel mai rău caz, mai bine suferinței din dragoste. Pentru că în acest caz chimia creierului se poate învârti și în jurul altor lucruri în afară de „fosta" – de pildă în jurul autoconservării și al propriei dezvoltări. Exact cum își dorește sistemul nostru de recompense.

Așa suntem înarmați cel mai bine și împotriva unei eventuale „repetiții". Pentru că avem mai multă încredere în noi înșine, pericolul de a ne arunca obsesiv asupra unui nou partener sau al unei noi partenere este mai mic.

Cine știe, poate că tocmai acesta este motivul, rațiunea de a fi a suferinței din dragoste: să analizăm intens ce nu a mers, să învățăm și apoi să creștem. Fiecare nenorocire poate fi privită ca o șansă de a ieși mai puternici din ea. Și, în cele din urmă: ce răzbunare poate fi mai dulce decât ca fostul să vadă ce bine ne merge?

Chiar dacă imediat după o despărțire pare de neînchipuit: jalea și furia provocate de pierdere, dorința de a primi înapoi comoara (pierdută) și durerea nesfârșită pricinuită de faptul că am pierdut-o pe ea și timpul petrecut împreună vor dispărea după o vreme. Rezonanța magnetică nucleară la oamenii cu inimi frânte a arătat că zonele creierului care reflectă legătura față de partener/parteneră își diminuează un pic activitatea cu fiecare zi care trece după despărțire.

Nina va trece peste despărțirea de Sven, timpul o va ajuta.

Apropo, Nina tocmai dă din cap cu o enervare afectuoasă.

— Noroc că știința nu poate să te părăsească, spune. Ai fi o ruină.

Nu putem să nu râdem de remarcă. Așa deci, măcar prelegerea nu a fost chiar degeaba.

D

Despre jale și durere

Prieten la nevoie

Bunicuța mea iubită a murit astăzi.

Am scris această propoziție, apoi m-am holbat la ea o veșnicie. Nu-mi vine încă să cred. Toată viața mea a fost pur și simplu acolo. S-a jucat fără întrerupere cu mine și cu frații mei, ne-a luat cu ea în concediu, a cântat cu noi în mașină, a făcut cu noi dulceață și terci de fructe roșii, a copt mere, ne-a dat pe ascuns dulciuri, s-a agitat cu noi, a râs cu noi, ne-a consolat.

Era incredibilă: soție și mamă iubitoare a cinci copii minunați, profesoară de gimnastică implicată și voluntar pasionat în dezvoltare. În 1983, în timpul unei călătorii cu mama și mătușa mea în Pakistan, a vizitat un lagăr de refugiați pentru familiile fugite din cauza războiului civil din Afganistan. Acolo a cunoscut o tânără profesoară afgană, care strângea în fiecare dimineață toți copiii din lagăr ca să le predea. Întâlnirea cu acești oameni – suferința lor de neînchipuit, pe de o parte, și nesfârșita lor vitejie, pe de alta – a mișcat-o profund și pe bunica mea. Trebuia să-i ajute! Așa că a înființat, la frageda vârstă de 59 de ani, asociația „Școli pentru Afganistan", pentru a veni în sprijinul școlilor din

Afganistan, a strâns bani din donații și i-a dus regulat peste granița, adesea legați în jurul burții. Cu banii s-au construit săli de clasă, au fost plătiți profesori și s-au cumpărat cărți. Așa au apărut cincizeci de școli, încă o duzină au fost renovate, li s-a adăugat un centru de formare - astăzi zeci de mii de fete și băieți din Afganistan și Pakistan învață în aceste școli. Pentru implicarea ei bunica mea a primit o serie de premii, printre altele Crucea Federală de Merit Clasa I, colegii ei din Afganistan îi spuneau „mama" și pe lângă toate acestea era bunica mea cea fantastică.

La nouăzeci de ani a mers ultima oară în munții Hindukuș, iar apropiații ei de acolo, care îi deveniseră o a doua familie, și-au luat rămas-bun de la ea cu cuvintele: „Aici treizeci de mii de oameni se roagă pentru tine!"

Iar ea se ruga acasă, la Hamburg, să reușească să mai ajungă totuși o dată în țara după care tânjea. Dar o călătorie atât de lungă ar fi fost prea obositoare pentru trupul ei îmbătrânit. Cu toate acestea, s-a implicat până în ultima clipă cu pasiune în activitatea asociației ei.

Cel mai mult am admirat la bunica mea voința ei incredibilă, disciplina ei de neînchipuit. A luptat mereu cu dârzenie pentru convingerile ei, nu și-a permis niciun răgaz, a crezut totdeauna în bine. Sigur că din când în când se mai plângea zdravăn, dar nu și-a pierdut niciodată iubirea de semeni, nu a încetat niciodată să creadă în bine și să lupte neostenită pentru el. Și în fața celor mai grele lovituri ale destinului s-a adunat de fiecare dată, ba chiar a învățat singură să meargă din nou după un accident vascular. Nu i-a trecut niciodată prin minte să renunțe.

Și deși călătorea atât de mult și avea mereu ceva de făcut, a fost totdeauna lângă mine. M-a ascultat, mi-a dat sfaturi, m-a strâns în brațe.

Acum corpul ei a cedat. Și pur și simplu a dispărut. O viață de aproape 95 de ani, nenumărate amintiri, dorințe, sentimente. Pur și simplu au dispărut.

Când îți moare un om drag, este un șoc. Nu-ți vine să crezi și pur și simplu nu vrei să accepți că nu vei mai atinge niciodată persoana iubită, nu vei mai râde niciodată cu ea, nu-i vei mai auzi glasul. În chestionare, 75% dintre oameni spun că pierderea unei persoane iubite este cel mai rău lucru care li s-a întâmplat vreodată.

Nu este ușor de explicat ce se întâmplă în asemenea momente înăuntrul nostru. Senzația complexă de „jale" arată mai bine decât oricare alta că sentimentele noastre nu sunt așezate într-o singură regiune a creierului. Sunt mult mai degrabă rezultatul unei interacțiuni copleșitoare a mai multe procese diferite, care se desfășoară parțial simultan și apoi alternează din nou. Sentimente foarte diferite, ca jalea, singurătatea, dorul, vina, furia și epuizarea, se amestecă cu o durere cumplită, surdă.

Pain and the brain

Simțim durere când ne tăiem la deget cu un cuțit ascuțit în timp ce curățăm legume. Când țesuturile sunt lezate și celulele mor. Numim însă tot durere sentimentul declanșat în noi de o întâmplare nefericită, incisivă și, da, traumatică. În special pierderea unei persoane dragi – fie prin despărțire, fie prin moarte – poate să sape în adâncul nostru cel mai lăuntric gropi adânci, dureroase.

Nu este interesant că, deși lucrurile care ni se întâmplă sunt atât de diferite, vorbim în ambele cazuri despre „durere" și „rănire"?

Și vom vedea: explicația pentru acest lucru se află în creierul nostru.

Trebuie să fac o mică paranteză și să explic cum apare în creierul nostru senzația de „durere" – anume prin îmbinarea a două componente diferite ale simțirii.

Să luăm exemplul cu curățatul legumelor: în momentul în care ne tăiem la deget cu cuțitul de bucătărie, nenumărați receptori ai durerii din pielea noastră își dau seama speriați: „Au! Aici mor celule!" Trimit această informație cu viteza fulgerului prin diferite fibre nervoase în măduva spinării, unde, printr-un arc reflex, apasă imediat pe declanșatorul nervilor motorii. Prin aceștia vine iute porunca: „Aaau, stop!", care ajunge la mușchii brațelor și mâinilor – lăsăm cuțitul să cadă pe loc, înainte să devenim pe deplin conștienți de situație.

În același timp, informația despre rănire merge prin alte fibre nervoase din măduva spinării până la talamus, care o distribuie zonelor responsabile din creier. Cortexul senzorial, deci acea parte a stăpânului cortex cerebral care procesează percepția noastră haptică, localizează exact durerea (vârful degetului, un centimetru lungime, doi milimetri adâncime) și calitatea ei (înțepătoare? surdă? arzătoare?). Și în sistemul limbic, esențial pentru sentimente, durerea primește o „etichetă afectivă". Adică: aici se naște sentimentul negativ, suferința pe care o simțim de la durere.

Principala structură în cazul acestei percepții dureroase pare a fi, pe lângă cortexul insular și materia cenușie periapeductală, cortexul cingular anterior, ca parte a cortexului cerebral. Acest lucru este demonstrat în mod impresionant de un tratament extrem (și de aceea cât se poate de rar) pentru oamenii cu dureri cronice: aici cortexul cingular anterior este scos în mod operativ din uz. Astfel, pacienții percep în continuare durerea și o localizează - dar nu o mai percep ca fiind neplăcută.

Acest lucru mă face să mă întreb: nu cumva oamenii care aleargă prin foc sau peste cioburi învață să își „oprească" cortexul cingular anterior prin transa care precedă momentul?

Invers, un defect în cortexul senzorial face ca cei afectați să nu mai poată localiza durerea, dar să o simtă în continuare.

Percepția corectă a durerii fizice funcționează așadar în baza cooperării strânse dintre cortexul senzorial și cel cingular anterior.

Și ce se întâmplă când simțim dureri sufletești, respectiv sociale? Deci când un alt om - sau viața - ne provoacă durere, fără să existe o rană vizibilă în exterior? Rezultate inovatoare în acest sens ne-au fost furnizate de studiile lui Naomi Eisenberger de la University of California: această psihologă i-a pus pe subiecți să joace un joc cu mingea pe calculator, în scanerul RMN. Li s-a spus că sunt în rețea cu alți doi jucători. Ce nu știau ei era că de fapt nu era nimeni acolo și jucau doar cu calculatorul. La început coechipierii lor virtuali i-au implicat mult în joc, apoi, deodată, nu li s-au mai dat mingi - colegii i-au exclus. Subiecții au fost revoltați, respingerea i-a durut. Și, ce să vezi: în creierii lor au început să lucreze aceleași zone, care ne transmit componentele pricinuitoare de suferință ale durerii, de pildă când ne tăiem la deget. De aceea cortexul insular, cortexul cingular și substanța cenușie periapeductală sunt numite, în această combinație, și „rețeaua durerii" (strict vorbind, mai există și alte structuri care fac parte din ea, nouă ne ajunge însă să știm despre acestea trei). Într-unul dintre aceste studii, de pildă, oamenii de știință le-au arătat unor femei fotografii cu oameni dragi, care muriseră de curând. Și, într-adevăr:

odată cu sentimentul dureros al jalei, „rețeaua durerii" din creierii lor se lumina.

Așadar durerile fizice și cele sufletești apar în aceleași structuri ale creierului și de aceea par foarte similare. Așa se explică faptul că pentru a descrie aceste sentimente folosim același vocabular.

Prin suprapunerea rețelelor pentru dureri sociale și fizice se explică și de ce, când suntem bolnavi, nu ne simțim rău doar fizic, ci adăugăm și respingere și gânduri triste. Când bacteriile și virusurile pătrund în corpul nostru și îl amenință, acesta reacționează activând sistemul imunitar. Eliberează substanțe mesager, așa-numite citokine proinflamatorii, care declanșează o reacție de inflamare. Pe de o parte așa sunt combătuți invadatorii, pe de altă parte primește și corpul un semnal: „Încetează tot ce faci, ești bolnav!" În membrele noastre se instalează epuizarea și pragul de durere scade. Corpul comută pe ciclul blând, ca să ne putem recupera. Și acest prag scăzut al durerii ne face în general mai sensibili. Lucruri care în general nu ne deranjează apasă acum greu.

Acum poate unii dintre voi vă întrebați: atunci nu pot să tratez și sentimentele rănite cu pastile pentru dureri? Și, într-adevăr, studiile au arătat-o: funcționează! Eisenberger și echipa ei i-au pus pe jumătate dintre subiecții studiului cu jocul cu mingea să ia paracetamol. Sub efectul analgezicului, faptul că fuseseră excluși social de colegii lor de echipă i-a durut într-adevăr mai puțin decât pe participanții care primiseră doar un placebo.

Te părăsesc!
Au!
Durere
Durere

Cele două fețe ale monedei – dragoste și durere

Structurile rețelei durerii ne pot spune și mai multe despre caracterul exact al doliului sau, mai exact, despre culoarea sentimentului. Pentru că dacă pe de o parte a „scalei activității" mijlocesc suferința dureroasă, pe de altă parte sunt responsabile pentru minunatul sentiment al afecțiunii. Asta înseamnă că iubirea împlinită și afecțiunea sunt o față a monedei, durerea și jalea, cealaltă.

Dar cum se poate ca aceleași zone ale creierului să transmită sentimente atât de diferite?

Explicația este un pic complicată și rezultatul a decenii de studii. Și, în consecință, deosebit de interesantă. Renumitul neurobiolog Jaak Panksepp, care a dat cercetării sentimentelor numele de „neurologie afectivă" și a ridicat-o astfel la rangul de ramură de sine stătătoare a cercetării, a fost cel care a analizat în mod deosebit, prin numeroase studii, această legătură. (Un om de știință strălucit, pasionat. Uitați-vă pe You Tube la ale sale TED-Talks!)

Pentru a înțelege legătura dintre durere, jale și iubire, trebuie să știm că structurile rețelei durerii sunt parte a sistemului opioid al corpului nostru. Și despre el am auzit de curând: structurile lui au la suprafață numeroși receptori, de care se pot atașa opioidele – indiferent că sunt produse de corp sau sintetice. Consecința: durerile, teama și stresul scad și suntem cuprinși de un sentiment minunat de siguranță.

Panksepp a arătat în studii pe animale importanța acestui sentiment puternic: a despărțit pui de găină de mama lor, moment în care au început să piuie panicați. A fi părăsiți este pentru ei este echivalent cu moartea – nu pot supraviețui singuri –, în consecință strigătele lor îți rupeau inima. Panksepp a descoperit că în timp ce piuiau rețeaua durerii din capul lor era activă. Dacă după aceea le dădea puilor opioide și îi lua în mână, se opreau pe loc din piuit, lăsau liniștiți ciocul în jos și se ghemuiau plini de încredere în mâna lui. Durerea de a fi părăsiți dispărea. Asta înseamnă că datorită opioidelor erau cuprinși de dragoste și de un sentiment de siguranță, nici mai mult, nici mai puțin. Tocmai am stabilit aceleași lucruri în capitolul „În al nouălea cer – Adevărata iubire": când mamele văd fotografii cu bebelușii lor, substanța cenușie periapeductală produce opioide. Consecința sunt chiar aceste sentimente de afecțiune profundă.

Panksepp a sintetizat rezultatele de acest fel într-o teorie fascinantă care afirmă că: sentimentele noastre de legătură sunt îndrumate în creierul nostru (pe lângă oxitocină) prin sistemul opioidelor – exact la fel ca durerile. Asta înseamnă că sistemul durerii și cel al legăturii se suprapun în sistemul nostru de opioide!

Pentru Panksepp acest lucru explică de ce opioidele creează o dependență atât de puternică: alături de oxitocină și de alți câțiva mesageri, aceste substanțe transmit cele mai importante sentimente pe care le cunoaștem: iubirea familială și sentimentul de siguranță.

Iar durerea socială, în special durerea pricinuită de pierderea unei persoane dragi – durerea despărțirii –, este tocmai inversul acestor sentimente minunate. Pentru că în aceeași măsură în care apropierea fizică de un om iubit eliberează opioide în creierul nostru și ne face să cunoaștem iubirea, concentrația de opioide scade când nu suntem iubiți.

Pentru că opioidele au un puternic potențial de a crea dependență, consecințele seamănă din nou cu sevrajul brutal. Neliniștea și dorul se instalează. Funcția evoluției din spatele acestui lucru: durerea singurătății creează în noi motivația de a căuta apropierea altor oameni și de a crea legături. Creierul nostru știe: avem nevoie de ele pentru a supraviețui, ca de hrană și de apă. Dacă aceste nevoi nu sunt satisfăcute, simțim jale și durere, putem intra în panică sau chiar dezvolta o depresie.

În acest context putem observa lucruri de-a dreptul înfricoșătoare cu dependenții de opioide. În legătură cu teoria lui Panksepp despre opioide în relațiile sociale se discută dacă opioidele pot avea asupra relațiilor sociale ale dependenților un efect chiar mai distrugător decât alte droguri. Conform acestei ipoteze, dependenții de opioide își injectează odată cu drogul sintetic atâta „afecțiune”, încât pur și simplu nu mai simt nevoie de dragostea oamenilor. Preferă familiei lor reale, prietenilor reali, substanța chimică, cred că nu au nevoie de nimeni și își distrug fără scrupule legăturile. Relația este tolerată doar dacă celălalt este și el dependent. Dependența este împărtășită, însă de regulă tandrețea și sexul sunt înlocuite și în acest caz de drog. Este grăitor faptul că asemenea cupluri se destramă cel mai adesea când unul dintre cei doi scapă de opioide. Tați iubitori se transformă în strigoi reci, mame dependente le refuză copiilor lor nou-născuți atingerea pielii, privirile intense și jocul. Astfel neglijați, cei mici nu au nicio șansă să se dezvolte normal din punct de vedere psihic, emoțional și social.

Informații suplimentare: criza opioidelor

După părerea mea, din această perspectivă, criza devastatoare a opioidelor din Statele Unite este mult mai dramatică. Această nenorocire cumplită a apărut în 1995, când compania farmaceutică newyorkeză Purdue Pharma a scos pe piață narcoticul „Oxycontin” ca analgezic – un opioid cu mare potențial de dependență și abuz. În loc de a avertiza în amănunt împotriva acestor efecte secundare distrugătoare, producătorii (printre care se aflau și multe mari companii farmaceutice) au lăudat drogul ca fiind un remediu-minune inofensiv împotriva durerilor. Se pare că pacienților cu dureri de spate și probleme cu articulațiile, precum și tinerilor sportivi accidentați li s-au oferit cupoane de reducere, iar medicilor care recomandau medicamentul li s-au acordat recompense financiare de ordinul milioanelor. Cei în cauză veneau tot mai des la medicii lor, rugându-i să le prescrie alte și alte tablete, până când li se terminau banii. În cele din urmă ajungeau să cumpere medicamentul de pe piața neagră sau să se orienteze spre variante mai ieftine, care creează dependență și mai mare: heroină și Fentanyl. Într-o perioadă foarte scurtă au devenit astfel dependenți milioane de oameni din clasa de mijloc, au fost distruse vieți și în cele din urmă oamenii au murit (și mor) ca muștele de supradoze. Astfel, această fărădelege incredibilă a industriei farmaceutice a provocat, conform autorității sanitare din SUA, moartea a peste 400 000 de oameni nevinovați (anual mor mai mulți oameni din cauza opioidelor decât a accidentelor de circulație) și din cauza ei la fiecare 15 minute se naște câte un copil cu simptome de sevraj. După cum vedem: sistemul nostru de opioide poate dobândi asupra noastră o putere cu care e de preferat să nu ne jucăm.

Suprapunerea dintre sistemul durerii și cel al afecțiunii pare așadar să explice de ce moartea unui om drag ne provoacă dureri atât de chinuitoare. Ar putea fi un motiv suplimentar și pentru suferințele asemănătoare cu cele din cazul sevrajului pe care ni le provoacă o inimă frântă. Pentru faptul că cei părăsiți sau cei rămași în urmă spun că simt pierderea ca și cum le-ar fi fost ruptă o bucată din ei înșiși.

Învățare prin durere

Oricât de rea ni s-ar părea, durerea este o percepție extrem de importantă. Pentru că, atunci când ne tăiem, strigă: „Hei, stop! Lasă cuțitul!" și ne învață: „Omule, fii mai atent data viitoare! Ai putea să rămâi fără deget!"

Este sistemul de avertizare al corpului nostru, ca să punem imediat capăt situațiilor care ne provoacă dureri și ca să le evităm în viitor.

Și în timpul vindecării durerea are un rol clar: ne face să avem o atitudine prin care să ne menajăm, mișcăm cât mai puțin degetul rănit, ca să-l protejăm de alte traume.

Iar din punctul de vedere al evoluției este de asemenea firesc ca părăsirea să doară: venim pe lume ca ființe mici, neajutorate, încă incomplete. Avem nevoie de cineva care să aibă grijă de noi, să ne hrănească și să ne protejeze, supraviețuirea noastră depinde de acest lucru. Între timp am înțeles: pentru noi, oamenii, legăturile sociale nu sunt mai puțin importante decât aerul pe care îl respirăm. De aceea este de la sine înțeles că sistemul legăturilor din capul nostru s-a lipit strâns, de-a lungul evoluției, de sistemul durerii. De la acesta putem spune că împrumută limbajul durerilor, când o legătură socială importantă amenință să se rupă. Și pentru a alina durerea, ba cel mai bine pentru a o opri, încearcă să împiedice pierderea care ne pune în pericol existența.

* * *

Durerea cea mai intensă o simțim când nu mai există data viitoare. Când ne moare un om drag și nu-l putem aduce înapoi – chiar dacă am da orice pentru asta.

În baza aceluiași mecanism, chiar dacă nu la fel de intens, poate să ne doară și o ceartă rea cu o persoană dragă, o despărțire sau pierderea locului de muncă. Semnalul din spatele acestor lucruri este: „Atenție! Treaba asta nu trebuie în niciun caz să se repete frecvent, vezi să te descurci mai bine data viitoare!"

Furia ne face bine

Mai este un fenomen care ar putea fi explicat prin legătura strânsă dintre sistemul durerii și cel al legăturii: anume faptul că uneori, când ne simțim izolați, părăsiți sau triști, ne apucă furia.

Am stabilit deja: durerea este un sistem de avertizare care ne face să scăpăm de situațiile amenințătoare. Dacă trebuie doar să lăsăm din mână cuțitul de bucătărie, nu avem prea multe de făcut. Să ne închipuim însă că ne luptăm cu un tigru smilodon care tocmai ne-a făcut o rană adâncă în braț cu ghearele – este vorba despre viață și moarte. Ca reacție la durere, corpul comută de aceea imediat pe modul de luptă, agresivitatea este acum o strategie de supraviețuire.

Este posibil deci ca furia ca reacție la sentimentele rănite să fie consecința faptului că sistemul de legătură s-a dezvoltat de-a lungul evoluției atârnat de cel al durerii. Cu cât este mai adâncă și mai gravă rana, cu atât este mai puternică reacția. Devine evident: ne înfuriem pe cel care ne-a rănit - chiar dacă de fapt îl iubim. Blestemăm cerul care este de vină că cineva nu mai e alături de noi. Sau ne proiectăm furia pe nevinovați, de pildă pe vreun prieten, care de fapt vrea să ne ajute.

Așadar este întru totul normal să simțim furie când suntem triști. Este chiar bine. Este un mecanism de apărare și de procesare.

Am spus-o deja: sentimentul complex „jale" este o interacțiune de fenomene foarte diferite din corpul nostru și nu le cunoaștem încă pe toate. Alte posibile explicații pentru bazele fiziologice ale jalei ne sunt furnizate mai ales din studiul depresiilor - însă jalea (doliul) și depresia nu sunt în niciun caz echivalente. Jalea este o reacție naturală, care face parte din viața noastră, care are o funcție importantă și pe care, după o durată variabilă, reușim să o depășim. Depresia este o boală care trebuie tratată.

Cei aflați în faza de doliu sunt de obicei „capabili de vibrație". Asta înseamnă că, în ciuda pierderii, pot experimenta și trăiri frumoase și pot găsi alinare în anumite activități. Sunt în stare să „își ia liber" de la jale, ca să se descurce în viața de zi cu zi. În schimb oamenii cu depresii nu reușesc acest lucru - suferă de deprimare constantă, gândurile li se învârt adesea neîntrerupt în jurul unor conținuturi negative și nu pot să se elibereze singuri de această stare. Se simt fără vlagă și goi pe dinăuntru, uneori aproape fără să simtă nimic. În plus, tipice pentru depresie mai sunt îndoielile foarte puternice în privința propriei persoane și autodeprecierea - un lucru pe care cei ce jelesc nu îl trăiesc de obicei, pentru că nu raportează în așa mare măsură situația la ei înșiși.

În ciuda acestor diferențe, se bănuiește că la baza doliului și a depresiei se află aceleași procese fiziologice.

În acest context se discută mult despre rolul serotoninei, cunoscută ca „hormonul fericirii". De fapt mica moleculă nu este un hormon, ci un neurotransmițător – transmite așadar informații între celule nervoase. Influențează un număr incredibil de procese psihologice și fiziologice fundamentale.

O tulburare a sistemului serotoninei este pusă în legătură cu proasta dispoziție și cu tristețea, cu o activitate sporită a axei stresului, somn agitat, dereglarea senzației de foame și a temperaturii corporale, precum și cu un impuls sexual diminuat și o creștere a sentimentelor de frică și compulsie.

Legătura exactă între concentrația de serotonină din creier și dispoziția noastră este însă departe de a fi lămurită. Mai ales convingerea foarte răspândită că „multă serotonină te face fericit, prea puțină te face trist" nu este tocmai corectă. Dar mai multe vă spun la „informații suplimentare" despre depresii (jos) și în capitolul „Sar în sus – Ce este adevărata fericire?"

Informații suplimentare: depresia

La sfârșitul anilor șaizeci a apărut ipoteza că lipsa de serotonină ar fi cauza depresiei.

Într-adevăr, medicamentele care împiedică scăderea serotoninei între celulele nervoase și astfel cresc concentrația de serotonină din creier sunt un tratament curent în cazul depresiilor. Însă eficiența acestor așa-numiți inhibitori de recaptare a serotoninei nu este dovedită sută la sută și ei nu alină decât cel mult simptomele unui suferind de depresie din doi. Cel mai important rol în această alinare s-a dovedit că îl are efectul de placebo – însă, după cum se știe, acesta contribuie la vindecare.

Până să înțelegem exact cum apar depresiile și de ce efectul inhibitorilor de recaptare a serotoninei (sau antidepresive) este atât de inconstant, vor mai trebui făcute ceva studii. Până atunci un singur lucru este clar: o singură moleculă nu poate fi responsabilă pentru apariția, dezvoltarea și tratarea acestei afecțiuni grave.

Foarte interesantă (însă tot fără a fi explicată până la capăt) este contribuția sistemului de recompense la depresii. În fond, sună logic: când apar probleme la declanșarea rachetelor de dopamină, nu mai suntem în stare să simțim bucurie. Oamenii de știință numesc acest fenomen „anhedonie". Legătura este confirmată de studiile profesorului Thomas Schläpfer de la Clinica Universitară Freiburg. Acesta testează o nouă metodă de tratament al depresiilor grave, rezistente la terapie, care este foarte asemănătoare cu experimentele lui Olds și Milner din primul capitol: prin găuri minuscule făcute în capul pacienților, li se împing acestora în creier mici electrozi, care stimulează structurile sistemului de recompense. Acesta își redobândește astfel „forma care l-a consacrat" – cu efecte impresionante. Schläpfer spune că efectele sunt mici miracole: oameni care renunțaseră la orice speranță de însănătoșire, pentru că în trecut toate încercările de tratament eșuaseră, au spus la doar câteva minute după operație că simțeau o ameliorare clară a tuturor simptomelor depresive. În momentul de față echipa din jurul lui Schläpfer încearcă să afle dacă acest tratament poate deveni o practică curentă.

În mod evident jalea ne inundă trunchiul cerebral și hipotalamusul, care coordonează mână în mână procesele fiziologice esențiale: sistemul cardiovascular, respirația, mâncatul și băutul. În funcție de cât de pronunțată este jalea (și este deosebit de pronunțată când ne-a murit cineva foarte apropiat), toate acestea se pot da peste cap: dormim prost, nu mai avem poftă de mâncare, ne simțim vlăguiți și avem inima „grea". În clipa următoare putem fi copleșiți de furie și de neliniște, nu mai suportăm să stăm în casă, alergăm fără întrerupere de colo colo. Unii se simt și încremeniți, incapabili de cele mai simple gesturi cotidiene, ca spălatul și îmbrăcatul. Sau au mustrări apăsătoare de conștiință, dacă simt o oarecare ușurare la moartea cuiva care trebuia îngrijit. În plus, aceleași gânduri revin mereu, cum mi se întâmplă și mie: *Ar fi trebuit să o sun mai des pe Buni? Știa oare cât de mult o iubesc?*

Procesul doliului

Dar în doliu intră și sentimente pozitive! Și anume când ne amintim de lucruri frumoase. Cum, când înnoptam la bunici, eu și frații mei ne strecuram în fiecare dimineață după ce ne trezeam la ei în pat și bunicul ne făcea ceai și prăjiturele maro. Ne tolăneam cu toții împreună în perne, noi, copiii, ne înmuiam prăjiturelele în ceai, iar apoi lăsam să se topească pe limbă terciul dulce – chiar dacă bunicii nu-i plăcea deloc asta, pentru că adesea făceam pete maro urâte pe așternut: „Arată de parcă ar fi făcut cineva în pat!"

Erau momente de bucurie pură, lipsită de orice grijă și zâmbesc chiar acum, în această clipă, când mă gândesc la ele.

Se întâmplă, deloc rar, ca și oamenii care tocmai și-au pierdut tovarășul de viață să râdă din când în când cu poftă

în perioada de doliu. Și anume când își amintesc clipele frumoase petrecute împreună. Pentru că doliul se desfășoară, ca cele mai multe reacții de stres, în valuri, cum am văzut deja în cazul suferinței din dragoste, care este și ea o formă de doliu. Fazele în care ne concentrăm spre interior, simțim durerea pierderii și o procesăm alternează cu fazele în care privim înainte și știm: viața merge mai departe.

Cât de mult durează fiecare fază, cât de des alternează și când se socotește că procesul de jelire s-a încheiat diferă de la o persoană la alta. Este adevărat că există, cum am menționat deja în „Inima frântă – Cum vindecă timpul toate rănile", teorii legate de diferitele etape ale doliului, dar nu reprezintă o regulă absolută.

Cel mai cunoscut model al fazelor doliului este cel al psihiatrei Elisabeth Kübler-Ross. Aceasta a observat că muribunzii trec prin diferite faze și a transferat acest model asupra celor rămași în urmă. Conform teoriei ei, procesul de jelire începe, foarte sintetizat și simplificat, prin aceea că nu vrem să acceptăm moartea: este faza negării. Urmează segmentul în care sentimentele se revarsă fără opreliști și sunt primite. Următoarea fază, a acceptării, este cea în care cei care jelesc acceptă pur și simplu situația sau se detașează de cele întâmplate. În faza finală reușesc în sfârșit să revină la viață cu o nouă privire asupra lor și a lumii. Asemenea modele pot fi de ajutor pentru a înțelege cum decurge propriul doliu și eventual în ce punct ne (mai) aflăm. Însă nu trebuie să ne orientăm prea strict după ele sau chiar să punem presiune asupra noastră, dacă în cazul nostru lucrurile sunt cu totul diferite. Dacă te confrunți cu sentimente care nu respectă această desfășurare teoretică, nu înseamnă că nu ești normal. Pentru că nu există o abordare „normală" sau „optimă" a doliului. În funcție de propriul trecut, de gravitatea evenimentului care a provocat doliul, de baza culturală, de propria sănătate și de capacitățile personale de a face față neprevăzutului, fazele doliului pot fi complet diferite. De aceea nici nu există reguli ale doliului pentru o persoană decedată. Sau despre când ar fi cel mai bine să renunțăm la lucrurile rămase, dacă putem să păstrăm câte ceva, ce putem să aruncăm. Dacă trebuie să vorbim despre pierdere sau să ne descurcăm singuri cu ea. Dacă trebuie să ne abatem gândul sau să ne trăim sentimentele pe muzică tristă.

Apropo, muzica tristă poate fi foarte vindecătoare. Nu degeaba apar adesea pe primele locuri ale clasamentelor muzicale piese de o tristețe sfâșietoare. Există momente în care este pur și simplu minunat să-ți pui câte un sirop sentimental și să savurezi cu patimă simțirile pe care le trezește în tine.

Music was my first love

O echipă de cercetători din Berlin a încercat să lămurească de ce stau lucrurile astfel: 772 de oameni au completat chestionare cuprinzătoare, după a căror evaluare oamenii de știință au ajuns la concluzia că cel mai adesea când ascultă o asemenea muzică, oamenii nu simt jale, ci nostalgie. Când ne delectăm cu câte un sirop, cel mai adesea, ne amintim momentele frumoase trăite cu cel iubit și ne bucurăm de ele. Pot fi momente fără nicio legătură cu muzica, de pildă ceaiul și prăjiturile cafenii din patul bunicilor, dar și unele pe care le punem în legătură explicită cu muzica. De pildă, când aud anumite cântece *Coldplay*, care au răsunat în buclă în timpul unei călătorii minunate pe care am făcut-o cu familia în Spania, aproape că simt nisipul printre degetele de la picioare, aud vuietul mării și pe frații mei care zbiară împreună cu mine versurile cântecelor.

Muzica declanșează așadar în noi o serie întreagă de sentimente complexe, pozitive, ca pacea, delicatețea, dorul și venerația. Și alină. Când tocmai suntem dărâmați sau singuri, muzica tristă poate funcționa ca un fel de supapă, prin care evacuăm grijile și stresul (și asta chiar nu funcționează la fel de bine cu muzica veselă). Studiile au demonstrat că pe oamenii foarte empatici și mai sensibili emoțional îi ajută în mod deosebit să asculte muzică tristă.

Jalea este un sentiment intens, copleșitor, uneori apăsător. Dar nu este o boală. Este o percepție importantă, cu toate fațetele și fazele ei. Ne dă posibilitatea să ne punem ordine în sentimente, să procesăm o pierdere și să învățăm să ne descurcăm în noi situații de viață. Să o transformăm în așa fel încât să ni se potrivească și să ne lase să ne vindecăm de durere. Însă acceptarea și privitul spre viitor nu trebuie să însemne că uităm sau renunțăm cu totul la cineva care a murit. Putem avea în continuare o legătură cu acea persoană, însă diferită. În ferparul de la moartea bunicii scrie:

„Nu mai ești unde erai.
Dar ești pretutindeni unde suntem și noi."

Scurtă introducere în creier

Toată viața noastră – percepțiile, gândirea, simțirea și amintirea, coordonarea mișcărilor și a funcțiilor corporale – se bazează pe interacțiunea coordonată la milimetru a incredibilului număr de 86 de miliarde de neuroni din creier. Celulele nervoase din mașinăria noastră minunată trimit neîntrerupt informații sub forma de impulsuri electrice – ca prin cablu. În interiorul lor produc substanțe-mesager, așa-numiții neurotransmițători, de pildă serotonină, dopamină sau noradrenalină. Când o celulă nervoasă este stimulată de impulsul electric al alteia, eliberează pe la un capăt molecule-neurotransmițători minuscule. Acestea plutesc printr-o crăpătură lată de doar câțiva nanometri până la celula vecină și acolo se leagă de anumiți receptori speciali. Apoi în celula vecină se formează un curent, ca și cum ar fi fost lovită de trăsnet. Acest impuls electric gonește prin ea și face ca pe la capătul celălalt să se elibereze alți neurotransmițători, care să ducă la rândul lor semnalul către următoarea celulă. Astfel informația este transmisă mereu mai departe – de la o celulă la alta, din cap până la degetul mare de la picior.

Până să ajungă mașinăria gigantică și minunată care este astăzi, creierul nostru a trecut printr-o istorie evolutivă incredibilă. Aceasta a început acum aproximativ 650 de milioane de ani, când din sistemul nervos foarte simplu al lumii animalelor au apărut primii creieri.

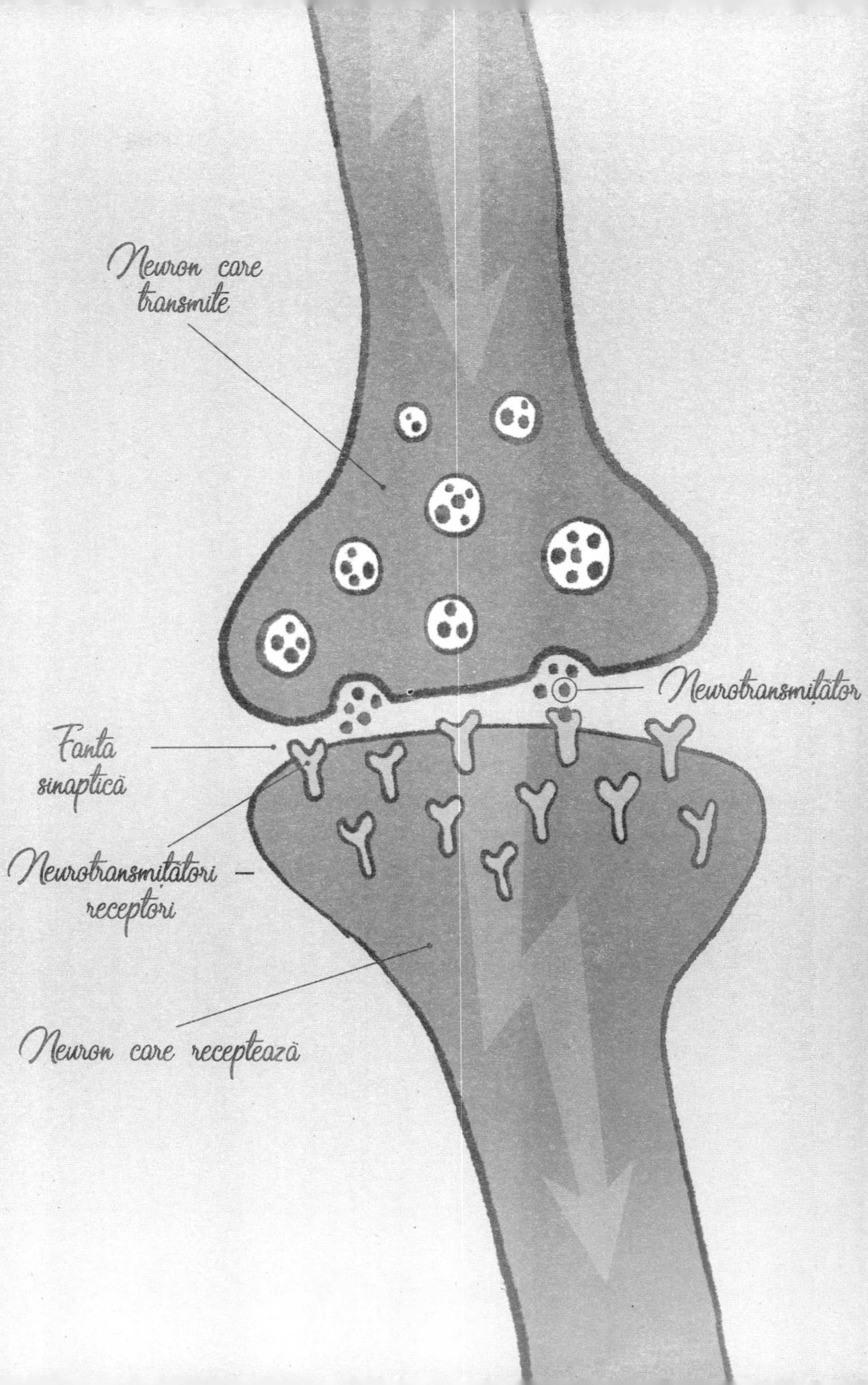
Neuron care transmite
Neurotransmițător
Fanta sinaptică
Neurotransmițători – receptori
Neuron care receptează

Până astăzi, structurile filogenetice cele mai vechi ale creierului se află în adâncul lui. Putem să ni le închipuim ca pe o temelie a casei – ele sunt responsabile pentru funcțiile primitive elementare. De-a lungul evoluției, natura „arhitectă" a tot construit pe această temelie noi camere și aripi, până când a ajuns la o construcție monumentală. Cu cât sunt mai îndepărtate, mai spre exterior, zonele creierului, cu atât sunt mai noi din punct de vedere filogenetic și cu atât mai complexe sunt sarcinile pe care le îndeplinesc.

În punctul cel mai adânc al creierului, chiar în vârful măduvei spinării, se află trunchiul cerebral. S-a dezvoltat în urmă cu aproximativ 500 de milioane de ani și toate vertebratele îl au. Controlează funcții vitale ca respirația, bătăile inimii și ingestia de hrană și este astfel un fel de „întrerupător principal" al creierului. Dacă este afectat, tot „sistemul creierului" se prăbușește, vietatea moare.

Deasupra trunchiului cerebral, dar tot adânc în interiorul clădirii somptuoase a creierului se află „etajul" structurilor subcorticale (adică aflate sub scoarța cerebrală), grupări de celule nervoase, așa-numiți nuclei sau zone nucleare. Din acestea fac parte structurile sistemului limbic, care a apărut în urmă cu aproximativ 300 de milioane de ani, când s-au dezvoltat mamiferele. Este responsabil pentru percepții și impulsuri, care fac posibil comportamentul social al mamiferelor: grija de pui, teama, iubirea, plăcerea, învățarea și memoria. Cu toate acestea, astăzi știm că și alte structuri ale creierului participă la aceste procese. Spre deosebire de ce se credea în trecut, acestea nu își au originea într-o singură zonă a creierului, ci apar printr-o acțiune complicată a unor rețele întregi.*

* Evoluția istorică descrisă de autoare este o teorie susținută de unele dintre cele mai cunoscute școli, însă, în lipsa probelor, doar o ipoteză științifică printre altele (n.t.).

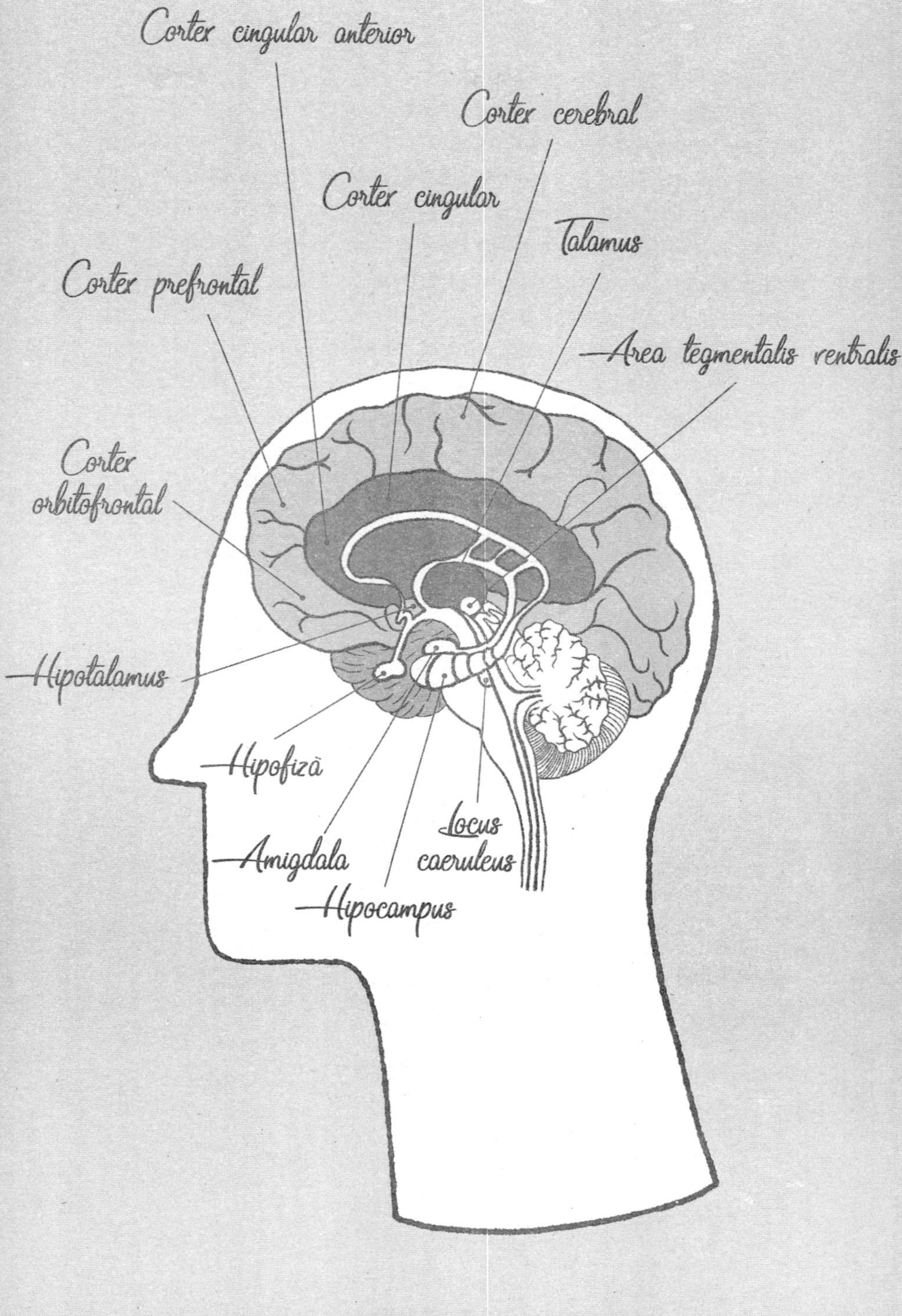
Cortex cingular anterior
Cortex cerebral
Cortex cingular
Talamus
Cortex prefrontal
Area tegmentalis ventralis
Cortex orbitofrontal
Hipotalamus
Hipofiză
Locus caeruleus
Amigdala
Hipocampus

Datorăm cele mai complexe aptitudini ale noastre în primul rând expansiunii masive a stratului exterior al creierului: cortexul cerebral. Acesta este responsabil de multe aptitudini pe care le percepem ca fundamentale pentru om, ca limba vorbită, gândirea logică și puterea imaginației. Dezvoltarea lui impresionantă a început cu aproximativ 100 de milioane de ani în urmă – ceea ce îl face, din punctul de vedere al istoriei evoluției, cea mai nouă parte a creierului, dar în același timp cea mai dezvoltată. Deși cortexul cerebral are o grosime de doar 1,5 – 4,5 milimetri, conține în jur de 20 de miliarde de celule nervoase. Ca să încapă toate, suprafața creierului a format circumvoluțiuni, ca o nucă.

Cortexul cerebral se împarte în patru lobi: în față este lobul frontal, care participă la planificarea, aplicarea și evaluarea acțiunilor. Segmentul lui cel mai din față, cortexul prefrontal, este un fel de „etaj principal" al creierului. Ca instanță supremă, răspunde de controlul atenției, al acțiunilor și al emoțiilor. Sus în mijloc se află lobul parietal. Acesta coordonează cele mai variate impresii senzoriale și conținuturi ale memoriei. Lobul temporal formează segmentul lateral și inferior al cortexului. Ne ajută să auzim, să ne amintim, să recunoaștem obiecte și chipuri, precum și să procesăm sentimentele. Lobul occipital se află în spate de tot și procesează în primul rând stimulii vizuali – este așadar responsabil pentru vedere.

Ieșite din comun sunt cortexul cingular anterior și cortexul insular. Amândouă fac parte din scoarța cerebrală, dar se află în interiorul creierului și sunt socotite părți ale sistemului limbic – și de altfel joacă un rol important în emoțiile noastre.

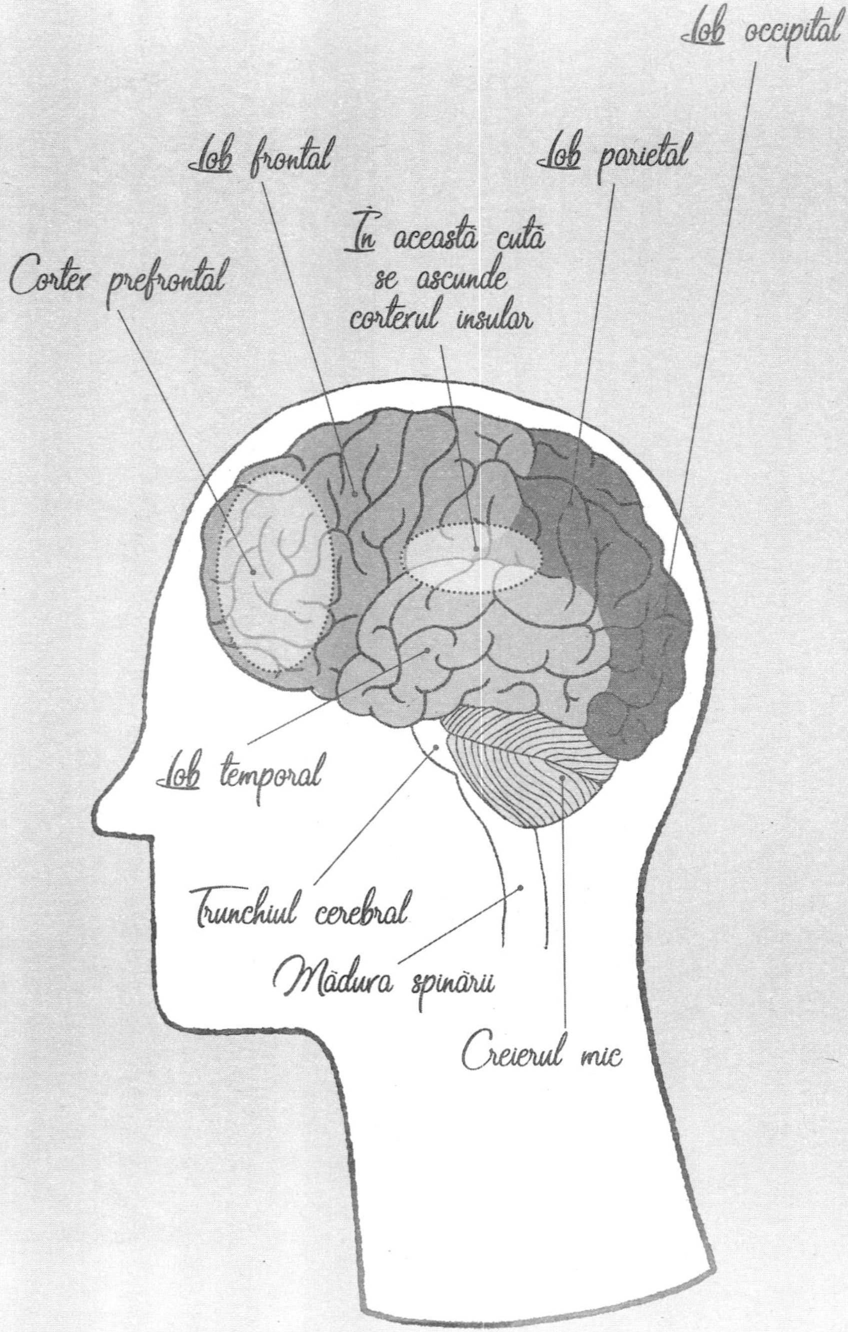

Lob occipital
Lob frontal
Lob parietal
În această cută se ascunde cortexul insular
Cortex prefrontal
Lob temporal
Trunchiul cerebral
Măduva spinării
Creierul mic

Î

Îmi vine să urlu

De ce plângem

E noapte întunecată, nori negri acoperă cerul și plouă cu găleata.

— Mama! Maaaamaaaa!

O voce subțire răsună mereu prin valea mohorâtă, pietroasă. Micul brontozaur Litlefoot rătăcește de colo-colo, în căutarea mamei lui. Cu câteva minute în urmă, aceasta i-a salvat viața într-o luptă spectaculoasă cu un *Tyrannosaurus rex*. Acum zace grav rănită la piciorul unui vulcan și geme. Littlefoot o observă și aleargă speriat spre ea. Scena este acompaniată de o muzică sfâșietoare: „Whispering Winds", cântecul lui James Horner.

— Mama, ridică-te, strigă Littlefoot.

— Nu sunt sigură că pot, Littlefoot, geme mama.

Încearcă cu toate forțele să ridice trupul slăbit, dar se prăbușește la loc.

— Ba da, poți, ridică-te!

Micul dinozaur este disperat.

— Dragul meu, dulcele meu Littlefoot, voi fi cu tine, chiar dacă nu o să mă vezi.

— Cum adică? Te văd, mama!

Sughițând, își lipește trupușorul de botul mare al mamei iubite.

— Littlefoot, fă ce-ți spune inima, șoptește ea, așa că ascultă cu atenție..., icnește doamna dinozaur cu ultimele puteri.

— Mama? Mamaaa! strigă Littlefoot, iar lacrimile îi curg din ochii mari și triști peste boticul de dinozaur.

Și mie mi se rostogolesc acum lacrimi pe obraji. Scena din *The Land Before Time* care mi-a frânt inima pe când eram copil mă termină și acum. (*Note to Self:* Așa cum nu e cazul să faci la cafenea exerciții ridicole de coordonare, n-ar trebui nici să dezvălui aici care a fost cea mai tristă scenă de film din copilăria ta...)

Nu știu dacă și voi cunoașteți această scenă sau dacă are același efect asupra voastră (o găsiți pe YouTube!) - dar sentimentul îl cunoașteți cu siguranță: vi se înmoaie stomacul, simțiți o apăsare în piept și un nod în gât. Sprâncenele se ridică involuntar, colțurile gurii se lasă în jos, bărbia tremură și ochii se umplu de lacrimi. E aproape imposibil să le opriți, iar când încercați, gâtul vi se strânge și mai tare, poate să doară de-a dreptul. Și apoi îi dăm drumul: plângem. Uneori lacrimile curg râuri de-a lungul obrajilor, în timp ce restul corpului stă liniștit, alteori ne scuturăm de jale, sughițăm nestăpânit și tot corpul tremură.

Dar de ce plângem? Care e rostul lacrimilor?

Și totuși lacrimile mint

Într-adevăr, suntem singurele ființe de pe acest pământ care plâng. Care adică varsă lacrimi din cauza emoțiilor.

Cunoaștem, ce-i drept, „lacrimile de crocodil" - acestea însă, spre deosebire de ce se credea în trecut, nu au nicio legătură cu sentimentele. În timp ce mănâncă, reptilelor imense le curge o secreție din ochi, motiv pentru care mai demult oamenii credeau că le era milă de victimele pe care tocmai le mestecau voioase. Părea foarte urât. De aceea expresia „lacrimi de crocodil" este folosită pentru cei care se prefac a fi plini de compasiune.

Astăzi este clar: e o prostie. Crocodililor nu le este milă de victimele lor, în schimb par să le curgă lacrimi din ochi, pentru că maxilarul superior puternic apasă pe o glandă din spatele ochilor, când animalele îl deschid larg ca să mănânce (cam cum ni se întâmplă și nouă când căscăm cu toată gura). Chiar dacă se tot povestește despre animale care plâng - de pildă când Darwin spune în 1872 acest lucru despre elefanți, Bruzzone abia de curând despre lei sau deja Shakespeare despre cerbi -, până acum nu există dovezi că aceste lacrimi ar fi expresia unor sentimente.

Nici la noi lacrimile nu sunt mereu de natură emoțională - avem trei tipuri diferite: lacrimi bazale, reflexive și emoționale. Toate sunt produse în mare parte în glanda lacrimală, care se află la marginea superioară exterioară a orbitei. Prin canale minuscule, lichidul lacrimal ajunge la părțile interioare ale pleoapelor și pe suprafața ochiului, de unde bătaia din pleoape le răspândește pe toată suprafața globului ocular. Lichidul lacrimal excesiv ajunge prin punctul lacrimal superior și inferior în colțul ochiului în sacul lacrimal, aflat între ochi și nas, și se scurge de acolo prin conducta lacrimală în nas. Așa se explică de ce trebuie să ne suflăm adesea nasul când plângem.

Lacrimile bazale sunt compuse din electroliți, proteine, zahăr și enzime antibacteriene - deci dintr-un antibiotic

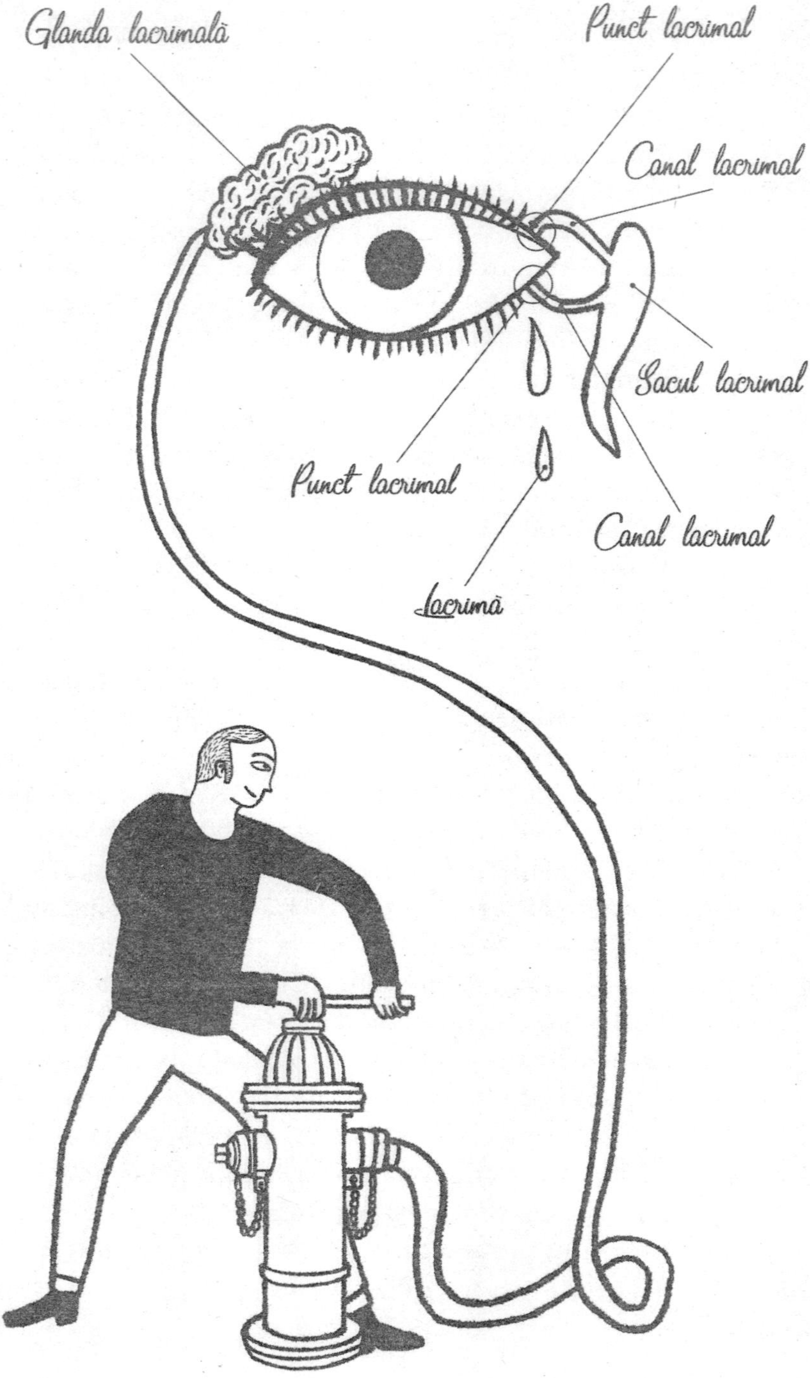
Glanda lacrimală
Punct lacrimal
Canal lacrimal
Sacul lacrimal
Punct lacrimal
Canal lacrimal
Lacrimă

produs de corp – și sunt produse non-stop. Mențin globul ocular umed, îl hrănesc, îl curăță de corpuri străine, cum ar fi firele mici de praf, alungă agenții patogeni și asigură o acuitate vizuală mai mare, nivelând denivelările din cornee.

Vărsăm lacrimi reflexive de fiecare dată când receptorii sensibili de pe cornee anunță creierul: „Au, mă supără ceva!" Poate fi o geană, vântul sau aburii de la ceapă (știați că această legumă rafinată produce aburii pentru a se apăra de dușmanii care vor să o mănânce? Un mecanism de apărare fascinant...). Creierul reacționează instantaneu și face ca glandele lacrimale să stabilească de cât lichid este nevoie pentru a curăța dușmanul din ochi.

Lacrimile emoționale

Când plângem din motive emoționale, glanda lacrimală adaugă în lichid cantități mai mari de proteine, mangan și potasiu, precum și hormonii serotonină și prolactină. Care este scopul acestei componențe modificate nu știm deocamdată. Limpede este că lacrimile emoționale sunt cele care ne deosebesc de toate celelalte viețăți.

Cu toate acestea: chiar dacă animalele nu varsă lacrimi, multe dintre ele au un comportament pe care îl putem socoti echivalent cu plânsul nostru: dacă despărțim mamifere sau păsări nou-născute de părinți, scot țipete care îți rup inima. Este posibil ca aceste strigăte și plânsul nostru să aibă o origine comună din perspectiva evoluției.

Și totuși nici noi nu plângem din naștere. Este adevărat că nou-născuții pot să producă lacrimi bazale și reflexive și, de asemenea, urlă din prima zi, ca să atragă atenția asupra lor și a nevoilor lor – pur și simplu nu au la îndemână altă formă de comunicare. Durează însă între patru și opt săptămâni până să li se rostogolească lacrimi emoționale peste obrajii dolofani.

Spre deosebire de animale, care nu scot strigăte echivalente cu plânsul decât când sunt mici (în afară de scheunatul de toată viața al câinilor), noi, oamenii, plângem și ca adulți. Dar plânsul se schimbă: dacă în copilărie în prim-plan este sughițul puternic, odată cu înaintarea în vârstă plângem tot mai ușor, uneori chiar fără sunet – dar lacrimi vărsăm de fiecare dată. La început băieții și fetele plâng la fel de mult, dar de la 13 ani se schimbă raportul între sexe. Tot restul vieții, femeile plâng mai des, mai mult și din mai multe motive decât bărbații. În plus, cauzele plânsului sunt diferite: astfel, femeile plâng mai degrabă în timpul certurilor și când se emoționează, bărbații, mai degrabă din cauza unor evenimente pozitive – de pildă când câștigă echipa de fotbal cu care țin.

De altfel, unul dintre motivele pentru care bărbații plâng mai puțin în situații triste pare a fi testosteronul: hormonul sexual masculin este un adversar al lacrimilor emoționale. (Ce mai poate face în afară de asta testosteronul – și ce nu poate face – vom afla din capitolul „Fac spume! – Când fierbi de furie"). Acest lucru ar putea explica și de ce proaspeții tați, al căror nivel de testosteron scade, se emoționează mai repede decât „non-tații".

Și educația din societate intervine aici: de la jumătatea secolului XX, băieților li se explică că trebuie să fie puternici și curajoși – lacrimile îi arată ca fiind „fătălăi". Tot societatea ne-a învățat că femeile își poartă emoțiile la vedere. Aceste „reguli" se diluează ușor-ușor, dar încă sunt întipărite în adâncul nostru și ne definesc comportamentul.

* * *

Indiferent de sex, mai există nenumărate alte influențe care determină cât de repede sau cât de tare plânge cineva. În fond, fiecare apreciază diferit întâmplările, în funcție de propria stare. Aici apare influența experiențelor, a țelurilor și a dorințelor, dar și a sănătății, a hormonilor, a epuizării, a cercului social și a cadrului concret al situației. Și cultura este esențială: dacă în Occident plângem ușor și stăpânit chiar și la înmormântări, în unele familii chineze, de pildă, tradiția este să plângi și să bocești din toți rărunchii, uneori cu ajutorul unor actori angajați, care plâng deosebit de tare.

Indiferent cât de diferite sunt situațiile, clar este că: oamenii din toată lumea plâng.

În ciuda caracterului universal al fenomenului, nu știm (încă?), dacă există ceva de genul unui „prag al plânsului" și ce se întâmplă exact în creier când este atins. Plânsul este un proces incredibil de complex, în care se activează zone foarte diferite ale creierului. Sistemul durerii și al legăturii mijlocește sentimentul doliului, structuri din cortexul cerebral și cerebelul coordonează procesele fizice. Un rol central la plâns îl joacă amigdala cerebrală și materia cenușie periapeductală din trunchiul cerebral. Știm că amigdala pune în legătură stimulii sociali relevanți cu emoțiile. Cu ajutorul ei recunoaștem de pildă expresiile faciale determinate de emoții și interpretăm interacțiunile sociale complexe ale celorlalți. Ea ne ajută să hotărâm: oare e de plâns situația?

Cunoaștem substanța cenușie periapeductală ca pe o structură importantă a sistemului opioidelor, care poate reprima durerea și mijloci afecțiunea. În plus însă, are un rol și în diferite reacții motrice: la vorbit, la coordonarea reflexelor de evadare și, iată, la plâns. Când ne copleșește jalea, substanța cenușie periapeductală primește de la amigdală informația:

„Pune-te pe bocit!" Și, hop, pune în mișcare mașinăria complexă de plâns: prin trunchiul cerebral activează cinci din cei doisprezece nervi cranieni, care, la rândul lor, creează o interacțiune incredibil de complexă a mușchilor noștri faciali, respiratorii și a corzilor vocale. Rezultatul: ne schimonosim la fată, lacrimile ne curg pe obraji și din gâtlej răsună sughițuri sfâșietoare.

Informații suplimentare: lipsa de somn și plânsul

Cu siguranță știți cu toții că atunci când nu dormim cât trebuie suntem mai impresionabili. Eu cel puțin mă întristez mult mai repede când sunt epuizată. Și acest lucru poate fi bine observat și la copiii mici: când sunt obosiți, orice mărunțiș se transformă în tragedie. Acest lucru este cauzat de faptul că lipsa de somn slăbește legătura dintre cortexul prefrontal (știți: etajul principal al cortexului cerebral) și amigdala cerebrală. Primul o controlează în mod normal pe cea din urmă și îi ține în frâu activitatea (vom studia mai îndeaproape acest lucru în capitolul „Când îți îngheață sângele în vine – Teama!"). Dacă însă noi și cortexul nostru prefrontal suntem slăbiți din cauza oboselii, amigdala devine mai puternică. Acum este de ajuns o nimica toată și nu ne mai controlăm sentimentele așa de bine ca de obicei. Amigdala face practic o cursă solitară până la substanța cenușie centrală, iar mașinăria de plâns din trunchiul cerebral pornește mult mai repede decât atunci când cortexul cerebral și-a făcut somnul.

În timp ce se întâmplă toate acestea se activează așadar și glanda lacrimală, și anume prin fibre nervoase care fac parte din sistemul nervos parasimpatic. Acesta face parte din sistemul nervos autonom, care ne transpune corpul într-o stare de relaxare. (Vom face cunoștință mai îndeaproape cu el și cu omologul lui, sistemul nervos simpatic, în capitolul despre teamă.) Acest lucru are sens, dacă ne gândim că atunci când vrem să plângem preferăm să ne retragem acasă pe canapea, că lacrimile curg cel mai ușor când avem liniște. Ca să fac lucrurile mai clare, vă dau un contraexemplu: dacă ne-ar urmări un dușman de moarte, ar trebui să fugim sau să luptăm. Chiar ne-ar deranja să avem într-un asemenea moment lacrimi în ochi. De aceea sistemul parasimpatic își diminuează activitatea într-un asemenea caz, iar sistemul simpatic, adică partea sistemului nervos autonom care ne dă energie pentru fugă și comportament agresiv, se comută pe „modul luptă" – iar producția de lacrimi scade.

Dar pesemne cunoaștem cu toții situația deosebit de neplăcută când tocmai în momentele de stres, în care CHIAR NU VREM să plângem, nu ne putem reține lacrimile. De pildă la o ceartă cu șeful, pe care am suporta-o cu siguranță mai bine cu activul sistem simpatic decât în stilul prietenosului parasimpatic.

Parasimpatic: lacrimi pornite!, simpatic: lacrimi oprite! – așa de simplu este... dar din păcate nu tocmai. De fapt ambele părți ale sistemului nostru autonom sunt active în paralel, într-un moment este preponderentă una, după câteva secunde, cealaltă.

Sistemul nervos simpatic preia primul loc, când jalea ne lovește în stomac: „O, băiete, asta mă dă peste cap!" Clar: este stres pur. Simțim în gât cum ne bate inima, respirăm mai repede și începem să tremurăm. Probabil că tot sistemul simpatic este de vină și pentru nodul din gât: gâtlejul se lărgește ca să respirăm mai repede, în același timp se naște un sughiț – cu cât vrem mai tare să îl reprimăm, cu atât mai puternic simțim nodul. „Minunat, începe: trebuie să bocesc!" Și atunci se amestecă sistemul nervos parasimpatic: aparențele se prăbușesc, lacrimile se rostogolesc.

Alternanța permanentă a celor două sisteme ne răvășește de-a dreptul emoțional. Ce ne ajută cel mai repede: să respirăm cât mai liniștit cu burta – asta inhibă sistemul simpatic, pulsul și tensiunea se domolesc.

Pe scurt: plânsul înseamnă în primul rând stres.

Plâns, catharsis și curățire?

Mda, dar la ce folosește toată agitația? De ce plângem?

Spoiler: nu știm! O teorie foarte răspândită spune că plânsul ar fi un fel de catharsis. Că ar înlătura încordarea emoțională, ne-ar ameliora dispoziția și ar fi chiar sănătos. Freud bănuia încă din 1895 că plânsul funcționează ca o supapă prin care corpul nostru poate elimina energie emoțională care altfel l-ar îmbolnăvi.

După o sută de ani, o modificare biochimică a acestei teorii a făcut vâlvă: oamenii de știință au formulat teza că, la fel ca rinichii, glandele lacrimale filtrează sângele și îl curăță de hormoni de stres și de deșeuri toxice, care ne împiedică să ne simțim bine. Însă studiile nu au putut să demonstreze acest mecanism și între timp și efectul de catharsis este respins – cel puțin ca fenomen general. Depinde de nenumărați factori dacă te simți mai bine sau nu după ce plângi – de la evenimentul declanșator (ce a dat peste noi, o problemă pe care putem să o rezolvăm sau o catastrofă?), trecând prin starea personală și cercul social al persoanei care jelește (mă simt puternică și am pe cineva care să aibă grijă de mine sau sunt obosită, stresată și singură?), până la reacțiile celor din jur (grijă înțelegătoare sau dat din cap lipsit de înțelegere).

Totuși cei mai mulți oameni se simt bine, în ciuda plânsului, abia când problema s-a rezolvat.

Între timp s-a demonstrat că oamenii care nu plâng nu au din acest motiv probleme cu sănătatea. Prin asta nu vreau să spun că ar trebui să ne reprimăm emoțiile – asta poate cu adevărat să ne îmbolnăvească –, însă este în regulă dacă pur și simplu nu putem să plângem.

În ciuda acestor lucruri, mulți cred că se simt mai bine dacă plâng, iar asta probabil datorită faptului că din fericire cel mai adesea există cineva care să îi ia în brațe și să-i consoleze sau să se jelească cu ei. În acest caz însă apropierea de celălalt este esențială (știți, oxitocina și endorfinele se revarsă datorită ei prin circumvoluțiunile creierului), nu curgerea lacrimilor.

Limbajul lacrimilor

Astăzi se presupune mai degrabă că lacrimile emoționale slujesc comunicării interumane. Că sunt un fel de limbaj autonom, prin care transmitem mesaje mute. Ceea ce ne-ar duce înapoi la începutul capitolului: este posibil ca plânsul nostru să se fi dezvoltat din strigătul de ajutor al puilor de animale.

Ca nicio altă specie însă, noi închidem ochii când strigăm. Se poate bănui că inițial această contracție puternică a musculus orbicularis oculi, adică a mușchiului care înconjoară ochii, a stimulat ochii să producă lacrimi. Conform acestei teorii, producția de lacrimi în primă fază întâmplătoare s-a dovedit avantajoasă pe parcursul evoluției și, în consecință, s-a legat automat de strigăt (vom afla mai multe despre acest mecanism al cuplării a două moduri de comportament în capitolul „Când îți îngheață sângele în vine – Teama!").

Acest avantaj ar putea consta în capacitatea puternică de semnalizare a lacrimilor emoționale. Acestea îi transmit nemijlocit celui din fața noastră: „Ajutor, am nevoie de o pauză! Și de consolare!" Am pomenit deja despre acest lucru în capitolul „Despre jale și durere – Prieten la nevoie": noi, oamenii, când suntem foarte mici, depindem mai mult decât orice animal de ajutor din afară. În timp ce puii de maimuță se agață cu ghearele de mamele lor, pe când acestea gonesc nebunește peste vârfurile copacilor, iar puii de gâscă se clatină pe distanțe lungi în spatele părinților lor, puii de om nu sunt în stare multe luni să facă niciun pas de pe loc. Nu au decât fețele dulci și ochii mari – și, tocmai, sughițul înlăcrimat – pentru a-i convinge pe adulți să se îngrijească de ei.

De altfel mamele pot să deosebească strigătul puilor lor de cel al altor copii și să audă, în baza frecvenței, ce mesaj transmite. Este durere, trebuie să reacționez pe loc? Sau trebuie doar să schimb în curând scutecele? (Este posibil ca și tații să poată face această deosebire – doar că deocamdată acest lucru nu a fost cercetat. Mai este cale lungă până la egalitatea în drepturi...)

Chiar când ajungem să putem să vorbim și să umblăm, tot mai avem nevoie de adulți – iar plânsul poate fi o armă puternică pentru a-i face pe alții să se ocupe de nevoile noastre. Este valabil la orice vârstă. Pentru că mesajul este limpede: „Mi-e foarte rău, vă rog să mă menajați și să mă ajutați!" Și studii științifice au demonstrat că funcționează: de pildă niște psihologi le-au arătat unor subiecți, în cadrul unui experiment, două fotografii cu aceleași persoane care plângeau. Însă într-una dintre fotografii înlăturaseră lacrimile. Și ce să vezi? Subiecții au perceput pe loc aceste chipuri ca fiind mai puțin expresive. Au simțit evident mai multă compasiune față de oamenii ale căror lacrimi revărsate pe obraji erau vizibile. În plus, lacrimile îi ajutau pe subiecți să identifice mai ușor starea de jale a persoanelor reprezentate. Chipurilor fără lacrimi subiecții le-au atribuit și stări ca îndoiala sau nedumerirea.

Niște oameni de știință israelieni au observat în urma unui studiu că puterea de semnalizare a lacrimilor depășește chiar domeniul vizibil. Astfel, vederea lacrimilor femeilor pare să ducă la bărbați la o reducere a nivelului de testosteron și la o activitate diminuată a centrului de recompense. Consecința: femeile li se par mai puțin atrăgătoare. S-ar putea așadar ca lacrimile „feminine" să transmită: nu am chef de sex, dar poate mă iei și pe mine în brațe.

Plânsul poate transmite multe mesaje diferite. Cel mai frecvent este: „Ajutor!" Pentru că cel mai adesea emoția care stă la baza lui – fie ea jale, furie sau compasiune – este atât de puternică, încât ne copleșește. În plus, lacrimile pot spune: „Îmi ești drag", „Mi-a fost dor de tine", „Îmi pare rău", „Încetează!" și chiar „Mulțumesc" sau „Uau!" – pentru că plângem și atunci când suntem recunoscători sau emoționați, de pildă când cineva s-a purtat foarte curajos sau altruist. Arătăm, ca să spunem așa, că apreciem foarte mult atitudinile sociale dorite.

Sentimente la concurență

În afară de asta, sigur că se întâmplă și să plângem de fericire. Dar: care este sensul lacrimilor de bucurie?

PIZZA
TIPICA
NAPOL
NOOO!
I ♡ ITALIA
Ananas!

Unul dintre puținele studii în acest sens a ajuns la concluzia că sunt o încercare a creierului nostru să recapete controlul asupra sentimentelor intense. Pentru că nu plângem de bucurie când primim flori. Este drăguț, dar nu ne dă pe spate. Nu, lacrimile de bucurie se revarsă în situații foarte emoționante – ca la nașterea unui copil. Când o experiență plină de bucurie și fericire ne copleșește pur și simplu. Atunci creierul încearcă disperat să ia din nou frâiele. Pentru a contracara, face de aceea apel la emoția din celălalt capăt al scării. În cazul de față: jalea. De aceea lucrurile se pot petrece și invers. Se întâmplă să începem să râdem nervos la o înmormântare. Sau când un bebeluș ni se pare (acum cu piuit în voce) *„așaaaa dulce!"* încât ne vine să-l mâncăm. La baza acestor reacții contradictorii se află sentimentele numite în limbaj „deștept" dimorfe, adică cu două forme – iar acestea par să ne ajute să ne regăsim echilibrul emoțional.

Și, în sfârșit, și lacrimile de bucurie transmit un mesaj: „Tocmai se întâmplă un lucru pentru care nu am cuvinte."

Plânsul este așadar un limbaj, ale cărui gramatică și sintaxă trebuie încă descifrate de știință. Sigur este că: ne dă posibilitatea să transmitem mesaje universal inteligibile, pline de emoție. Lacrimile provoacă empatie și ne consolidează relațiile. Este posibil ca lacrimile emoționale să joace un rol important în faptul că noi, oamenii, ne-am dezvoltat ca o specie foarte socială și, astfel, am dobândit un avantaj evolutiv important față de toate celelalte ființe vii.

În afară de dinozauri. Ei erau cel puțin la același nivel cu noi din punct de vedere emoțional.

C

Când îți îngheață sângele în vine

Teama!

Închipuie-ți că ești la o petrecere. A fost o seară foarte mișto, dar mâine trebuie să te trezești devreme și acum vrei să pleci acasă. Ca să nu-ți schimbe nimeni hotărârea („Haaaai mă, mai stai puțin de tot, încă O piesă!"), te strecori pur și simplu afară din casă – o ștergi. Afară e întuneric beznă, noapte fără lună și frig rău. Bleah! Te hotărăști să o iei pe scurtătură: prin mica grădină publică. O știi din copilărie – deci ar trebui să te descurci și noaptea –, dar îți dai repede seama că pe întuneric totul arată cumva altfel, mult mai neliniștitor. Tufe mari stau sprijinite de gard, vântul mișcă sperietorile de ciori și pe măsură ce înaintezi pe domeniu, se întunecă tot mai mult – felinare nu sunt. În cele din urmă nu-ți mai vezi nici mâna în fața ochilor și pentru că pământul este tot mai denivelat trebuie să mergi încet, trebuie să pipăi cu picioarele înainte să faci un pas. Ce-a fost asta? E cineva pe-aici? Îți ții respirația și tragi cu urechea în întuneric. Dar totul e tăcut. Atât de tăcut încât auzi cum îți pulsează sângele în urechi. Dar deodată: *trosc!* La câțiva metri, în spatele unui desiș, s-a frânt un vreasc. Tresari, cu inima gata să-ți sară din piept. Apoi auzi ceva, ba nu, pe *cineva*, cum se apropie de tine cu pași grei, repezi. Până să poți să-ți limpezești gândurile, o iei la picior și fugi ca să-ți salvezi viața. N-ai mai alergat în viața ta așa. Până când auzi cum te strigă cineva din spate:

— Heeei, stai, eu sunt!

Cunoști această voce. E a unui prieten. Un prieten foarte glumeț.

— Mamă, da' repede fugi. Am vrut doar să te sperii puțin. Ai șters-o parșivește, hm? - Și eu, hehe. Hai să mergem împreună, nu-i așa plăcut singur prin grădini.

— Idiotule! îți scapă, deși ești de fapt foarte bucuroasă că acum veți merge împreună.

— Haha, te-ai căcat un pic pe tine, așa-i? te întreabă rânjind.

Un pic? Ce spui tu? Ți-a fost teamă că o să mori.

Nu, strict vorbind a fost „frică de moarte". Pentru că deși folosim termenii „teamă" și „frică" în general ca sinonime, știința le separă. În engleză e simplu: fear = frică, anxiety = teamă. O să vedeți, o diferențiere clară este imposibilă în germană. Frica este reacția la un pericol concret. Așadar se referă la ceva concret - un șarpe, zborul cu avionul, idiotul din spatele desișului. Teama în schimb este difuză. De pildă de temi că într-o zi cineva ar putea să-ți spargă casa sau că în apropiere ar putea avea loc un atentat terorist. Acest sentiment de anxietate poate să crească deodată în noi, fără să existe un declanșator obiectiv. De aceea frica este un pic mai ușor de stăpânit decât teama. La cea dintâi cunoști dușmanul și îl poți înfrunta (vom vedea cum funcționează). Este mult mai dificil să te descurci cu temerile nedefinite. De aceea frica este cel mai adesea de durată mai scurtă decât teama.

Frica și teama sunt emoții adânc înrădăcinate în noi din punct de vedere evolutiv. În timp ce bazele neuronale ale reacției de frică au fost foarte bine studiate, cu reacția de teamă lucrurile stau un pic altfel. Studii mai recente arată că reacțiile de frică și teamă nu își au originea în același loc, ci în două structuri învecinate. Reacțiile fizice sunt însă transmise în mare măsură prin aceleași semnale și aceiași hormoni - de aceea resimțim teama și frica aproape la fel. Ambele constituie o stare neplăcută de excitație - din punct de vedere medical „excitație" înseamnă o neliniște fizică și o stare de alarmă în corp -, pe care am putea-o numi „anxietate".

Semnalul de alarmă din capul nostru

După cum știm deja, principalul actor al reacției de frică din capul nostru este amigdala cerebrală, de aceea ne vom ocupa din nou mai îndeaproape de ea. Primele indicii impresionante despre funcția ei ne-au fost furnizate de experimentele lui Heinrich Klüver și Paul Bucy. Cei doi neurologi de la University of Chicago au făcut în anii 1930 câteva experimente spectaculoase și destul de brutale pe maimuțe rhesus, pentru a studia bazele comportamentului animalic. Astăzi probabil că nicio comisie etică din lume nu ar permite asemenea experimente dure. Klüver și Bucy au deschis craniile animalelor anesteziate și le-au îndepărtat cu precizie ambii lobi temporali - părți mari ale creierului, aflate chiar în spatele urechilor și unde se află amigdala cerebrală și hipocampii (centralele memoriei). O încercare extrem de complexă, pentru că în masa cenușiu-alburie din creier structurile nu se delimitează decât cu mare dificultate. O tăietură cu un milimetru prea la dreapta sau la stânga este o problemă de viață și de moarte.

După operația încununată de succes și după ce craniul a fost închis la loc, oamenii de știință au trezit animalele din anestezie și le-au observat comportamentul. După puțin timp, primatele au început să se comporte extrem de ciudat: dacă înainte șuieraseră speriate și furioase la oameni, acum nu le mai deranja apropierea lor – erau cât se poate de blânde. Maimuțele au privit până și un șarpe veninos letal și l-au atins fără urmă de frică sau agresivitate. Și au făcut și alte lucruri ciudate: animalele priveau din nou lucrurile din jurul lor ca și cum le-ar fi văzut prima dată și băgau în gură tot ce găseau – ca și cum ar fi încercat să identifice obiectele luate la întâmplare după gust sau sugându-le. Și într-un acces de hipersexualitate se aruncau pe fiecare reprezentant al speciei care le ieșea în cale – indiferent dacă era mascul sau femelă. Nu mai erau în stare să aibă legături normale cu animalele din aceeași specie și au fost izolate foarte repede de grup.

Experimentele cu maimuțe au făcut mare vâlvă în lumea științifică și complexul de simptome a primit numele „sindromul Klüver-Bucy".

Mai târziu au apărut și alte indicii că cele mai multe ciudățenii din comportamentul maimuțelor se legau de distrugerea amigdalei cerebrale.

Dacă le scoți oamenilor amigdalele cerebrale, comportamentul lor social nu este, în majoritatea cazurilor, la fel de dereglat ca la maimuțe. Dar și la ei apar limitări tipice. Acestea se văd, de pildă, în cazul așa-numitului sindrom Urbach-Wiethe – o afecțiune foarte rară, ereditară, în cazul căreia amigdalele sunt calcifiate în măsura în care nu mai pot funcționa. Oamenii care suferă de acest sindrom sunt tociți emoțional și le este greu să-și amintească de evenimente care provoacă sentimente intense. În primul rând însă nu mai sunt capabili să reacționeze la stimuli care dau naștere temerii. Este ca și cum s-ar fi eliberat de teamă și de frică – și nu pot citi aceste emoții nici pe chipurile altora.

Decenii de cercetare au demonstrat ce s-a spus deja clar și în această carte: amigdala joacă un rol în multe aspecte ale trăirilor noastre emoționale. Însă principala ei sarcină pare să fie să evalueze situația din preajma noastră și, dacă este nevoie, să ne transmită frică și agresivitate.

Datorită rolului ei central în privința fricii și temerii, amigdala este numită adesea „centrul fricii". Strict vorbind nu este însă corect. Cel puțin nu în sensul că teama și frica ar „locui" în amigdală și că am resimți aceste emoții de fiecare dată când se activează.

În schimb, datoria ei este să detecteze stimulii care dau naștere fricii și, prin numeroase procese, să declanșeze reacțiile fizice pe care le cunoaștem în legătură cu frica și teama: palpitații, transpirație, agitație. Probabil că sentimentul subiectiv al temerii apare abia când aceste procese fizice și perceperea pericolului sunt prelucrate în diferite zone ale scoarței cerebrale – însă nu știm încă exact acest lucru. Când amigdala este afectată, cei amenințați nu mai pot reacționa adecvat la amenințări – însă anumiți stimuli tot mai pot declanșa în ei sentimentul de teamă. Asta înseamnă că amigdala este cel mai important punct de comutare în transmiterea temerii – dar nu este esențială pentru perceperea ei. Așadar nu este locul de unde se produc teama și frica, ci mai degrabă un fel de semnal de alarmă al creierului nostru.

De extraordinară însemnătate pentru cunoștințele pe care le avem astăzi în legătură cu funcționarea acestui semnal de alarmă au fost studiile omului de știință Joseph LeDoux. De peste treizeci de ani studiază la New York University biologia fricii și a formulat ipoteza cea mai populară în legătură cu „circuitul fricii" din creier: când în grădina întunecată se aude „trosc!", undele sonore vâjâie în ureche, sunt transformate aici în electricitate de celule senzoriale minuscule și transmise mai departe de nervul auditiv prin talamus către zonele creierului responsabile pentru procesarea lor ulterioară.

Și atunci zgomotul ne sperie de fapt de două ori: prima dată, incredibil de repede, în doar câteva fracțiuni de secundă. Informația „trosc!" gonește pe o linie directă de la talamus la amigdala cerebrală. Aceasta își dă seama pe loc: „Opa, în desiș ar putea să fie vreun individ periculos!" și strigă imediat la cârmaciul sistemului nostru nervos vegetativ, hipotalamusul: „Pericol! Foc!" Acesta apasă fără preget pe declanșatorul axei de stres și activează sistemul simpatic. Știm deja: acesta este parte a sistemului nervos autonom, responsabil pentru reacția de luptă sau de fugă și care ne mobilizează toate forțele. Îl ajută locus caeruleus, o zonă a diencefalului și un important producător al hormonului de stres noradrenalină. Cele două transpun acum întreg creierul în modul de alarmă. În același timp, amigdala transmite informația „Pericol!" către substanța cenușie periapeductală din trunchiul cerebral. Aici sunt stocate desfășurătoarele pentru diferite reacții motrice. Am văzut că, atunci când plângem, corzile vocale încep să sughițe. Aici, în pădure, substanța cenușie periapeductală declanșează planul pentru „Sperietură!", respectiv „Freeze!", și îl trimite către mușchi: tresărim ca o nevăstuică, întrerupem pe loc orice altă activitate și ne concentrăm toată atenția: *Ce se-ntâmplă aici?*

În plus, substanța cenușie periapeductală poate, cu ajutorul opioidelor, să blocheze percepția durerii – de aceea, când suntem foarte emoționați, nu ne dăm seama când ne rănim.

Totul se întâmplă până să ne dăm bine seama că ne e frică.

Această cale rapidă a fost numită de LeDoux, cel care a descoperit-o, *quick and dirty*. Este impresionant de rapidă, dar, din cauza grabei, și supusă greșelii - din când în când mai declanșează câte o alarmă falsă. De pildă, când ne speriem cumplit pentru că pare să fie cineva la ușa balconului - când ne uităm mai atenți, nu este însă decât perdeaua bătută de vânt.

Pentru că talamusul știe că această cale *quick and dirty* este predispusă la erori, transmite informația legată de zgomot și pe un *high road*, o buclă diferențiată de prelucrare, direct la stăpânul conștiinței noastre, cortexul cerebral. Șeful în persoană evaluează situația și analizează în acest scop îndeaproape informații de la toate organele senzoriale, precum și amintiri din centralele de memorie ale creierului. Adică verifică: ce vedem, ce auzim, ce mirosim? Și putem evalua caracterul exploziv al acestei situații în baza unor experiențe anterioare? În cortexul prefrontal, responsabil pentru planificarea acțiunilor noastre, va prelua în sfârșit responsabilitatea pentru situație și va hotărî: este periculos sau nu și cum anume reacționăm?

Dacă ar fi înțeles încă de acum că nu e decât un prieten îngrozitor de glumeț care vrea să ne sperie, amigdala ar fi anunțat deja: „În regulă, la loc comanda, nu-i decât un idiot ascuns în desiș." Ar fi frânat sistemul simpatic prin intermediul hipotalamusului și al trunchiului cerebral, ar fi oprit alarma. Poate că am fi și râs ușurați. (Așa se întâmplă când, în exemplul cu balconul, pe *high road* creierul ne dezvăluie că hoțul era perdeaua.)

În grădinile publice este însă pur și simplu prea întuneric ca să deslușești exact cum stă situația și pași grei și repezi bubuie în direcția noastră - cortexul prefrontal trebuie să-și spună: „Bun, e groasă treaba!" Trimite această informație pe loc amigdalei. Este momentul în care ne cuprinde a doua oară frica, de data aceasta conștient. Între timp, de la acel „trosc!" au trecut 150-300 de fracțiuni de secundă (da, tot al naibii de repede este).

„Aaaaaa, foc continuu, trebuie s-o ștergem urgent!", strigă amigdala. Astfel, hipotalamusului i se confirmă că e bine că a comutat pe „Pericol!" și apasă pedala de accelerație din „reacția pericol!" (la o Tesla americană ar fi „Insane-Button", la un BMW german, „declanșatorul de experiență motorizată"...).

Până acum nu am spus decât în treacăt: activarea sistemului simpatic și declanșarea „axei de stres" de către hipotalamus au mereu loc simultan. Sunt cele „două sisteme ale reacției noastre de stres" (vezi graficul). Sistemul simpatic catapultează comanda „Șterge-o!" cu viteză maximă prin măduva spinării până în interiorul glandelor suprarenale. Aceste organe mici stau ca niște căciulițe pe polul superior al rinichilor și sunt punctul de producție a hormonilor de stres. Acum varsă adrenalină și noradrenalină în sânge.

Și când hipotalamusul activează „axa de stres", asta înseamnă o tragere cu o adevărată cascadă de hormoni. Începutul aparține hormonului eliberator de corticotropină, pe scurt CRH. Țâșnește din hipotalamus până în hipofiză, care apoi pompează hormonul adrenocorticotropic, pe scurt ACTH, în sânge. Numele acestor hormoni sună foarte complex, dar toți trimit la obiectivul comun al cascadei: să elibereze cortizol din scoarța (scoarță = cortex) glandelor suprarenale (glandura adrenalis).

Acest cocteil de adrenalină, noradrenalină și cortizol țâșnește acum prin vene și face ca inima să bată mai repede, tensiunea arterială să crească, respirația să-și sporească

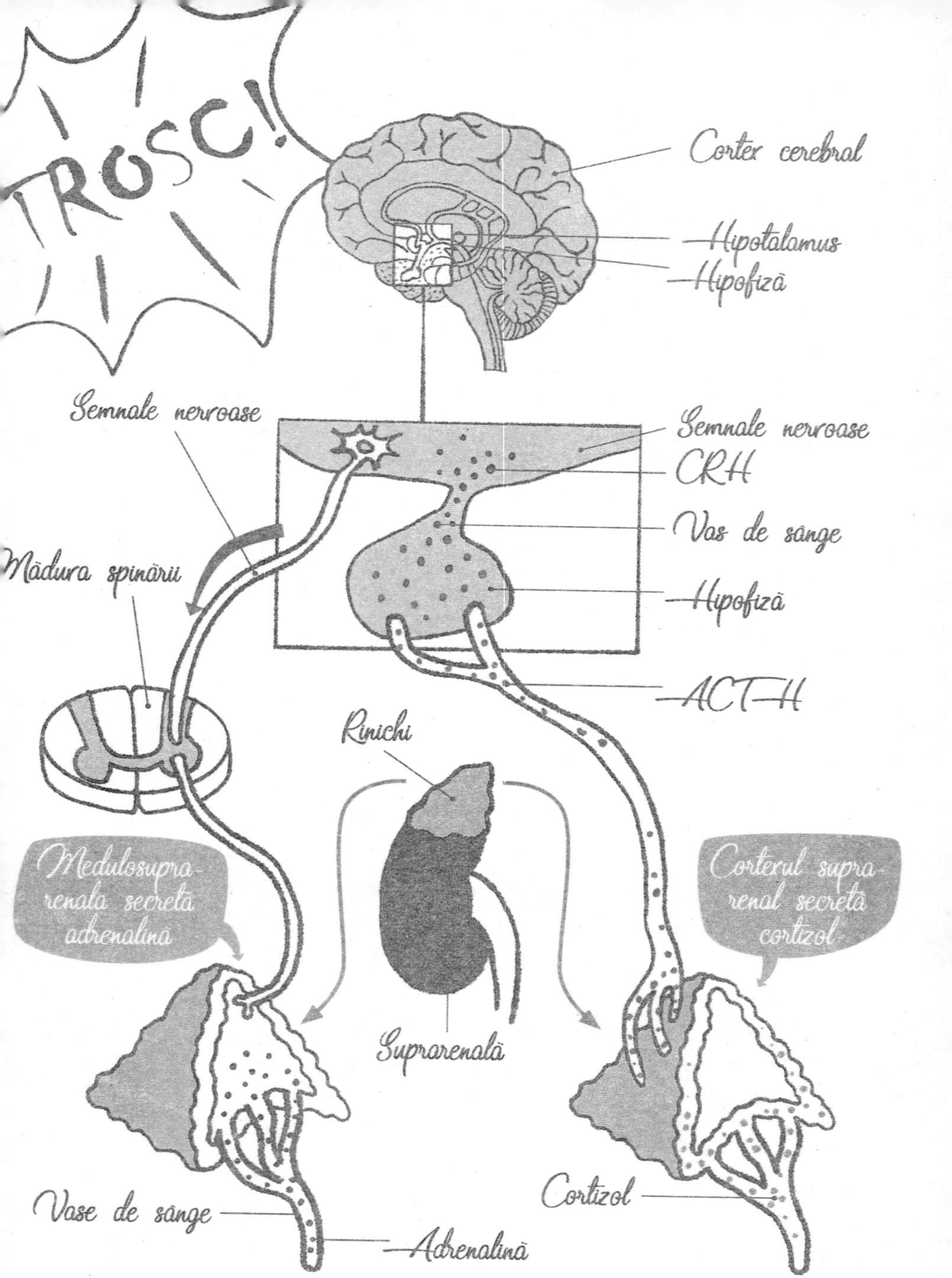
TROSC!
Cortex cerebral
Hipotalamus
Hipofiză
Semnale nervoase
Semnale nervoase
CRH
Vas de sânge
Măduva spinării
Hipofiză
ACTH
Rinichi
Medulosuprarenala secretă adrenalină
Cortexul suprarenal secretă cortizol
Suprarenală
Cortizol
Vase de sânge
Adrenalină

frecvența. Pentru a avea mai multă energie se rechiziționează grăsime din celulele de grăsime și zahăr din ficat. Sângele din apendicele puțin importante ale corpului este pompat în mușchi împreună cu aceste substanțe nutritive, ca să alergăm repede și, dacă e nevoie, ca să putem lupta. Sunt atât de încordați, încât e posibil ca maxilarul și mâinile să ne tremure. În plus ni se dilată pupilele, pentru că încercăm să strângem prin ele cât mai multe informații: *Cine sau ce este în tufiș? Unde pot să alerg pe întunericul ăsta?*

Avem frica în oase?

Acești hormoni de stres produși de glandele suprarenale, noradrenalina, adrenalina și cortizolul, sunt socotiți de decenii principalii transmițători ai reacției de luptă sau fugă. În câteva studii foarte recente, oamenii de știință de la Columbia University din New York au făcut însă niște descoperiri uimitoare. În starea de alarmă, și oasele noastre par să joace un rol decisiv. Oamenii au observat că și la oameni cărora le fuseseră scoase glandele suprarenale – deci care practic nu mai puteau produce hormoni de stres – are loc o reacție de luptă sau fugă. Și în același timp au observat că în cazul reacțiilor acute de stres, concentrația în sânge a unui hormon format în oase, osteocalcina, creștea sensibil.

Putea exista o legătură între aceste două observații? Au crescut șoareci, care nu puteau să producă nici osteocalcină, nici receptori pentru ea, și i-au lăsat să adulmece urină de vulpe. Un stimul care în mod normal le face pe micile rozătoare să intre în panică. De data aceasta însă au rămas surprinzător de relaxate. Deși aceste animale mai aveau glande suprarenale - pericolul care le amenința le lăsa practic indiferente. Pe de altă parte, la șoareci cărora glandele suprarenale le fuseseră înlăturate chirurgical, cercetătorii au reușit, prin injecții intravenoase de osteocalcină, să declanșeze reacția completă de frică - chiar fără să le sugereze vreun pericol.

Osteocalcina pare, pe de o parte, să amelioreze memoria și funcția musculară - două avantaje în caz de pericol: facem apel la memorie și hotărâm dacă o situație este periculoasă. Și funcția musculară, evident: avem nevoie de ea ca să fugim sau să luptăm. Pe de altă parte, osteocalcina se atașează de receptorii celulelor nervoase din sistemul parasimpatic, deci de partea sistemului nostru nervos autonom responsabilă pentru liniște și recuperare, și o blochează. Iar acest lucru este de asemenea esențial, pe lângă activarea sistemului simpatic pentru reacția de luptă sau fugă.

Pentru că, prin strangularea sistemului simpatic, toate funcțiile corpului de care nu avem nevoie pe moment, ca digestia, impulsul sexual sau sistemul imunitar, sunt diminuate. Dacă în stomac este atâta mișcare încât să ne împiedice să fugim, poate că trebuie să scăpăm întâi repede de conținutul lui: de aceea se poate întâmpla să ni se facă rău de emoție și să trebuiască să vomităm. La fel bășica și intestinul s-ar putea să ne semnaleze insistent că ar dori, vă rog frumos, să fie golite. Poate și de mai multe ori.

În plus, acum corpul face pregătiri pentru cazul în care ceva iese prost: hormonii de stres ne fac mai puțin sensibili la durere și facilitează o coagulare mai rapidă a sângelui, dacă se întâmplă să ne rănim. Asta înseamnă că teama ne poate opri sângele. Probabil că de aici vine și vorba: să-ți înghețe sângele în vine, care trebuie înțeleasă într-un sens mult mai literal decât credeau poate unii.

Frica ne transformă în mașinărie

Frica ne transformă așadar în mașinărie. Uităm tot ce e lipsit de importanță, nu mai contează decât să ne salvăm pielea. Strategia pe care o alegem în acest scop – în primul rând dacă să ne ascundem, să fugim, să luptăm sau cel mai bine să facem pe mortul, se bazează pe modele bine încetățenite de-a lungul evoluției. Este rezultatul evaluării riscului de către creierul nostru: cât de mare este pericolul? M-a văzut deja dușmanul? Mai pot să fug? La nevoie, am vreo șansă în lupta corp la corp?

Am mai spus că amigdala este compusă din diferite subunități sau nuclei. Aceștia au vârste diferite din punct de vedere filogenetic și sunt responsabili pentru reacțiile la diferiți „declanșatori de teamă": congener concurent? Specii periculoase, străine? Prăpastie adâncă?

Amigdala activează, în funcție de tipul pericolului, nucleul potrivit și declanșează astfel reacția potrivită de la caz la caz. În general creierul nostru preferă să ne ascundem sau să fugim, pentru că aici apare pur și simplu cel mai mic risc de a fi răniți. Însă dacă un potențial dușman de moarte este deja atât de aproape de noi încât ne este cu neputință să scăpăm de el sau dacă pur și simplu nu există nicio cale de a evita lupta cu un rival, comanda de sus este: „Pumnii în aer, la luptă!" Acum pericolul crește sensibil, în cazul extrem fiind vorba despre viață și moarte – deci agitația din corp mai crește un pic. Și în cele din urmă vine momentul când pare să fie prea târziu: ne trezim deodată față în față cu un oponent mai puternic, nu putem să fugim, nu are rost să luptăm. Nivelul de stres din corp atinge un nivel care ne poate copleși de-a dreptul. În lumea animală creierul ia în asemenea cazuri măsura extremă: animalul se preface că e mort. Corpul paralizează complet pe loc, activând acum în același timp sistemul simpatic și pe cel parasimpatic. Apoi prin substanța cenușie periapeductală toți mușchii se încordează - și corpul paralizează. Speranța din spatele acestui lucru: dușmanul trece victima cu vederea sau crede că e moartă. Și la noi, oamenii, apare această reacție extremă: trăim, de pildă, o variantă atenuată a acestei „încremeniri de frică" atunci când suntem pe trambulina de la piscină și înghețăm pur și simplu, fără să mai fim în stare să facem un pas în față sau în spate.

O altă reacție la un nivel foarte ridicat de stres o reprezintă „sincopa", termenul medical pentru „pierderea scurtă a cunoștinței". Agitația din noi produce, printr-un mecanism pe care nu-l înțelegem încă întru totul, o activare bruscă, excesivă, a sistemului parasimpatic. Frecvența inimii scade, vasele de sânge se dilată, tensiunea scade și genunchii se înmoaie. Creierul nu primește suficient oxigen - leșinăm. Asta li se întâmplă unora dintre noi când ni se ia sânge (din experiența mea, tuturor bărbaților!) sau când putem să vedem pe scenă formația preferată adorată.

Cazul extrem opus este că se pare că există oameni care, în situații excepționale, dobândesc puteri de supereroi - ridică mașini și se luptă cu mâinile goale cu urși. Acest fenomen se numește „forță isterică" sau, în engleză, *hysterical strength*. Această forță înspăimântătoare nu a fost studiată din punct de vedere științific (este greu să ne închipuim cum s-ar realiza un experiment), dar, dacă ne uităm la sursele din varianta Wikipedia în engleză la intrarea *Hysterical strength*, găsim povești care ne fac pielea de găină!

Better safe than sorry

Sistemul de alarmă din capul nostru este tot timpul la pândă. Evaluează permanent situația din jurul nostru și percepe în varianta *quick and dirty* chiar pericole pe care nu le observăm conștient. Într-un studiu cu RMN li s-au prezentat de pildă subiecților una după alta imagini cu fețe înspăimântate și vesele pe un ecran de calculator. Aceste imagini apăreau doar 33 de fracțiuni de secundă - prea repede pentru a fi percepute conștient. După fiecare imagine arătată astfel, în fugă, subiecților li se mai arăta trei secunde o figură cu expresie neutră. Era singura de care privitorii își puteau aminti după aceea. Cu toate acestea, amigdalele lor își intensificau activitatea ca reacție la chipurile înfricoșate și o diminuau la vederea oamenilor veseli. Faptul că sistemului nostru de alarmă nu-i scapă nimic a fost demonstrat și de experimentele impresionante făcute cu un pacient orb cortical. Cortexul lui vizual, deci partea din scoarța cerebrală care procesează „informațiile văzute", fusese distrus pe ambele părți de atacuri cerebrale. Acest lucru făcea ca el să fie practic orb, în ciuda faptului că avea ochi sănătoși. Cu toate acestea, cercetătorii i-au arătat în timpul experimentului fotografii. Întâi, unele cu bărbați și femei cu expresie neutră. Bineînțeles, nu le putea deosebi. Dar al doilea pas a fost să includă și fotografii cu chipuri înspăimântate și să îl roage să ghicească dispoziția persoanelor înfățișate. Și acum vine surpriza: a nimerit de cele mai multe ori! Imaginile RMN ale creierului au arătat: amigdala era instanța care „vedea" pentru el.

Chiar într-un flux de imagini cât se poate de diferite, amigdala filtrează într-o clipă obiectele periculoase. Procesarea lor are în mod evident prioritate în fața stimulilor neutri.

Și înregistrarea obiectelor care ne inspiră teamă funcționează chiar mai repede, când bănuim deja, într-o situație neclară: „Ceva e în neregulă." Atunci creierul nostru sporește atenția și face ca simțurile să fie al naibii de acute. Amigdala scanează zona cu o acribie și mai mare, hipotalamusul stă deja cu degetul pe declanșatorul axei de stres. Dacă într-adevăr atunci apare o amenințare urgentă, suntem cât se poate de bine pregătiți: reacția de luptă sau fugă se declanșează mai repede decât din starea de relaxare și liniște. Știți asta cu toții din filmele polițiste: când muzica și mișcarea camerei îi vestesc deja apariția, la apariția bruscă a criminalului sari și mai sus din scaun.

Această stare permanentă de alarmă dovedește cât de importantă este frica pentru supraviețuire. Este forma de expresie nemijlocită a voinței noastre instinctive de supraviețuire. Sigur, pe varianta *quick and dirty* ne speriem adesea și „degeaba" și asta poate să ne deranjeze. Însă sistemul nostru de alarmă este programat intenționat în așa fel încât mai degrabă să reacționeze mai des la momentul nepotrivit decât deloc în cel decisiv. Căci pentru supraviețuire este categoric mai bine să oprim din când în când pornirea rapidă a sistemului nostru simpatic, decât să ne trezim nepregătiți în fața unui pericol real și apoi să mușcăm țărâna.

Puterea noastră fermecată: frica

Fără frică nu am fi unde suntem astăzi. Strămoșii noștri ar fi căzut de pe munți sau ar fi fost mâncați de urși.

Și, până astăzi, frica asigură în continuare supraviețuirea speciei; ne face să traversăm în siguranță o stradă intens circulată, să fim atenți la copiii noștri și, în continuare, să nu cădem de pe munți (de pe bloc, de pe fereastră).

Deci evoluția i-a filtrat intenționat pe oamenii atenți. De aceea putem socoti că frica este un avantaj real și putem chiar să ne mândrim cu ea.

De ce ne este frică?

Însă ce sau cine hotărăște de ce anume ne este frică?

Două mecanisme diferite sunt responsabile pentru acest lucru, care au la bază fricile înnăscute și pe cele dobândite.

Fricile înnăscute funcționează fără să ne fi întâlnit vreodată cu declanșatorul lor. S-au înrădăcinat de-a lungul evoluției în genele noastre și sunt pur și simplu acolo. Printre acestea se numără frica de înălțimile mari, de animalele de pradă sau chiar de întuneric.

În schimb fricile dobândite le învățăm mai întâi, iar acest lucru funcționează prin mecanismul condiționării clasice. Adică: legătura unui declanșator cu o experiență impresionantă. Îl știți cu siguranță pe cel care a descoperit această formă de învățare (bine, poate nu-i știți prenumele, dar numele, sigur): Ivan Petrovici Pavlov. Într-unul dintre cele mai cunoscute experimente ale sale a obișnuit un câine să audă un sunet de fiecare dată înainte să primească de mâncare. După puține cuplări ale hrănirii cu sunetul, acest „câine al lui Pavlov" începea să producă salivă odată cu sunetul clopoțelului - chiar dacă după aceea nu primea de mâncare.

Când oamenii de știință studiază frica în laborator, trec mereu prin faza condiționării fricii. Joseph LeDoux a fost în această privință premergătorul prin excelență - de pildă, a descoperit în acest fel „circuitul fricii". Experimentul său prototip funcționează după cum urmează: unui șobolan aflat într-o cușcă i se pune să audă un sunet puternic și imediat după aceea are parte de un electroșoc în piciorus. E clar: bietul animal paralizează de frică. De cele mai multe ori o singură asociere a acestor doi stimuli este suficientă, iar șobolanul rămâne nemișcat de frică din clipa în care aude sunetul. Chiar dacă nu mai are parte de electroșoc – sunetul călătorește ca fulgerul de la talamus la amigdală, iar aceasta strigă „Pericol!". Deodată șoarecele se teme de un stimul care înainte nu avea nicio semnificație.

La fel învățăm și noi, oamenii, să ne fie frică: povestirile despre monștri periculoși ca Nessie sau rechinul alb pot face să crească în noi un sentiment de neliniște când înotăm în ape adânci. Avertismentele impresionante ale părinților noștri în legătură cu prizele și mașinile de tuns iarba ne fac să avem toată viața respect față de aceste pericole. Și îmi aduc aminte exact cum, mică fiind, simțeam frica pe șira spinării când părinții mei nu mă strigau „Julchen", ci, în loc de asta, în camera mea se auzea un „Juuuliiaaaaa!" aspru. Rar însemna ceva bun.

Pentru că creierul nostru știe cât de importantă este frica pentru supraviețuire, stochează experiențe care ne-au înfricoșat foarte repede și imposibil de șters. Oricum creierul nostru pare să acorde prioritate amintirilor cu încărcătură emoțională. Cu toții ne amintim limpede de primul sărut (al meu a fost groaznic), de ziua nunții (asta a fost minunată), de un concediu frumos (totdeauna minunat) – de cele mai multe ori toată viața. Despre ce s-a întâmplat înainte nu avem de cele mai multe ori nici cea mai vagă idee.

Rolul hotărâtor în stocarea unor asemenea experiențe emoționale îl joacă – ta-daa – iarăși amigdala cerebrală:

cu cât este mai activată printr-o experiență, cu atât mai vie și mai durabilă este amintirea acesteia. Acest lucru funcționează chiar când oamenii se află într-un cadru atât de lipsit de trăiri emoționale ca un laborator: în cadrul unui studiu, oamenii de știință le-au arătat participanților diferite imagini și le-au stimulat amigdala la fiecare a doua imagine printr-un impuls electric scurt. (În cazul în care acum vă puneți întrebarea: *What?! Cine este de acord să i se bage electrozi în creier pentru un studiu?* Erau epileptici, cărora le fuseseră introduși electrozi pentru a fi cercetate mai îndeaproape tulburările convulsive - și stimulul electric nu-l simțeau deloc.) A doua zi, participanții își aminteau mult mai bine de imaginile a căror prezentare fusese urmată de o scurtă activare electrică a amigdalei. În plus, oamenii de știință au măsurat undele cerebrale ale participanților (tot prin electrozii implantați) și au observat că la imaginile stocate prin activarea amigdalei se vedea o comunicare sporită între amigdală și zonele creierului responsabile de memorie, în primul rând hipocampul. Prin această legătură, amigdala determină așadar creierul să stocheze cu viteza fulgerului situații emoționale în memorie și mai târziu să le poată actualiza cu aceeași viteză.

Creierul se poate mișca cu încetinitorul?

Mi-am pus întrebarea dacă există și un corespondent neurobiologic al faptului că lucrurile înfricoșătoare par să se întâmple cu încetinitorul.

Cunoașteți senzația. Eu îmi amintesc de pildă foarte bine de un accident de mașină, care a avut loc chiar sub ochii mei, când aveam vreo zece ani. Mergeam cu mașina pe autostradă în spatele unei broscuțe albastru-închis într-o zonă aflată în construcție, ploua și vizibilitatea era proastă. Broscuța mergea mult prea repede, făcea pur și simplu slalom printre jaloane. Atât de repede încât, în cele din urmă, a zburat chiar în fața noastră de pe carosabil.

Văd și acum cu ochiul interior foarte exact cum - cu încetinitorul, așa îl percepeam eu - s-a răsturnat de mai multe ori. Așa am văzut și un televizor cum a căzut cu viteza melcului de pe o comodă. Păcat că, în ciuda acestui lucru, tot nu am putut să-l prind...

Dacă creierul nostru ar fi în stare să comute pe modul încetinitor, ar însemna că în momentele de spaimă ar trebui să proceseze mai multe imagini pe unitate de timp. Ceea ce ar explica de ce ne aducem aminte în detaliu de aceste momente. Este oare posibil?

Chiar am găsit un studiu care se ocupa exact de această problemă: oamenii de știință care l-au realizat au conceput un experiment complicat și i-au pus pe participanți să facă bungee jumping în slujba cercetării: pentru excitația nervoasă necesară. Când i-au întrebat ulterior pe participanți, toți au spus că propria lor săritură li s-a părut mult mai lungă decât ale celorlalți, la care se uitaseră. Însă evaluarea tuturor datelor a furnizat un rezultat dezamăgitor: din păcate creierul nostru nu este capabil să comute pe modul încetinitor.

Probabil alte două mecanisme sunt răspunzătoare de faptul că momentele cu încărcătură emoțională ni se par mai lungi: în primul rând, amigdala și locus caeruleus fac ca scoarța cerebrală să fie într-o stare sporită de alertă în situațiile deranjante, deosebit de înspăimântătoare. Și cu cât este mai agitată, cu atât percepem mai în detaliu ce este în jurul nostru. (Dacă bântuim de colo colo pe jumătate adormiți, nu vedem mare lucru.) Logic: dacă un tigru smilodon ne urmărește, nu vrem în niciun caz să-l pierdem din vedere. Prin această atenție extrem de concentrată percepem așadar momentul cu o foarte mare intensitate. Și în al doilea rând, amigdala catapultează toate informațiile absorbite cu fidelitate pentru detaliu în hipocamp, care le trimite pentru a fi păstrate în siguranță în memoria pe termen lung.

Tot procesul urmărește ca data viitoare fie să ne ferim mai bine de situații asemănătoare, fie să fim mai bine pregătiți pentru ele.

Vrem să ne amintim de asemenea de întâmplările cu încărcătură emoțională pozitivă: de pildă de găsirea unei surse bogate de hrană, de cea mai bună cafea din cartier... Motivul este simplu: de regulă, experiențele pozitive sunt cele care-i fac bine organismului. Cele care ne fac să fim sătui și mulțumiți, binedispuși și mândri. Și faptul că memoria noastră are capacități de stocare aproape nesfârșite, că putem să învățăm potențial mereu mai mult, este desigur un lucru foarte benefic pentru supraviețuire.

Tracul scenei, sudoare de frică și altele asemenea. Ce-i porcăria asta?

Am înțeles: simțirea fricii și fuga sau lupta sunt procese vitale. Dar ce se întâmplă cu momentele când ne simțim inima în gât și sudoarea provocată de teamă se revarsă șuvoaie fără ca viața să ne fie pusă în vreun fel în pericol? Cunoaștem cu toții sentimentul: când prezentăm un referat sau ținem un discurs, când dăm un examen sau avem o discuție importantă. Când avem tracul scenei. Sunt situații în care vrem să avem o prestație bună și vrem să părem siguri pe noi – chiar nu avem nevoie de o voce tremurătoare și pițigăiată și de pete de transpirație la subsuori. Nici din punctul de vedere al evoluției nu reușesc să pricep prea bine ce sens au aceste reacții. De ce avem așadar o reacție de teamă atât de evident exagerată în fața unei situații totuși inofensive? Ce-i porcăria asta?

O explicație ar putea veni dinspre suprapunerea celor două sisteme ale durerii, despre care am aflat din capitolul „Despre jale și durere – Prieten la nevoie". Să ne amintim: durerea există – ca și frica –, pentru a pune capăt unor situații care ne pun în pericol integritatea fizică. Ca să fugim, să ne luptăm cu animalul de pradă sau să luăm mâna de pe plita încinsă. Iar pentru asta avem nevoie de energie, care ne este pusă la dispoziție de sistemul nervos simpatic. În plus, am văzut: durerea fizică este procesată de aceleași zone ale creierului ca durerea socială. Durerea socială, la rândul ei, trebuie să ne oprească de la a face lucruri care ar putea afecta anumite relații sociale vitale pentru noi. Și acest lucru face ca situațiile în care apărem în fața unui public, avem o discuție cu șefa sau trebuie să-i mărturisim ceva iubitului nostru, să devină deodată foarte importante, pentru că: ne supunem evaluării unor persoane importante pentru noi. Posibilele consecințe sociale negative – publicul râde, șefa ne concediază sau iubitul pune capăt relației – sunt apreciate de creier prin același mecanism prin care evaluează tigrul smilodon: sunt o amenințare a integrității noastre. Și, în cazul unui examen, chiar avem ceva de pierdut.

Reacția fizică la toate aceste situații este: *insane-Button on*. Hormonii de stres sunt secretați și totul se conectează la

„Pregătește energie!". Intensitatea reacției fizice corespunde nivelului de emoții declanșat în noi de situație. În mod tipic, inima începe să bată mai tare, mâinile tremură, genunchii se înmoaie și sângele este pompat în părțile trupului importante pentru fugă sau luptă – inima, plămânii, mușchii. Sângele duce și căldura acolo – de aceea adesea se spune, cât se poate de literal, că „ne îngheață picioarele" (și mâinile), ni se face frig. Și se mai întâmplă ceva: începem să transpirăm. De ce oare? Ce-i cu transpirația asta provocată de teamă?

Nu știm cu siguranță de sută la sută (iarăși). Dar există (ca de obicei) teorii.

Una dintre funcțiile transpirației este clară: când suntem în modul luptă-sau-fugi, adică deja fugim ca apucații de idiotul din tufiș sau îl pocnim, mușchii noștri consumă energie. Astfel se eliberează căldură. Pentru ca, în ciuda acestui lucru, temperatura corporală să rămână constantă (altfel suntem în pericol de moarte, totul din noi este sensibil la căldură), o eliminăm prin transpirație. Știți cu toții acest lucru de la sport.

Dar transpirația provocată de teamă începe să curgă din primul moment când ne speriem – cum se aude „trosc!". Teoria spune: pentru că trupul știe, că în curând va risipi incredibil de multă energie în lupta pe viață și pe moarte, se răcește deja preventiv. Și circulația redusă a sângelui în piele (sângele tocmai a fost solicitat de organe mai importante) ne face să simțim o transpirație rece.

Uneori se aduce și argumentul că mâinile transpirate au o priză mai bună decât cele uscate – un avantaj când trebuie să ne cățărăm repede, poate și când trebuie să apucăm o armă. Pe de altă parte, o teorie spune că transpirația ne face pielea alunecoasă, pentru ca atacatorul să nu ne poată prinde prea ușor (în schimb ar fi o problemă la cățărat sau mânuirea armelor...).

Există dovezi relativ sigure, că transpirația provocată de teamă are o funcție de comunicare. Avem două tipuri de glande sudoripare. În timp ce așa-numitele glande ecrine produc în principiu constant transpirație pentru răcire (uneori mai puțină, alteori mai multă), glandele apocrine sunt activate prin adrenalină și produc feromoni. Aceștia sunt substanțe mirositoare care pot să le semnaleze altor viețăți chiar și la distanțe mari sau în întuneric: „Teeeaaaaamă!" Astfel, semenii pot fi avertizați sau chemați în ajutor. Când un om miroase transpirația produsă de frică, în creierul lui se activează într-adevăr anumite zone responsabile cu sentimentele sociale și empatia. În funcție de cantitatea de feromoni percepuți, acestea pot chiar să-i transmită direct destinatarului reacția expeditorului la stres: atunci, primul devine la rândul lui nervos sau chiar temător.

Fascinant, nu?

Vor fi unii dintre voi care probabil acum vor spune: „Nu, enervant!" Și nu chiar fără dreptate.

Expirați!

Indiferent că sunt fascinante sau enervante – iată ce vă pot sfătui în privința momentelor de nervozitate istovitoare: respirați calm și adânc! Poate că sună banal, dar ați încercat vreodată? Ajută! Respirația este cel mai bun barometru pentru starea noastră. Nu degeaba detectorul de minciuni are o curea prinsă peste piept, care măsoară frecvența respirației. „Nu mai avem aer" când ne speriem, „rămânem fără aer" când suntem copleșiți, „gâfâim" când facem efort sau suntem stresați. Invers, putem să ne influențăm starea și chiar sănătatea respirând conștient – mai exact: *expirând* conștient. Pentru că în timpul expirării ritmul bătăilor inimii scade, și asta ne liniștește. În psihosomatică s-a confirmat regula 4-6-10: încercați la un moment dat să inspirați adânc, în burtă, patru secunde și să expirați șase secunde, zece minute la rând. Această tehnică de respirație îi transmite hipotalamusului: „Hei, totul e în regulă aici, putem să ne relaxăm." Acesta mută activitatea sistemului nervos autonom în direcția celui parasimpatic. Frecvența inimii, tensiunea și încordarea mușchilor scad, stresul se diminuează.

În plus, anesteziștii se folosesc de acest mecanism și în sala de operație: dacă monitoarele arată că ritmul cardiac și tensiunea pacientului de pe masa de operație cresc, modifică setările aparatului de ventilație pentru a produce o expirare mai lungă. Imediat, corpul pacientului se liniștește. La oamenii cu tensiunea arterială mare, respirația corectă poate duce cu adevărat la scăderea acesteia.

Un alt lucru care ajută la încordarea anxioasă în situații dificile este să cauți un loc ferit și, fără să fi observat, să țopăi ca lumea un pic: să sari, să scuturi brațele, picioarele și capul. Frica recrutează energie din tot corpul, care se acumulează – deci afară cu ea! Și să vă fie limpede: procesele din corpul vostru nu vă vor decât binele, sunt într-adevăr bune pentru voi. Hormonii de stres te fac să fii treaz, concentrat și mai productiv, ba chiar mai creativ! În plus, tot ei ne dau șutul în fund care ne trimite la birou când avem un termen-limită pentru un proiect sau când se apropie un examen. Ne ajută să depășim provocările și să ne dezvoltăm prin ele. Fără ei, viața ar fi destul de plictisitoare.

Teama te face inventiv

Cam atât despre frică. Ce este cu anxietatea? Anxietatea vine din latinescul *angustia*, îngustime sau înghesuială - care descrie această emoție destul de bine. Noile studii ne fac să presupunem că la apariția anxietății, pe lângă amigdală, un rol esențial este jucat de stria terminalis. Acest snop de fibre leagă amigdala în primul rând cu hipotalamusul și trunchiul cerebral. În experimentele cu șobolani declanșează reacții de luptă-sau-fugă, când declanșatorul temerii este greu de definit sau necunoscut, când situația este îngrijorătoare. Știm deja: aceasta este definiția termenului „teamă" (anxietate). În timp ce frica are un motiv concret, o posibilă strategie pentru a-i face față, teama se clatină difuză de colo colo prin capul și membrele noastre.

Ne temem de pericole legate de viața noastră concretă, pe care însă nu le putem controla. Pentru că sunt departe, în viitor, și de aceea (încă) ipotetice - „O să am destui bani la pensie?", „Ce se-ntâmplă dacă mă îmbolnăvesc?" -, sau pentru că pericolele ne apar ca fiind pur și simplu prea mari și prea complexe pentru a fi rezolvate: amenințarea schimbărilor climatice, riscul atacurilor teroriste, o posibilă prăbușire a Bursei, evoluția prețurilor la chirie. Și chiar lucrurile mici din punct de vedere obiectiv ne pot face griji enorme: „Am oprit plita? O, nu, o să ardă casa!" „A treia zi la rând când mă doare capul - probabil este o tumoare pe creier!" „Mai am atâtea de făcut până la termenul-limită, e imposibil să reușesc! O să fiu dată afară cu siguranță după acest proiect." În momentele de slăbiciune asemenea gânduri ne pot copleși și pune întreaga viață sub semnul îndoielii - chiar dacă știm de fapt că exagerăm.

Teama devine cât se poate de concretă când suntem amenințați cu adevărat de șomaj, sărăcie sau boală. Poate să ne vină foarte greu să acceptăm că nu avem control asupra vieții noastre și poate fi extrem de înfricoșător.

La fel se întâmplă cu posibilitățile aproape nesfârșite pe care ni le pune în față viața – dificultatea de a alege: ce profesie să aleg? Ce partener, ce loc unde să stau? Ce vreau cu adevărat, unde nu fac decât să mă supun așteptărilor societății?

Teama de a lua o hotărâre greșită poate să ne paralizeze pur și simplu. Oricum teama poate să pună stăpânire asupra noastră și a vieții noastre și nu vrea deloc să minimalizeze chinurile pe care ni le poate provoca această emoție puternică. Dar, dacă ne punem în fața ochilor temele în legătură cu care apare, devine limpede că și teama are o funcție importantă: ne obligă să ne lămurim în privința noastră și a consecințelor pe termen lung ale acțiunilor noastre. Este obositor și neplăcut, dar teama ne ajută să ne oprim și să aflăm cine suntem cu adevărat, ce vrem și cum ar trebui să arate viața noastră. Ne dă posibilitatea să ne facem strategii pe termen lung chiar în fața unor pericole ce par cumplite.

Teama de ceva este impulsul de a ne ocupa de viața noastră, de o provocare sau de o nedreptate: să luptăm pentru o zi de mâine mai bună. Ne dăruiește scopuri în viață.

Sper ca tuturor – nu doar generației Gretei Thunberg – să ni se facă atât de teamă de schimbările climatice, încât să dobândim curajul de a face cu adevărat ceva împotriva lor. Nu degeaba se spune că teama te face inventiv.

Despre fricoși și îndrăzneți

Dar de ce unii dintre noi sar în sus la orice bagatelă, în timp ce alții arată nervi de oțel chiar în situațiile cele mai cumplite? De ce câte unul este chinuit zilnic de temeri în privința viitorului, în timp ce altul trăiește clipa fără griji? La aceste întrebări nu există un răspuns universal. Frica și teama sunt determinate de mulți factori diferiți. Este clar demonstrat că oamenii cu o amigdală mare – respectiv activă – se sperie mai des.

În plus, dispoziția joacă și ea un rol: oamenii de știință au identificat numeroase gene care contribuie la apariția fricii. Însă cum și dacă temerile își croiesc drum spre exterior, depinde de diferiți factori, chiar dacă ai această genă. De pildă, socializarea din copilăria timpurie modulează „tăria" nervilor. Oamenii care au avut parte de legături stabile în primii ani sensibili ai vieții, nu sunt ușor de agitat mai târziu. Însă dacă relația cu părinții sau cu alte persoane la care se raportează a fost marcată de nesiguranță, dacă atitudinea acestor oameni a fost percepută mai des ca imprevizibilă, acest lucru poate duce la o anxietate inițială mai mare.

Și trăsăturile de caracter pot condiționa firea temătoare – de pildă o părere proastă despre sine sau îndoielile în privința personalității. În plus, ca pentru orice alt sentiment, experiențele și trăirile personale sunt esențiale pentru situațiile și intensitatea cu care o resimțim. Cineva care s-a simțit mereu în siguranță, care nu a pățit niciodată nimic rău, are o cu totul altă percepție a fricii și a temerii decât cineva a cărui viață este marcată de nenorociri și nefericire. Cuvântul-cheie: condiționarea.

Frica de păianjeni

Un caz special este frica de păianjeni. Din păcate, sunt direct afectată. Sigur că știu că nu-mi pot face nimic. Că păianjenii veninoși sunt foarte rari în general, iar în Germania, de-a dreptul inexistenți. „Ei se tem mult mai tare de tine decât tu de ei", au încercat mereu să mă liniștească părinții mei. Mda, nu mi-a folosit la nimic, când o asemenea creatură se apropie prea tare de mine, se apasă butonul insane-mode. Și nici nu sunt singura – niciun alt animal nu le provoacă frică atâtor oameni.

De ce este atât de răspândită frica fără motiv de aceste nevertebrate?

Oamenii de știință discută de mult despre acest lucru, iar un studiu al Institutului Max Planck din Leipzig a furnizat de curând un indiciu decisiv. Aici, unor bebeluși de șase luni li s-au arătat una după alta imagini cu flori, pești, păianjeni și șerpi și le-au fost măsurate reacțiile fiziologice. Rezultatul: când vedeau păianjeni și șerpi, micuților li se dilatau pupilele – un caz clar de luptă sau fugă! Pentru că pornim de la premisa că la această vârstă fragedă nu au învățat încă frica, se arată că respectul față de păianjeni și șerpi ne este *înnăscut*. Am trăit timp de 40-60 de milioane de ani cu aceste târâtoare potențial (pe atunci și real) periculoase – de-a lungul evoluției frica de ele și-a croit loc în adâncul genelor noastre. Dacă se mai adaugă și alți factori negativi, ca dispoziția genetică pentru o amigdală hiperactivă sau niște părinți care îi arată copilului modelul unor reacții de panică (de acum, dragi părinți, nu mai arătați niciodată că vă e frică de păianjeni!) se poate ajunge la adevărate tulburări anxioase, respectiv fobii. Deosebit de interesantă mi se pare teoria că și societatea

Bau!!!

noastră face parte din acești factori „negativi". Pentru că le sugerează băiețeilor că trebuie să aibă de-a face cu păianjenii și să li se pară mișto. Doar nu trebuie să dea dovadă de frică. Și atunci chiar învață că nu are de ce să-ți fie frică de păianjeni. În schimb fetițele nu trebuie să se ocupe cu micile arahnide și așa nici nu învață să depășească o posibilă frică de ele. Poate că acesta este unul dintre motivele pentru care 90% dintre persoanele care suferă de arahnofobie sunt femei.

Ca în cazul unei arahnofobii puternice (din fericire la mine lucrurile nu stau așa de rău), o combinație negativă de predispoziții poate așadar să facă în așa fel încât frica și teama să devină independente. Ca atunci când amigdala declanșează brusc alarma în situații care de fapt nu sunt periculoase - de pildă în metroul îngust, la casa de la supermarket. Atunci hipotalamusul scoate nervos armele, izbește butonul „insane" și trage cu tunul în vrăbii (sau în păianjeni...). Partea proastă este că cel în cauză știe că reacția lui nu este pe măsura pericolului, dar nu o poate opri. În cele din urmă, omul nu mai controlează teama, ci teama îl controlează pe el. În acest caz se vorbește despre teamă patologică, deci bolnăvicioasă, despre o tulburare anxioasă primară.

Change the mind and you change the brain

Tulburările anxioase primare sunt în Germania cele mai răspândite afecțiuni psihice: în jur de 15% din populație suferă de ele. În baza deosebirii dintre frică și teamă sunt împărțite, în mare, în două categorii: fobiile specifice și tulburările obsesiv-compulsive se orientează, ca frica, în funcție de un declanșator concret – de exemplu păianjenul, mulțimile de oameni sau murdăria.

Cei afectați de o tulburare generalizată legată de anxietate sau panică suferă în schimb de temeri mai puțin palpabile – cum ar fi cea de o boală sau de amenințarea nenorocirii.

Un alt exemplu de tulburare de anxietate este tulburarea de stres posttraumatic ca urmare a unei trăiri extreme, ca un atac violent sau un accident grav. Cei afectați sunt chinuiți de amintiri cumplite despre evenimentul problematic și de sentimente de panică.

Când asemenea temeri capătă proporții copleșitoare, afectează viața cotidiană sau ne fac să evităm anumite situații, avem nevoie de ajutor. Pentru că putem învăța să stăpânim temerile și să ne eliberăm de ele.

În acest scop ne poate fi de ajutor o anumită zonă a creierului, așa cum au demonstrat, printre alții, oamenii de știință din California. Aceștia au studiat oameni cu grade diferite de temeri cu ajutorul scanerului RMN, în timp ce subiecții se uitau la un fel de film de groază. La sfârșit i-au întrebat cât de intens le-a fost sentimentul de frică și au corelat răspunsurile cu imaginile RMN. Au observat că, pe lângă amigdală, mai există o structură foarte importantă pentru intensitatea reacției de teamă: cortexul prefrontal. Îl cunoaștem din grădina publică: îmbină evaluarea emoțională a unei situații cu amintirile noastre și astfel devine decisiv pentru modul în care ne planificăm acțiunile, adică pentru reacția la un declanșator al fricii. La subiecții care s-au temut mai puțin s-a observat o activitate mai intensă a cortexului prefrontal. În mod evident erau capabili să-și folosească această parte a cortexului cerebral pentru a-și stabiliza frica.

Și acum țineți-vă bine: ne putem antrena cortexul prefrontal și astfel să ne schimbăm de-a dreptul creierul! Confruntându-ne cu temerile și făcându-le astfel să nu ne mai sperie. Deviza este: *Change the mind and you change the brain.*

Exact acesta este principiul terapiei prin expunere.

Să luăm de pildă un om care suferă de arahnofobie. S-a demonstrat prin studii cu RMN: vederea octopodului duce la o activare excesivă a amigdalei și astfel la butonul insane-mode. În terapia prin expunere cel în cauză poate învăța acum pas cu pas să se apropie de un păianjen și la un moment dat chiar să-l atingă. Asta înseamnă că într-un mediu sigur și sub observația unui psihoterapeut constată că, spre deosebire de prima impresie, panica nu crește la nesfârșit, ci atinge un platou și apoi scade. Frica dispare, chiar dacă păianjenul este în continuare prezent. Cunoaștem deja mecanismul care stă la baza acestui lucru: este obișnuința. Adică: la un stimul repetat constant fără vreo consecință negativă, corpul încetează la un moment dat să reacționeze.

Și cel suferind de arahnofobie învață că nu trebuie să se teamă de păianjeni.

Când o frică condiționată este înlocuită astfel printr-o nouă strategie de confruntare, vorbim despre „extincție". Însă acest termen induce în eroare, pentru că aici nu este stins un comportament, ci se învață în mod activ altul nou. Pavlov (vi-l amintiți: cel care a descoperit condiționarea clasică) a fost și unul dintre primii care au observat principiul extincției. El însuși nu a vorbit însă niciodată despre stingere, ci despre inhibare, respectiv atenuare a reacției la un stimul dobândit. La traducerea din rusă în engleză cineva a transformat însă termenul în *extinction* – care în cele din urmă a fost preluat și în germană.

În creier chiar se poate vedea procesul de învățare reușită a extincției: activează cortexul prefrontal, amigdala și hipocampul. Un semn care arată că etajul conducerii preia din nou controlul. Legătura lui cu amigdala duce la o inhibare a acesteia și hipocampul stochează informația că frica nu mai este necesară. Dacă acum apare din nou un stimul cândva de temut, de pildă păianjenul, această interacțiune modificată din situația respectivă între cortexul prefrontal, amigdală și hipocamp duce la o reprimare a reacției inițiale de frică. Acest lucru arată că pacientul a învățat să-și controleze frica. *El* o stăpânește acum – nu invers, ca înainte.

În plus, cele mai recente studii arată că învățarea extincției funcționează și mai bine în societate – alături de un tovarăș de suferință sau pur și simplu de cineva pe care să-l poți ține de mână. Oxitocina produsă astfel acționează asupra cortexului prefrontal și îl ajută să regleze teama.

Puteți aplica principiul expunerii și la temerile mici, de zi cu zi. Mai demult, de pildă, aveam o reținere când trebuia să vorbesc la telefon cu străini de la instituții oficiale (autorități, birouri...) – mai ales când mă mai auzea cineva. Nu e tocmai un avantaj ca jurnalistă într-o redacție cu un singur birou mare. Așa că, pentru început, m-am așezat acasă singură și în acest mediu sigur mi-am depășit în repetate rânduri teama. Când am observat, „hei, oamenii chiar nu mușcă la telefon, ba chiar e bine să nu amân discuțiile și să lămuresc cât mai repede lucrurile importante", am putut să mă așez fără probleme și în biroul mare. Cu cât mai des îndrăznim să ne depășim temerile, cu atât mai simplu devine – lucrurile pe care înainte le detestai pot să ajungă deodată chiar să-ți facă plăcere.

O mică umbră a învățării extincției este că este susceptibilă să înregistreze probleme. Pentru că, după cum am spus: vechiul comportament – este valabil pentru tot (!) ce am învățat vreodată: frica, vreun tic (neplăcut), o dependență – nu poate fi înlăturat. Este valabil, de pildă, și pentru învățarea scrierii. Când, la început, copiii scriu doar după auz, mai târziu trebuie să facă un efort mare pentru a se obișnui cu ortografia corectă. Lucrurile interiorizate nu dispar pur și simplu. Putem doar să ne hotărâm să învățăm în mod activ o nouă purtare. Din păcate, adesea sunt suficiente mici amintiri despre starea inițială pentru ca imediat creierul să țâșnească iar pe drumul obișnuit.

Nu renunța!

Cea mai mare provocare pentru rezistența unei strategii nou învățate este confruntarea cu contextul vechi, obișnuit. De pildă pacientul suferind de arahnofobie aflat sub tratament poate să se simtă minunat și curajos până la moarte în cabinetul terapeutului, dar, când coboară acasă în beci, temerile îl prind din urmă și totul redevine cum a fost. De aceea este atât de greu să îți menții hotărârea luată cu nenumărate eforturi de a nu mai fuma și în cârciuma preferată sau într-un moment tulburător din punct de vedere emoțional („Moaamă, acum chiar am nevoie de o țigară!"). De multe ori este nevoie să o luăm de la capăt de mai multe ori și știm cu toții: este greu să înveți lucruri noi. Dar merită! Pentru că prin exercițiu ne putem modifica creierul și chiar să construim noi legături între celulele nervoase. Un proces numit „neuroplasticitate". Funcționează la orice vârstă adică: nu este niciodată prea târziu să te dezveți de ceva sau să înveți ceva nou.

Poate că faptul că ați aflat aceste lucruri vă ajută să vă mențineți o hotărâre și să nu renunțați nici după recidive.

Fiecare încercare este învrednicită de creier cu un corespondent biologic: sinapse grațioase, care îmbobocesc din celulele nervoase ca mugurii dintr-o plantă.

Dacă nu aveți de la prima încercare succes durabil, acest lucru nu înseamnă o slăbiciune de caracter, ci este legat strict de modul de funcționare a creierului nostru. De faptul că vechea cale este o stradă asfaltată și circulată și că a devenit un automatism orb să o luăm pe ea.

În loc să renunțăm frustrați, trebuie să mai încercăm odată. Suficient de bine îngrijiți, mugurii delicați devin plante puternice, cu suficientă forță pentru a trece prin asfalt și a nivela pe termen lung drumul nou. Și, în acest fel, fobiile specifice chiar pot fi vindecate în 80-90% din cazuri.

Informații suplimentare: Și totuși mărimea contează

Pe lângă cortexul prefrontal, mai există și o altă circumvoluțiune a cortexului cerebral cu influență nivelatoare asupra temerii noastre: cortexul cingular anterior. Funcția lui se suprapune în segmente importante cu cea a cortexului prefrontal: și el contribuie la evaluarea unei situații și la aprecierea avantajelor și dezavantajelor consecințelor inițierii unei acțiuni. Și este de asemenea capabil să moduleze activitatea amigdalei și, astfel, emoțiile. Acest lucru a fost arătat printre altele de un studiu care a comparat așa-ziși procrastinatori, adică oameni care amână până în ultima clipă sarcinile dificile, cu „activi". Deci cu oameni care reprimă toate inhibițiile și pur și simplu se apucă de treaba neplăcută. S-a arătat că procrastinatorii au atât o amigdală mai mare, cât și o influență diminuată a cortexului cingular anterior asupra ei. Probabil că de aceea se tem mai mult de eventualele consecințe negative ale faptelor lor și controlează mai greu această frică. Așa că ezită destul de mult înainte să se apuce de ceva.

În acest context mi se par interesante rezultatele unor studii în care neurologi din Londra au studiat legătura dintre dimensiunea amigdalei și a cortexului prefrontal și poziția politică. Au observat că, dintre subiecții lor, cei cu o amigdală destul de mare aveau opinii politice conservatoare. Participanții cu amigdala mai mică și cortexul cingular anterior mai mare erau în schimb de stânga. Și, cum am învățat, aceasta este o zonă a cortexului cerebral cu care se poate stabiliza teama.

Cu toate acestea, studiul nu poate răspunde la întrebarea dacă aici există o legătură cauzală – pentru asta ar fi nevoie de cercetări pe termen lung. Cu toate acestea, rezultatele se potrivesc cu cele ale unor studii mai vechi, care au arătat că alegătorii conservatori reacționează adesea mai virulent la stimuli amenințători sau negativi decât cei de stânga.

Mișcare! Mișcare!

O altă strategie constructivă în fața fricii a fost arătată de LeDoux într-o dezvoltare ulterioară a experimentului său cu șobolani. Ca și în primul experiment, a condiționat niște șobolani să se teamă de un sunet la fel de tare ca de un electroșoc, apoi însă a modificat desfășurarea experimentului: cum începeau să se miște șobolanii, oprea sunetul și nu le dădea alt electroșoc. După un timp, șobolanii au înțeles că era de ajuns să alerge în partea cealaltă a cuștii pentru a pune capăt situației care le inspira frică. Învățaseră să dobândească controlul prin propria lor acțiune. S-a arătat următorul lucru: amigdala – a șobolanilor, ca și a noastră – are două ieșiri. Prima, „ieșirea reactivă", duce direct la hipotalamus și la axa stresului. Cealaltă, „ieșirea activă", duce în schimb la zone ale creierului care coordonează mișcarea. Acest lucru ne dă posibilitatea să întreprindem ceva împotriva fricii. Dacă creierul observă că „Hei, merge!", evaluează această cale activă ca pozitivă și o stochează ca bună pentru a fi repetată. Exact același lucru face creierul de șobolan în cușcă: frica a dispărut curând. Ceea ce învățaseră animalele se numește la noi, oamenii, „strategie activă de confruntare".

Atenție: concluzia acestui experiment nu trebuie să fie în niciun caz să evităm pur și simplu situațiile neplăcute. Atitudinea pasivă de evitare poate, dimpotrivă, să determine o escaladare a reacției de frică și crearea unei tulburări anxioase manifeste. Trucul este să abordăm activ frica, să o acceptăm, dar apoi să ne mutăm atenția de la gânduri negative, de la griji și să facem ceva care ne face bine. De preferat ceva care ne întărește pe termen lung, astfel încât să devină tot mai ușor să facem față temerilor. Tot ce ne ajută este permis: să facem sport, să sunăm o prietenă, să meditām. Să spunem cu voce tare: „Nu sunt victima ta lipsită de ajutor, idiotule din tufiș!" Cel mai important este să exersăm să alungăm frica pe calea „activă". Astfel udăm micile plante delicate și le facem să înflorească. În paralel, frica devine tot mai mică și poate că la un moment dat chiar dispare de tot.

Putem așadar să le declarăm cu încredere și pe față război temerilor care ne chinuiesc și ne împiedică să ne atingem scopurile. Toate celelalte feluri de frică și teamă ar trebui să le îmbrățișăm ca făcând parte din noi. Pentru că aceste emoții sunt bune și importante pentru noi. Sunt sistemul nostru de alarmă, motorul și asigurarea noastră de viață. Uneori abia ele ne ajută să descoperim care sunt adevăratele noastre dorințe și doruri - de acestea avem nevoie neapărat pentru o viață împlinită! Și doar în prezența temerii și a fricii putem să ne formăm curajul de a ne împlini visurile. Curajul de a porni la luptă pentru o lume mai bună. Și să simțim bucuria unei provocări depășite.

Ele ne fac autentici, abordabili și vrednici de a fi iubiți - pe scurt: joacă un rol important în faptul că suntem cine suntem.

Și, în cele din urmă, teama și frica pot fi chiar plăcute! Emoțiile, bătăile inimii, furnicăturile în stomac - cine ar renunța de bunăvoie la excitarea nervoasă pe care ne-o provoacă poveștile de groază, turele în montagne russe sau săriturile cu parașuta? Singura teamă rea este teama de teamă.

Dacă deci trebuie să treceți vreodată printr-o grădină publică întunecată și vă e frică - savurați excitația nervoasă și simțiți-vă vii, confruntați-vă cu lucrurile de care vă e frică și mergeți siguri pe voi prin întuneric sau luați cu voi un prieten bun (de preferat unul care să nu vă sperie mai întâi de moarte). Oxitocina secretată în compania cuiva inhibă sentimentul temerii și liniștește sistemul stresului.

C

S

Sunt sub presiune!

Stres curat!

Plonjez prin apa mătăsoasă, turcoaz-închis. Plutesc ușor, lângă mine dansează pești colorați și țestoase imense, prietenoase, razele soarelui răzbat până pe pământul alb. Inspir și expir relaxată – fără tub de oxigen. Iar în jurul meu domnește o liniște splendidă, o pace minunată. Și apoi: *Dliiiiiiing, dliiiiiiing, dliiiiiiiing!* Deodată sunetul cumplit al deșteptătorului de la telefonul mobil mă smulge din apă și mă catapultează brusc în dormitorul întunecat. Știu, există și melodii plăcute pentru deșteptător – dar copilul s-a jucat la un moment dat cu mobilul și a setat sunetul „Dispozitiv de localizare" și tot uit să-l schimb. (Sincer, habar n-am cum a putut să facă asta fără amprenta mea. Oricum, capacitățile lui intuitive legate de aparatele digitale sunt de speriat pentru vârsta lui fragedă...) Ca producător, cum poate să-ți treacă prin cap să introduci în repertoriul pentru deșteptător un sunet cu un asemenea nume? Dispozitiv de localizare? Pe bune? Așa că de acum mă trezesc constant din somn cu acest „Dliiiiiiiiing" care îmi macină creierul.

Și, „Bing!", pornește și mașinăria gândurilor: *Aoleu, aoleu, repede, repede!* Scoală-te, du copilul la creșă, apoi ai o întâlnire după alta și mai trebuie să-mi găsesc și vreme de scris. În același timp cu ieșirea din visul meu preferat (îl am destul de des și îmi place la nebunie) și din minunatul adânc al mării, sunt cuprinsă de un val de hormoni de stres. Și pe el încep să plutesc de-a lungul zilei.

În capitolul despre teamă am spus: fără hormoni de stres, viața ar fi plictisitoare. Celebrul cercetător Hans Selyle, specialist în probleme de stres, a scris chiar că „stresul este sarea și piperul vieții". Căci chiar dacă astăzi stresul are o imagine cumplită – nu este numai rău. În acest caz se potrivește o afirmație care, după părerea mea, sintetizează una dintre cele mai importante reguli de bază ale medicinei: doza face otrava.

Survival of the fittest prin hormoni de stres

Hormonii de stres sunt buni, atât timp cât ne pregătesc pentru o situație concretă, cât scot din noi ce avem mai bun pentru depășirea ei și apoi scad din nou. Așa ne ajută la provocările mai mici și mai mari ale vieții de zi cu zi: să ne dăm jos din pat dimineața, să sprintăm după autobuz, să pregătim un referat. Și există ca să ne putem adapta condițiilor schimbate ale mediului – doar cu ajutorul lor putem supraviețui de-a lungul evoluției într-o lume în transformare.

Așadar hormonii de stres ne ajută să reacționăm adecvat la un așa-numit stresor. În trecut, aceștia erau „dușmanii care te mâncau", foamea sau schimbările de temperatură. Astăzi sunt mai degrabă provocări culturale, respectiv care țin de civilizație, cum ar fi un deșteptător enervant, munca sub presiunea timpului sau obligația de a lua decizii. Dar reacția la un factor de stres este astăzi, ca și atunci, aceeași: reacția de luptă-sau-fugă, coordonată prin intermediul hormonilor de stres.

Stres bun și stres rău

Corpul nostru produce doza corectă de hormoni de stres când ne simțim pregătiți pentru provocările ce ne stau înainte, când ne motivează și când este urmată de o pauză suficient de lungă de recuperare. Chiar dacă ne provoacă teamă – când știm că starea este limitată în timp, corpul nostru se descurcă foarte bine cu ea. Atunci stresul poate fi plăcut și chiar sănătos – în acest caz vorbim despre stres bun, „eustres".

Stresul devine rău și nesănătos când percepem situațiile provocatoare ca negative, pentru că credem că nu le putem depăși, și când sfârșitul lor nu este previzibil. Atunci ne simțim suprasolicitați și neputincioși, anxioși și iritabili. Acesta este „distresul" – care devine deosebit de problematic când este de durată, adică cronic. Când viața noastră este marcată permanent de presiune sau chiar de teamă și când nu găsim timp pentru compensare. Din păcate această formă de stres este destul de tipică pentru viața noastră din ziua de azi. Eu am noroc că în cazul meu există anumite limite (cel mai adesea, cel puțin...), dar sunt sigură că pentru mulți următorul scenariu este cât se poate de familiar: termenele-limită vin unul după altul, încă de la șase dimineața pe ecranul mobilului de serviciu apar 146 de mesaje WhatsApp noi (și 48 pe mobilul personal), toată ziua gonim din ședință în ședință, la e-mailul șefei trebuie să răspundem și la miezul nopții, altfel dăm impresia că nu suntem motivați – și contractul de muncă expiră în doar câteva luni. Între timp n-ar fi rău să postăm repede o poveste originală pe Instagram, să ducem copiii cu mașina la pian, să facem cumpărături, ordine și, frate, declarația fiscală! Fără încetare trebuie să ducem la capăt sarcini și să alergăm, fără să respirăm, după treburi. Noaptea facem doar to-do-listuri în cap și nu avem niciodată timp să ne relaxăm cu adevărat. Muncim pe brânci și cel mai adesea nici nu ne recunoaște nimeni eforturile. Pe scurt: toată viața se transformă într-o serie de reacții de tipul luptă-sau-fugi, cărora nu le putem face față decât cu butonul „insane-mode".

Când lucrurile ajung să fie așa, suntem în pericol. Pentru că atunci sistemul nervos simpatic preia comanda pe termen lung. Fabrica de noradrenalină din cap, locus caeruleus, își crește productivitatea și înmulțește schimburile de noapte: creierul este permanent în stare de alertă, chiar și în somn. Și hormonul de stres cortizol este produs în cantitate mult mai mare, face tensiunea să crească, apasă pe inimă și vase și reprimă sistemul imunitar. Ne îmbolnăvim mai repede. În plus, valorile inflamației și colesterolului din sânge cresc – toate acestea sunt factori de risc pentru obezitate, diabet, infarct și atacuri vasculare.

În plus, după cum știm: când suntem stresați, alimentarea cu sânge a canalului digestiv și a organelor genitale scade. De aceea stomacul nu mai poate produce suficientă mucoasă, care în mod normal îl protejează de acidul stomacal coroziv – ceea ce poate avea ca urmări ulcerul și tulburările digestive. Nu degeaba spunem că stresul apasă pe stomac. În plus, stresul este adesea un factor care contribuie la infertilitate.

Cam ce poate face stresul pe termen lung

Și, ca și cum nu ar fi de ajuns, stresul pe termen lung are și o influență neliniștitoare asupra funcției creierului: inhibă activitatea din cortexul prefrontal, care, ca instanță supremă, are în subordinea sa toate celelalte structuri mai primitive ale creierului și – ne amintim – participă astfel la orientarea gândurilor, acțiunilor și sentimentelor noastre. Este în stare să coordoneze situațiile actuale cu amintirile și să ducă la acțiuni adecvate, să corecteze cursul ca reacție la o greșeală și să reprime comportamentele impulsive. Știm: cu ajutorul cortexului prefrontal putem să ne controlăm și frica. Însă dacă acesta pierde controlul din cauza stresului pe termen lung, plătim cu pierderea a numeroase capacități cognitive. Ne concentrăm mai greu și nu mai suntem la fel de eficienți.

Primele cercetări legate de efectele distresului asupra capacităților noastre cognitive au început după al Doilea Război Mondial, când se observase că până și cei mai încercați piloți se prăbușeau cu aparatele de zbor în timpul luptelor. După puțin timp a devenit limpede: când cursul acțiunii este simplu, bine studiat și se poate desfășura fără distanța superioară din creier, stresul poate să ne ajute să avem o prestație mai bună. Însă dacă pentru a rezolva o problemă avem nevoie de o gândire complexă, flexibilă, respectiv de cortexul prefrontal, stresul pe termen lung este toxic. Ne inhibă gândirea analitică, creativitatea și îngreunează astfel rezolvarea problemelor; greșim mai repede.

De aceea nu trebuie să luați hotărâri importante – indiferent că sunt de natură profesională sau personală – când sunteți foarte stresați.

În plus, la stresul pe termen lung, dispare controlul inhibitor al cortexului prefrontal asupra amigdalei. Rezultatul ne face mai vulnerabili la sentimente ca teama și agresivitatea, uneori devenim nesuferiți și tindem să acționăm impulsiv, dacă suntem într-o stare tensionată.

Pe deasupra, la stres se adaugă o conectivitate sporită între amigdală și trunchiul cerebral. Asta înseamnă că legăturile nervoase dintre amigdală și structurile din creier responsabile pentru reacțiile de tipul luptă-sau-fugă devin mai puternice. La un moment dat, chiar și într-o stare de liniște, când de fapt am putea să ne relaxăm, pe această cale vin impulsuri de la sistemul nostru de alarmă oricum sensibil, ajungându-se astfel la o secreție sporită de hormoni de stres. Aceștia, la rândul lor, slăbesc cortexul prefrontal, care altfel ar putea ține în frâu amigdala. Suntem tot mai vulnerabili la doze noi de stres – și apare un cerc diabolic.

Situația este înrăutățită de faptul că starea cronică de alertă face să scadă producția de „hormoni de bunăstare", dopamina și serotonina. Suntem iritabili, iar riscul de depresie crește.

Se întâmplă pentru că sistemul nostru de recompense este aproape epuizat din cauza stresului. Știm că activitățile care ne fac plăcere îl stimulează. Așa se întâmplă și cu munca: ceea ce ne provoacă și ne ajută să evoluăm, ne face plăcere, adică lansează rachetele de dopamină. Următorul pas este că evenimentele plăcute sunt stocate în hipocamp ca meritorii și de aceea vrednice de a fi repetate. Dar, indiferent cât de mult ne place o activitate, și aici doza este cea care determină dacă este stimulent sau otravă. Dacă exagerăm cu o muncă plăcută, la un moment dat rezervele de dopamină se golesc. Fără dopamină este mai greu pentru hipocamp să transfere lucrurile învățate în memoria pe termen lung. De aceea când

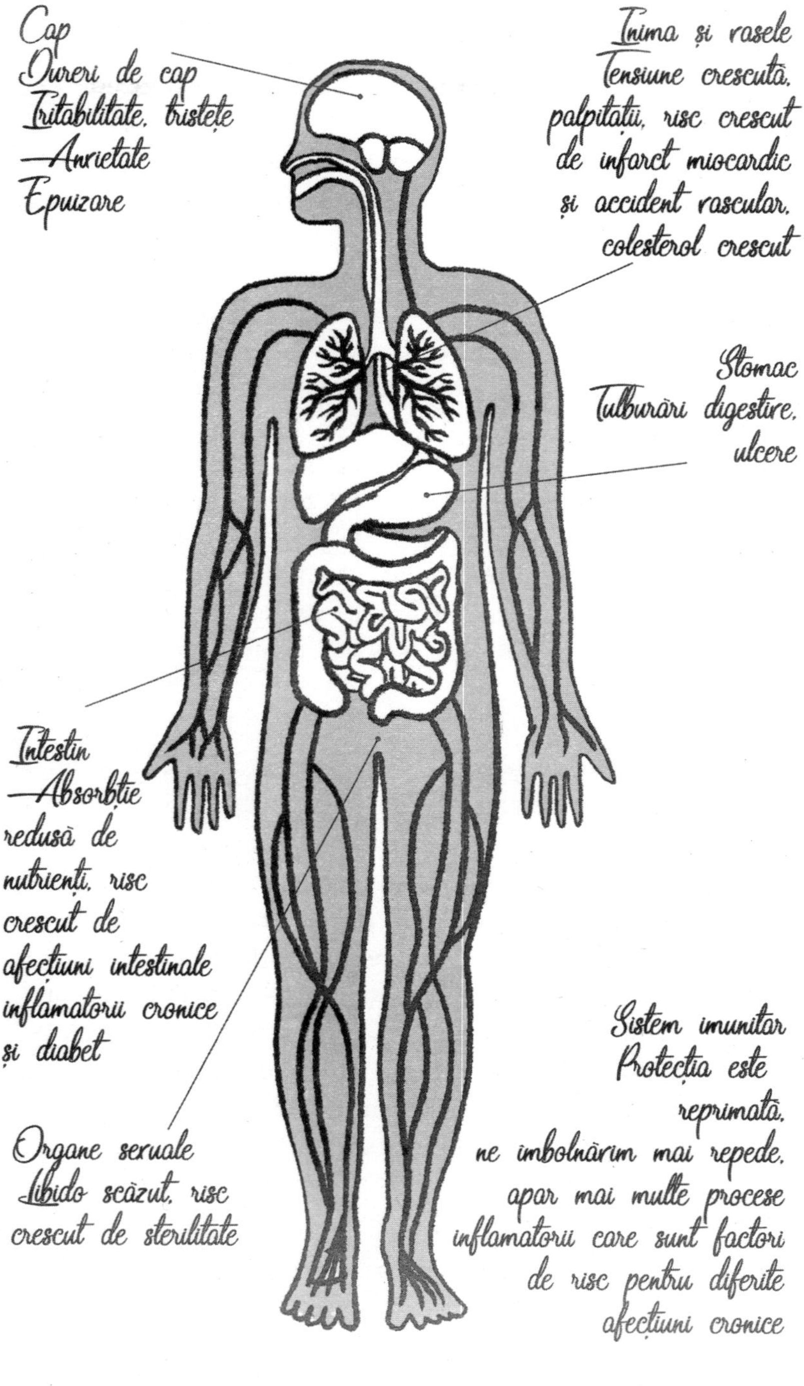
Cap
Dureri de cap
Iritabilitate, tristețe
Anxietate
Epuizare
Inima și vasele
Tensiune crescută, palpitații, risc crescut de infarct miocardic și accident vascular, colesterol crescut
Stomac
Tulburări digestive, ulcere
Intestin
Absorbție redusă de nutrienți, risc crescut de afecțiuni intestinale inflamatorii cronice și diabet
Organe sexuale
Libido scăzut, risc crescut de sterilitate
Sistem imunitar
Protecția este reprimată, ne îmbolnăvim mai repede, apar mai multe procese inflamatorii care sunt factori de risc pentru diferite afecțiuni cronice

suntem stresați pe termen lung uităm mai ușor și ne concentrăm mai greu.

De altfel observ din când în când efectul hormonilor de stres asupra creierului meu în timp ce scriu această carte: indiferent câtă bucurie și euforie îmi oferă acest proiect – dacă exagerez cu munca la el, la un moment dat nu-mi mai rămâne nimic în cap. Din fericire, pauzele și distracțiile aduc energie reînnoită în cortexul prefrontal, rachete proaspete de dopamină și, odată cu ele, noi resurse de creativitate și concentrare.

Și mai neliniștitor este că stresul pe termen lung provoacă chiar modificări structurale ale creierului: este însoțit de moartea celulelor nervoase și a legăturilor sinaptice din hipocamp și cortexul prefrontal. Pe limba noastră: creierul se micșorează. Îmbătrânește repede. Și atunci uitarea, scăderea capacităților cognitive și starea depresivă pot deveni o problemă de durată.

Nu-i așa că este un pachet incredibil de consecințe negative? (Și nu e decât o selecție!) Pe scurt, putem spune: practic toate bolile civilizației moderne pot apărea ca o consecință a stresului: hipertensiunea, infarctul cardiac, diabetul, depresiile, obezitatea, dependențele de substanțe (imediat vom spune mai multe despre ultimele două puncte)...

Important de știut: toate aceste efecte negative pot fi provocate atât de stresul profesional, cât și de cel personal. Cel din urmă poate apărea de pildă când suntem blocați într-o relație nefericită, când avem probleme financiare, trebuie să îngrijim o rudă bolnavă sau suntem noi înșine bolnavi.

Dependența de stres

Deși este atât de nesănătos – și cei mai mulți dintre noi știm acest lucru –, stresul creează practic dependență. Cei afectați se obișnuiesc cu faptul că trebuie mereu să facă ceva, că se află permanent sub presiune. Știm însă deja – cuvântul-cheie este „obișnuința": efectul cortizolului și al dopaminei scade la un moment dat și atunci creierul își spune: „O, avem nevoie de mai mult stres, mai mult efort, ca să avem în continuare sentimentul că suntem eficienți! – Ce am mai putea face?" Locus caeruleus și amigdala fac astfel creierul să fie permanent sub tensiune – cei afectați nu mai pot decât să țopăie de dimineață până seara, ca iepurele Duracell. Chiar și în momentele în care ar putea să se relaxeze, mărșăluiesc regulamentar. În loc să se relaxeze când aleargă, acordă o atenție pedantă vitezei medii, lungimii distanței, caloriilor arse. Sunt permanent online, verifică știrile și își plănuiesc și timpul liber până în cel mai mic detaliu – nu cumva să rateze ceva!

Uneori acești oameni cred că au toată viața sub control, că fac totul cum trebuie. Sentimentul lor este: „Stresul e marfă!"

De fapt, pierd legătura cu ei înșiși – într-un moment de liniște, nu știu ce să facă cu singurătatea lor. De aceea preferă să nu mai aibă deloc liniște. Sprintează prin lume într-o stare de agitație permanentă – cu alte cuvinte, constant hiperactivi.

Stresul îți dă chef să consumi

În plus, stresul te face să ai chef să consumi permanent. Încordarea din tot corpul, sporul de noradrenalină și scăderea dopaminei din creier creează o stare permanentă de nemulțumire, o nevoie constantă de – păi, de ce? – ceva care să te liniștească. Care să ne răsplătească pentru prestațiile noastre permanente la nivel înalt.

Adesea avem sentimentul că mâncarea ne-ar putea ajuta. Ne vine din faptul că, pentru o reacție adecvată de luptă-sau-fugă în sensul ei inițial, respectiv la apariția tigrului smilodon, corpul avea nevoie repede de multă energie (ca să fugă sau să lupte). De aceea în starea de stres ni se face poftă în mod deosebit de carbohidrați simpli, de zahăr și grăsime, care se găsesc în cartofi prăjiți și în ciocolată. Toate lanțurile de tip fast-food din lume și-au adaptat perfect ingredientele mâncării lor de proastă calitate acestei nevoi. Dar sigur nu din iubire de aproapele – pentru că știm cu toții: combinația de multe calorii, sare și potențatori de gust, alături de absența aproape completă a substanțelor nutritive, așa cum se găsesc îmbinate în mod unic în mâncarea de tip fast-food, este cum vreți voi, doar sănătoasă nu.

Un factor agravant este că încă de mici am învățat adesea să punem semnul egal între mâncare și recompensă și alinare. Deci, dacă vreți să faceți ceva bun pentru urmașii voștri, încercați să evitați această condiționare!

Pentru că etajul direcției din cortexul cerebral este scos din funcțiune în situații de stres, mai științific: prin inhibarea cortexului prefrontal, tindem să avem comportamente impulsive și control de sine limitat – ceea ce poate duce la poftă nemăsurată și la atacuri de înfulecat. Problema: nici vorbă să consumăm caloriile pe care le băgăm astfel în noi stând așezați în fața computerului, în mașină sau în tren. Ca și cum nu ar fi de ajuns, cortizolul setează metabolismul pe modul economic: corpul crede că avem nevoie de ultimul gram de grăsime pentru fuga ce urmează imediat (sau pentru luptă) – de aceea în stare de stres este mult mai greu să slăbești decât când ești echilibrat.

Pe scurt: stresul îngrașă.

Mulți încearcă să se liniștească și cu ajutorul alcoolului sau al țigărilor (sau al altor droguri). Controlul diminuat al impulsurilor face rezistența cumplit de grea. Și aceste delicatese chiar pot să ne ofere pe termen scurt un sentiment bun de relaxare, prin stimularea sistemului de recompense, însă pe termen lung efectul este cel contrar. Ne „irosesc" rachetele de dopamină și nu fac prin aceasta decât să înrăutățească lipsa – urmările sunt nervozitate și nemulțumire sporite. Lucrurile devin periculoase când încercăm să le amuțim și pe acestea tot prin delicatese. Știm: devin necesare doze din ce în ce mai mari – și ajungi repede dependent.

Burn-out și pierderea controlului

Peste toate acestea, stresul cronic poate duce și la epuizare. După ce ne dăm seama? Nu e tocmai simplu. Pentru că epuizarea – burn-out – nu este clasificată ca boală oficială și nu există o doză definită, peste care stresul se transformă în otravă. Limitele sunt fluide.

OMS definește burn-out ca sindrom izvorât din stresul cronic la locul de muncă. Și următoarele criterii principale sunt acceptate de toți experții: 1) sentimentul că îți scade energia sau că ești epuizat, adică „ars"; 2) distanță mintală sporită față de profesie sau sentimente negative și cinice în legătură cu ea; și 3) eficiență profesională redusă, adică: scăderea performanței. Simptomele de burn-out sunt foarte asemănătoare cu cele ale depresiei și se poate trece ușor dintr-una într-alta. Însă, conform definiției, burn-out se referă în mod specific la fenomene din domeniul profesional și nu trebuie folosit pentru descrierea unor experiențe din alte domenii ale vieții. Depresia, în schimb, afectează toate planurile vieții.

Dacă la un moment dat nu sunteți siguri dacă nivelul de stres la care ați ajuns nu vă îmbolnăvește deja, stați de vorbă cu medicul de familie. Puteți apela și la consiliere telefonică sau să faceți un test. Cel mai cunoscut pentru identificarea fenomenului de burn-out este *Maslach Burnout Inventory*, pe care îl găsiți online. În tot cazul este bine să recunoaștem din timp semnalele de alarmă, să înlăturăm cauzele și astfel să scăpăm în timp util din spirala descendentă.

Pentru că se vorbește tot mai mult despre afecțiuni asociate stresului și pentru că există și o creștere constantă a concediilor medicale în baza unor diagnostice legate de tulburări psihice, s-ar putea crede că stresul se înmulțește în societatea noastră de la an la an. Dar nu este adevărat. Un studiu-umbrelă al epidemiologului Dirk Richter, care a evaluat studii pe termen lung din țările europene și din America de Nord, a ajuns la concluzia că între 1947 și 2012 numărul afecțiunilor psihice provocate de stres nu a crescut în țările occidentale. Stresul pare mai degrabă să ne influențeze viețile de la începutul secolului XX. Faptul că efectele lui păgubitoare sunt tot mai prezente în mințile noastre și că oamenii își iau tot mai des concedii medicale din cauza lor are alte motive: astăzi avem în general mai multe informații despre afecțiunile psihice și psihosomatice, medicii le identifică mai repede decât în trecut, cei afectați beneficiază mai repede și mai des de ajutor profesionist și gradul de acceptare a acestor boli în societate a crescut semnificativ. De aceea a scăzut mult reținerea de a cere concedii medicale pentru suferințe psihice.

Deci nu lumea modernă a muncii în care trăim este cea care ne îmbolnăvește. Cu toate acestea: dacă aduce cu sine poveri mari și nu lasă loc de manevră – sau lasă foarte puțin – pentru propriile decizii și pentru dezvoltarea individuală, lucrurile nu stau bine.

Deosebit de problematic este sentimentul pierderii controlului, izvorât din asemenea situații. Dacă credem că suntem victimele neajutorate ale unui motiv de stres, creierul ne este inundat de o doză suplimentară de hormoni de stres.

Știm aceste lucruri din viața de zi cu zi: dacă de pildă, în drum spre casă, ne blocăm într-un ambuteiaj de mai mulți kilometri, riscăm să fim brusc copleșiți de furie.

Stresul provocat de pierderea controlului poate deveni deosebit de apăsător și la un moment dat dăunător, când ocupă domenii importante ale vieții. De pildă, cine a fost la un moment dat pus permanent sub presiune sau chiar șicanat de un șef dușmănos știe cât de apăsător poate fi un asemenea stres. Știm din studiile cu paviani: cu cât mai arbitrar se comportă animalele alfa cu semenii lor inferiori, cu atât mai afectați de stres sunt aceștia din urmă. Se îmbolnăvesc mai repede și chiar mor mai devreme.

Și faptul că nu putem face nimic poate de altfel să ne provoace stres dăunător. De pildă, prin așteptări scăzute la muncă sau prin șomaj.

Rezistența la șocuri – tampon împotriva stresului

Dar cum determinăm dacă stresul ne îmbolnăvește? Altfel spus, cât de sensibili la stres, respectiv rezistenți la stres suntem? Termenul de specialitate pentru capacitatea psihică de rezistență a omului, deci pentru aptitudinea de a rămâne stăpân pe sine în situații dificile de viață sau în cazul unor probleme persistente este: reziliență. Există mulți factori care o determină. Genele sunt unul dintre ele. Dar: ce facem până la urmă cu trusa cu scule pe care o avem în ADN este determinat în mare măsură de mediu și de noi înșine, prin propriul comportament. Iar reziliența individuală este rezultatul unui proces dinamic, de o viață.

De pildă, o mare influență au asupra rezilienței condițiile în care venim pe lume și creștem. În timpul sarcinii și în primii ani de viață, nivelul de stres al mamei, respectiv al mediului, poate contribui la formarea creierului copilului și poate determina cât de rezistent la stres va fi el însuși într-o bună zi. Stresul provocat de motive exterioare, ca situația socială, financiară și de sănătate din copilăria timpurie, poate să ducă la modificări minime ale structurii ADN (termenul științific este „modificări epigenetice"). Astfel pot fi activate sau neutralizate anumite gene și odată cu ele unele însușiri, ca de pildă chiar rezistența la stres a copilului. Astfel, purtătorul transmite genele sale modificate de stres generației următoare și, odată cu ele, eventual, riscul de a dezvolta afecțiuni provocate de stres.

Totuși asta nu înseamnă că copiii trebuie ținuți în puf și puși la loc sigur. Pentru o dezvoltare psihică și intelectuală sănătoasă este important ca celulele cenușii să fie susținute: copiii trebuie să se joace și să învețe într-un mediu creativ, să experimenteze libertățile și limitele în interacțiunea cu alți copii de vârsta lor și să fie lăsați de cele mai multe ori să răspundă singuri la provocări. Astfel, sunt mai bine pregătiți pentru viață, mai siguri pe ei și mai rezistenți la stres. Acest lucru îi face mai competenți social și le va fi toată viața mai ușor să reacționeze la provocări.

Deci este valabil și pentru stresul din copilărie: doar o doză prea ridicată devine toxică.

Mai mult este mai bine în schimb, în mod univoc, când este vorba despre sprijinul social. Pentru că acesta ne face rezistenți la stres. Știm: după o zi obositoare, dacă o iei în brațe pe prietena cea mai bună, pe iubit sau pisica și bagi astfel în vene o doză de oxitocină, toate efectele stresului sunt contracarate. În schimb părinților singuri și oamenilor fără partener, pe care nu-i ajută nimeni să se deconecteze, le este mai greu în situații apăsătoare și devin și mai sensibili la stres.

Ca și în cazul temerii, în plus, trăsăturile de caracter și experiențele individuale ne influențează reziliența. Încrederea în sine și convingerea că poți depăși și singur situațiile grele au efecte pozitive. Adesea, oameni care știu să gândească bine pentru ceilalți și să aibă grijă de ei, dar uită să se privească pe ei înșiși, alunecă pe nesimțite în capcana stresului. De cele mai multe ori, oamenii care au în general o viziune pozitivă a vieții și scot ceva bun și din situații grele, au o reziliență mai mare. Același lucru este valabil pentru persoanele „cognitiv flexibile", deci cărora nu le vine greu să reacționeze cu strategii noi la schimbări. Și, în cele din urmă, durata și intensitatea situației de stres determină, firește, dacă sau cât de mult îi facem față.

Apariția stresului și consecințele lui sunt așadar cât se poate de complexe, iar doza peste care stresul ne dăunează variază extrem de mult de la un individ la altul. De aceea nu își au niciun rost comparațiile de tipul: „Hai, adună-te! Deci eu am muncit mult mai mult anul trecut și n-am murit!" Oricum simptomele declanșate de stres nu trebuie interpretate ca slăbiciuni – ci ca semnale prin care corpul nostru încearcă să aibă grijă de noi. Este bine să ascultăm de el, pentru că altul nu avem.

De ajutor la stres: atenția la sine

Mecanismele comportamentale nesănătoase se pot insinua adânc în condiții de stres constant. E foarte greu să devii conștient de ele și chiar mai greu să te dezobișnuiești de ele. Dar: nu suntem nici sclavii genelor, nici victimele mediului înconjurător. O abordare sănătoasă a stresului poate fi învățată și aplicată. În funcție de caracter, de experiența personală și de vârstă, poate fi mai ușor sau mai greu, dar nu este niciodată prea târziu.

În perioadele stresante ale vieții este foarte important să avem grijă de noi. Asta înseamnă în primul rând să dobândim o privire de ansamblu a ceea ce avem de făcut, să stabilim priorități clare și să formulăm obiective. Aceste lucruri ne ajută să ținem situația sub control. În al doilea rând: trebuie să căutăm echilibrul. Sportul, de pildă, este foarte potrivit pentru a elimina energia stocată pentru luptă-sau-fugă și pentru a elimina grăsimile din artere. Și nu e nevoie să ne transformăm în maratoniști, dacă mergem regulat pe jos sau cu bicicleta cincisprezece minute, stresul se reduce și sistemul cardiovascular este protejat. Și în al treilea rând: trebuie să integrăm pauze reale în viața de zi cu zi, pentru ca trupul să poată elimina hormonii de stres, sistemul de alarmă să se regleze din nou și sistemul de recompense să ne facă să putem resimți din nou plăcerea. Deci să ne luăm liber la ore fixe, să avem zile libere regulate și să mergem în concediu de cel puțin două ori pe an.

Și meditația sau exercițiile de relaxare pot fi foarte eficiente pentru a ne liniști. Foarte interesant mi se pare conceptul de „atenție la sine", *mindfulness* în engleză. Această practică de meditație cu rădăcini în budism presupune ca, și în zilele stresante, să facem mai multe pauze și să ne concentrăm gândurile pe aici și acum. Nu (cum îmi place mie) să facem o sută de lucruri deodată și în același timp să ne gândim la următoarea sută, ci să fim prezenți în clipa de față. „Fără valori", este o atitudine foarte importantă. Pentru că multe vederi, păreri și sentimente cu care venim în întâmpinarea lumii, a semenilor noștri și a noastră apar prin modele de evaluare inconștientă, cu care ne-am obișnuit. Ne fac să reacționăm la situații apăsătoare prin automatisme, care adesea nu ne fac să ne simțim bine. De pildă, dacă ne enervăm cumplit într-o zi stresantă dacă pierdem metroul, aprofundăm ideea că avem „ghinion" și rămânem prost-dispuși și stresați ore în șir - deși nu e deloc necesar și nici nu ne ajută la nimic!

Atenția la sine înseamnă în acest caz să ne aducem în conștiință caracterul subiectiv și trecător al sentimentelor și gândurilor. Așadar să percepem proasta dispoziție care se naște în noi, dar să o privim cu detașare. Aici este important și să nu dăm vina pe nimeni pentru „ghinionul" nostru prezent - nici pe cineva care ne-a ieșit în drum când mergem spre metrou, nici pe „serviciile de transport proaste", nici pe o putere de sus, nici pe noi înșine. Mesajul trebuie să fie mai degrabă „shit happens" și în cele mai multe cazuri nu-i nicio tragedie.

Scopul este ca prin această distanțare să-i luăm emoției negative puterea pe care o are asupra noastră. Pasul înapoi ne ajută poate să vedem alte posibilități de abordare a situației (să nu o luăm razna, ci să așteptăm relaxați următorul

Marș!
Dispăreți!

metrou). Dacă reușim pe termen lung, putem să anulăm automatismele neplăcute și să abordăm în manieră mai suverană situațiile de stres.

Unul dintre cele mai populare modele de învățare a atenției la sine este programul *Mindfulness-Based Stress Reduction (MBSR)* (în traducere aproximativă: reducerea stresului prin atenție la sine). Inițiatorul lui este Jon Kabat-Zinn, cunoscut profesor american de biologie moleculară, care și-a dedicat toată cariera practicii atenției la sine. În 1979 a înființat *Stress Reduction Clinic*, devenită între timp celebră, unde a studiat influența atenției la sine asupra sănătății într-o activitate cuprinzătoare de cercetare. Programul lui durează opt săptămâni și include exerciții de percepție a corpului, yoga și meditație. Le predă participanților atenția față de corpul și mediul lor – cu un succes uimitor.

Unul dintre cele mai cunoscute exerciții MBSR, care se pretează bine pentru începători este „exercițiul stafidei". Trebuie să privești, să percepi și să mănânci o stafidă, ca și cum ar fi prima dată. Ca și cum am fi copii sau extratereștri, care nu au mai văzut în viața lor o asemenea chestie maronie și zbârcită. Exercițiul este compus din următorii pași.

1. Ia stafida în mână. Cum o simți, cum îți stă pe palmă? Ce ar gândi o ființă din univers, dacă ar privi stafida?
2. Ține stafida între două degete și uită-te atent la ea. Plimbă-ți ochii peste fiecare brazdă, fiecare canelură, fiecare cocoașă. Ce culoare are stafida? Cum se schimbă culoarea când schimbi felul în care cade lumina pe stafidă, învârtind-o?
3. Învârte stafida între degete – cum o simți? Are suprafața aspră sau netedă? Ce se întâmplă dacă apeși ușor pe ea? Poți să închizi și ochii.

4. Miroase stafida. Ce arome percepi? Îți vine deja să o mănânci? Nu o face, percepe doar impulsul fără a-i acorda vreo valoare și lasă-l să treacă pe lângă tine.
5. Apoi pune stafida pe limbă, simte-i greutatea și vezi cum o simți aici. Simți deja vreun gust?
6. Acum mușcă conștient din stafidă. Ce gust are? Iese zeamă din ea? Fii atent la mișcările de mestecare și la cum se dezintegrează încet stafida.

În încheiere, înghite-o conștient.

În tot timpul exercițiului trebuie să încerci să nu-ți fugă gândurile. Nu este așa de ușor precum pare *(don't think of a pink elephant)* și scoate în evidență miezul atenției la sine: este vorba despre a fi aici și acum și de a trăi pe deplin conștient momentul – în loc să alergăm mereu prin el, pe lângă el și pe lângă toată viața noastră. Când fac acest exercițiu sau unul asemănător, sunt cuprinsă pe loc de un sentiment de relaxare.

Poți exersa atenția la sine respirând, mergând, făcând cafea sau duș – și așa înveți să-ți construiești mici insule proprii de liniște în mijlocul cotidianului stresant.

Studiile au demonstrat-o: atenția la sine reduce stresul și apariția bolilor provocate de stres, ca afecțiunile inimii și ale vaselor sangvine, teama, depresiile, tulburările posttraumatice și durerile cronice.

În mod evident exersarea atenției la sine pune stavilă efectelor stresului asupra creierului sau chiar le face să dea înapoi. Diferite studii imagistice, ai căror participanți absolviseră un curs de atenție la sine după metoda Kabat-Zinn, au arătat că aceste exerciții aduc cu sine o întărire a cortexului prefrontal și a celui anterior cingular – mai mult decât alte tehnici de relaxare. Asta înseamnă că cortexul cerebral preia din nou frâiele și permite un mai bun control al impulsurilor. În plus, persoanele care își exersează atenția la sine au adesea o amigdală mai mică.

Subiecții acestor cursuri spun de obicei că se simt mai siguri pe ei, mai relaxați și mai fericiți, de când fac exerciții de atenție la sine. Le este mai ușor să-și păstreze calmul în situații de stres.

Sigur, opt ore de curs înseamnă destul de mult timp. Dar: chiar și pașii mici în direcția atenției la sine dau rezultate. Oamenii de știință strânși în jurul psihologului David Creswell le-au pus la dispoziție participanților la studiul lor un curs rapid de trei zile de atenție la sine și au urmărit efectul pe RMN. Pentru a face posibilă comparația, un al doilea grup a avut parte pur și simplu de un exercițiu de relaxare. Rezultatul: într-adevăr, chiar scurta școlire într-ale atenției la sine a redus activitatea perturbatoare ce avea loc între amigdală și ceilalți actori ai reacției de stres. Alți autori au ajuns chiar la concluzia că și unitățile separate de formare în atenția la sine produc efecte pozitive în creier.

Datorită numeroaselor efecte pozitive, între timp tratamentele bazate pe atenția la sine sunt folosite și pentru tulburările anxioase și de alimentație, episoadele depresive și dependența de substanțe.

Ca de obicei, trebuie să fim atenți: atenția la sine nu este un leac universal și în niciun caz nu înlocuiește tratamentele pentru afecțiuni serioase. Dacă efectele ei pentru reducerea stresului sunt suficient dovedite, studiile legate de rezultatele pozitive în privința anumitor afecțiuni trebuie citite cu precauție, din cauza unor puncte slabe legate de metodă. Concentrarea puternică pe sine poate avea, în cazuri extreme, și consecințe negative – de pildă la persoanele foarte autocritice, la persoanele cu boli psihice sau cu dureri cronice.

Un alt pericol este că ideea este comercializată în exces și folosită abuziv. Că atenția la sine și meditația sunt predate în cursuri cu prețuri exagerate și devin o nouă pârghie a atât de trâmbițatei autooptimizări. Există deja aplicații care îți arată în timpul exercițiului de relaxare dacă faci totul bine, iar la sfârșit poți posta punctele-recompensă pe Facebook. A împopoțona astfel și ultimul moment de retragere și a urmări cea mai bună performanță, de preferat în vreun „concurs de relaxare", nu reprezintă cu siguranță cea mai bună cale spre liniștea interioară. Aș fi foarte precaută și când firmele se folosesc de atenția la sine pentru a-i ajuta pe angajați să „muncească mai eficient" și să „avanseze mai rapid în carieră". Dar nu există absolut nicio problemă dacă integrăm în ziua noastră momente individuale de atenție la sine, pentru a reduce stresul și a fi mai relaxați – ba dimpotrivă.

În ceea ce mă privește, am observat că, de când m-am ocupat de atenția la sine pentru această carte, deodată percep altfel anumite momente. Aroma cafelei proaspăt măcinate de dimineață, frunzele colorate de toamnă. În mod fascinant, chiar reușesc din când în când să privesc de la distanță sentimentele ce se ivesc. Să trag odată adânc aer în piept și să las să treacă supărarea sau nerăbdarea ca pe niște nori, în loc mă stresez (sau să-i stresez pe alții) din cauza unor mărunțișuri.

Sunt sigură: dacă reușim să ne creăm mai multe momente liniștite în viața de zi cu zi, să fim atenți la propriile sentimente și astfel să evităm reflexele automate, acest lucru nu poate decât să fie de folos pentru societatea noastră stresată. Primul pas ar putea fi să schimbăm melodia deșteptătorului. În sfârșit am reușit să fac astăzi acest lucru.

În acest sens: inspiră.
Și: expiră.
Fără niciun tub de oxigen.

G

Grija de a nu rata ceva

Despre fomo, phubbing, nomofobie și jomo

În sfârșit, liberă! În sfârșit pot să mă întind comod pe canapea, să mă ghemuiesc sub pătura de lână și să dau drumul la *Grey's Anatomy*! Da, știu, sună a clișeu: doctorița ajunge acasă și se uită la serial cu doctori – dar lucrurile sunt cum sunt: I love it! În sfârșit, liniștea mult-dorită! Însă doar pentru o clipă. Înainte să înceapă episodul, mai iau odată mobilul – habar n-am de ce, cumva din reflex – și verific Instagramul. Opa! Niște prieteni sunt la un restaurant nou, supertare, de sushi și se pare că au primit rachiu din partea casei. Pare că au o seară foarte mișto! Oare mai merg pe undeva după aceea? Alți cunoscuți sunt într-o cârciumă, chiar aici, la colț – de ce nu au spus nimic? A, și fii atentă, o petrecere cu costume! Chiar aș avea chef de așa ceva... Deodată mă simt singură și neinteresantă pe canapeaua mea comodă, ca și cum lumea ar merge mai departe fără mine. Toată lumea e afară, se distrează nebunește, și eu? Eu mi-am pus ciorapii de lână de la bunica și mă holbez la televizor. Pfff! La revedere, liniște mult-dorită – bună, fomo amară.

Cu ochii în mobil, o dată la 18 minute: FOMO

Fomo – *fear of missing out*, adică teama de a nu fi de față la evenimente tari și de a rata ceva, s-a transformat într-o adevărată epidemie a vremurilor noastre. Motivul este faptul că utilizăm tot mai frecvent rețele sociale.

Dorința de a fi în legătură cu alții și de a participa la activități de grup este profund omenească și înrădăcinată prin evoluție în adâncul nostru – adică: absolut normală. Până la urmă, avem nevoie de ceilalți ca să supraviețuim. De aceea fenomenul „fomo" nu este nou și nu se limitează la utilizatorii de smartphone: și fără să stai permanent online poate să te chinuiască grija că te-ai hotărât pentru petrecerea greșită, întâlnirea greșită sau activitatea greșită – că undeva ar fi ceva mai bun. Adesea cei afectați sunt permanent neliniștiți, gonesc de la un eveniment la altul și au uitat să se bucure relaxați de clipă. „Cercetarea fomo" este încă relativ nouă, însă după primele observații din SUA și Europa, oamenii care dezvoltă fomo sunt în primul rând cei nemulțumiți de viața lor, care se plictisesc mai des și își doresc mai multă atenție de la alții și nu se simt competenți în ceea ce fac. Cei mai afectați sunt tinerii adulți de până în 35 de ani, și mai degrabă bărbații decât femeile.

Iar rețelele sociale alimentează colosal apariția temerii de a rata ceva. E clar: cei care suferă deja offline de fomo sunt cei mai în pericol să verifice și online non-stop dacă nu cumva le scapă ceva. Și nu mai contează dacă tocmai stau de vorbă cu cineva, dacă sunt la volanul mașinii sau la o cină romantică la lumina lumânărilor – micul duh fomo îi bate fără încetare nervos pe umăr: „Hei! Tu! Tu! Tu! Oare ce fac ceilalți?

Pentru o seară liniștită.
Tu chiar nu vrei să știi ce fac ceilalți?

Nu cumva se întâmplă chiar acum ceva mai interesant? Nu putem să nu ne băgăm și noi! Și: nu crezi că am putea să ne întâlnim cu cineva și mai mișto?" Nu au răspuns la aceste întrebări – până când își verifică telefonul. Și 57 de milioane de utilizatori de telefoane mobile din Germania fac asta o dată la 18 minute, de peste o sută de ori pe zi. Prima dată imediat după ce se trezesc, apoi la masă, la facultate, la muncă și ultima oară înainte să se culce. Stăm zilnic 3,25 de ore online. În cea mai mare parte a timpului, pe rețele sociale.

Faptul că sunt permanent disponibile duce chiar la acest lucru. Putem să ne trimitem fără întrerupere mesaje cu alții, să verificăm ce fac și să le arătăm unde suntem. Până la o anumită limită, sigur că e excelent: niciodată nu a fost mai simplu să intri în legătură cu alții, să cunoști un nou partener / o nouă parteneră, să creezi rețele și să fii în legătură cu prietenii sau rudele și la mare distanță.

Și interacțiunea e plăcută! Ce știau cu siguranță creatorii rețelelor sociale: modul de funcționare a platformelor se folosește de sistemul nostru de recompense și legături. Fiecare like, fiecare inimioară pe care o primim pe rețelele sociale și fiecare descoperire specială pe care o facem ne stimulează sistemul de dopamină. Rachetele lui sunt lansate prin circumvoluțiunile noastre și răspândesc emoții îmbucurătoare: „Hai, să ne uităm repede ce se mai întâmplă online!" Dacă like-urile sunt numeroase și descoperirile, plăcute, prin vene ni se revarsă opioide: „Yesss, lumea mă iubește!" Sau: „Uite ce drăguuuuuuță e pisicuța asta!"

Dar până să ne dăm seama, ne obișnuim să ne cufundăm, cum avem un minuțel liber, în rețelele sociale. Cum apare o secundă în care nu avem ce face, mâna se întinde spre smartphone. Și cu cât ne stimulăm mai des creierul în acest fel, cu atât mai repede trebuie să apară noi stimuli interesanți.

În același timp, valul de informații, statusuri actualizate și boluri de smoothie este atât de mare, încât e imposibil să înregistrăm totul. Imediat ni se creează sentimentul că trebuie să fim permanent online, să postăm regulat ceva nou – ca să vedem totul și ca lumea să nu ne uite.

În plus, începem inevitabil să ne comparăm cu cei pe care îi vedem online. Iar în lumea filtrelor colorate și atenuatoare de asperități, viețile lor arată imediat mult mai lipsite de defecte și mai interesante decât a noastră. Micul spirit fomo ne șoptește la ureche: „Ia te uită, ăștia se distrează mult mai bine, au mai mulți prieteni și clar boluri de cereale mai drăguțe decât ale noastre! Și în altă ordine de idei: dacă vrei să ai și tu așa un fund, poate ar fi mai bine să renunți la ciocolată." Norocosul e cel care se poate distanța de asemenea gânduri, însă mulți se simt foarte apăsați de ele. Vor să țină pasul și se simt obligați să publice la rândul lor orice nimic (sigur, în lumina potrivită și din partea cu ciocolata). Deodată ne trezim că gândim fiecare scenă a zilei în posibile postări, elemente ale unei povești și hashtaguri – adevărata trăire a momentului: trecută. Lucrurile pot ajunge până acolo încât oamenii să-și imagineze întâmplări și să pretindă că se află în alt loc decât unde sunt în realitate. Cunosc oameni care postează pe Instagram că zboară într-un loc interesant – la o plajă selectă sau la o festivitate de premiere – și un pic mai târziu îi întâlnesc la magazin la raftul de brânzeturi.

Penibil.

Și dramatic, dacă cineva se simte obligat să facă așa ceva.

Mai sunt alții care se simt atât de inferiori din cauza vieții strălucitoare și a multelor like-uri ale celorlalți încât trec regulat prin crize existențiale. Dacă așteptarea bucuroasă a dopaminei nu este urmată de recompensă, ci o postare laborioasă care pune accentul pe strălucire nu are parte decât de o inimioară singură și mică, rezultatul este o frustrare chinuitoare. Cine se lasă înghițit de asemenea sentimente rămâne singur cuc și trist în fața ecranului strălucitor. Și ca reacție la asemenea lucruri mulți stau și mai mult online în loc să-și petreacă timpul cu prieteni „adevărați". Sentimentul că ești singur, că nu ești iubit și lipsa satisfacției se amplifică și astfel se formează un cerc vicios.

O statistică din 2017 a arătat că 47% dintre utilizatorii de smartphone suferă de fomo. Și că apariția fenomenului este legată de o mai mică încredere în sine, o mai mică satisfacție față de sine, de griji și disperare.

Dar cum vă dați seama că suferiți de fomo? În acest scop, unul dintre cei mai mari specialiști în privința problemei, Andrew Przybylsi, de la Universitatea Oxford din Anglia, a conceput o *fear of missing out scale*, adică un chestionar fomo pentru stabilirea diagnosticului. Psihiatrul Manfred Spitzer de la clinica universitară din Ulm, care a scris printre altele cărți interesante despre creier, gândire și efectele timpului petrecut în fața ecranului asupra psihicului nostru, l-a tradus în germană.

Dacă la cele mai multe dintre întrebările următoare răspundeți afirmativ, este un indiciu că micul duh sâcâitor v-a luat deja în stăpânire.

1. Mă tem că alții au experiențe mai satisfăcătoare decât mine.
2. Mă tem că prietenii mei au experiențe mai satisfăcătoare decât mine.
3. Mă neliniștește să aflu că prietenii mei se distrează fără mine.

4. Devin anxios când nu știu ce au de gând să facă prietenii mei.
5. Este important să înțeleg glumele prietenilor mei.
6. Uneori mă întreb dacă nu pierd prea mult timp ca să aflu ce se întâmplă pe moment.
7. Mă supără dacă ratez o ocazie să mă întâlnesc cu prietenii.
8. Când îmi merge bine, este important pentru mine să descriu ce fac online (de pildă să îmi actualizez „starea" - „status").
9. Mă supără dacă ratez o întâlnire.
10. Și când sunt în concediu urmăresc în continuare ce fac prietenii mei.

Nu meriți timpul meu - phubbing

Deși fomo reflectă de fapt nevoia noastră de a avea mai multe legături cu ceilalți, poate să pună în pericol prieteniile noastre „analoge". Ce vreau să spun: mi se pare o prostie să mă apuc de acum să le pun ștampila de fomo tuturor celor care, de pildă, stau împreună la cafenea cu telefoanele în mână sau să decretez că au o legătură patologică cu telefonul. Aparatele acestea fac de acum parte din viața de zi cu zi - și probabil nu vom înceta să ne arătăm fotografii sau să ne comunicăm ce am mai descoperit -, asta nu este maladiv. Dar dacă cel din fața mea dispare constant în telefon și nu mai este cu adevărat prezent, este un comportament de-a dreptul lipsit de respect și jignitor. Dacă atitudinea lui îmi spune direct: „Nu meriți toată atenția mea." Și pentru aceasta există un cuvânt: „phubbing", o combinație între *phone* și *snubbing* - adică

„telefon" și „a respinge pe cineva". Sunt studii care au arătat că phubbingul poate fi dăunător pentru satisfacția de cuplu și te poate face nefericit. Și îți rupe de-a dreptul inima când părinții nu-și dau seama când copiii lor încearcă să le atragă atenția. Când niște ochișori dulci privesc către fețe inexpresive de smombie, scăldate în lumină albastră. (Știți, „smombie" e prescurtarea de la „smartphone-zombie").

Frumosul titlu al unui studiu despre această problemă este: *My life has become a major distraction from my cell phone* – adică: „Viața mea a ajuns să mă distragă foarte mult de la telefonul mobil". Și, într-adevăr, unii așa simt: dacă se tem că cineva s-ar putea plânge de cât de mult folosesc smartphone-ul, preferă să anuleze o întâlnire.

Dependența de smartphone

Și cu aceasta suntem pe drumul direct spre dependența de smartphone, pentru care, de altfel, fomo reprezintă unul dintre factorii de risc. Până acum nu există un diagnostic oficial de „dependență de smartphone", dar în lumea științifică sunt discuții animate pe această temă. Printre simptome se numără cele obișnuite ale dependențelor: cei afectați nu mai țin sub control folosirea telefonului mobil, se gândesc mereu la el și dorința lor de a-l folosi le copleșește pe toate celelalte. Se refugiază din fața problemelor de zi cu zi în lumea virtuală, ceea ce le provoacă greutăți în domeniul profesional și / sau social și suferă de „nomofobie". Un alt cuvânt compus simpatic, care vine de la *no mobile phobia* și descrie teama de a fi undeva fără telefon mobil. Semnul care arată că bateria este pe terminate, un E de la „EDGE", absența liniuțelor de semnal sau interdicția de a folosi telefonul provoacă nervozitate și proastă dispoziție, cu palpitații și bufeuri de transpirație. Cei afectați pot chiar să aibă manifestări tipice sevrajului dacă nu reușesc să ajungă la telefonul mobil. Un sondaj la care au participat peste 2 000 de britanici a arătat că unul din doi suferă de nomofobie și, din cauza acestor temeri, nu își închide niciodată telefonul mobil. Într-un studiu american, două treimi dintre utilizatori au spus că dorm cu sau lângă smartphone, o treime răspunseseră măcar o dată la telefon în timpul unei relații intime și o cincime preferau să iasă din casă desculți decât fără smartphone.

În cazul în care unul dintre aceste comportamente vă sună cunoscut – puteți verifica pe net dacă tindeți și voi să aveți o atitudine care seamănă a dependență (de pildă pe pagina: molekulare-psychologie.de/smartphone-addiction.de).

În tot cazul, diagnosticul pus în baza unor asemenea chestionare este discutabil – pentru că există marele pericol de a socoti ca patologice lucruri firești din viața de zi cu zi.

Și cercetarea în privința creierului încearcă să dea de capul fenomenului utilizării problematice a telefonului mobil (care, între timp, a devenit un termen de specialitate psihologic recunoscut aproape de toată lumea): studiile cu RMN au arătat, de pildă, că utilizarea intensivă a platformelor sociale este asociată cu un volum mai mic al nucleului accumbens, inima sistemului nostru de recompense, și al cortexului cingular anterior. Ar putea fi un semn care să arate că sistemul de recompense are nevoie să fie stimulat tot mai des pentru a produce aceeași cantitate de dopamină și deci de excitație plăcută – un semn al dependenței. Și știm: avem nevoie de un cortex cingular puternic pentru a controla atitudinile impulsive și de tipul dependențelor. Ce nu pot spune aceste studii este dacă modificările creierului sunt consecința sau cauza utilizării problematice a telefonului mobil.

Asemănător arată lucrurile și în următorul caz: numeroase studii demonstrează existența unei asocieri între folosirea exagerată a internetului și tendința spre depresii și anxietate. Și aici apare întrebarea dacă mai întâi a fost oul sau găina: utilizarea excesivă a smartphone-ului te face să fii depresiv și anxios sau persoanele depresive tind, mai mult decât altele, să se piardă în lumea rețelelor sociale.

Demență digitală la 13 ani

Observații mai îngrijorătoare ne vin din Asia. În Coreea de Sud, de pildă, în jur de 98% dintre adolescenți au smartphone și unul din trei copii între 13 și 19 ani este socotit „prea dependent" de telefonul mobil. Asta înseamnă că atitudinea acestor copii are consecințe serioase: sunt online zi și noapte, au tot mai des tulburări de memorie, atenție și concentrare și sunt tociți emoțional. Diagnosticul oficial al medicilor în asemenea cazuri este următorul: demență digitală. Așadar eficiența cognitivă a tinerilor creieri este la nivelul celei a unui om cu o afecțiune cronică degenerativă a creierului.

Guvernul a înființat deja tabere în care cei afectați pot face o cură de dezintoxicare digitală supravegheată. În plus, se încearcă limitarea „de sus" a utilizării de smartphone pentru fiecare cetățean.

Dramatice sunt și rezultatele unui studiu din China, în care au fost comparați creierii unor studenți dependenți de internet, care își petrec cea mai mare parte a zile în fața ecranului, cu cei ai unor studenți care nu sunt dependenți. La toți utilizatorii intensivi, oamenii de știință au observat o scădere a materiei cenușii, deci moartea celulelor nervoase. Cu cât dependența de internet era mai veche, cu atât mai puternice erau modificările creierului.

Acum, utilizatorii intensivi stăteau mult mai mult online decât germanul mediu - între 9 și 13 ore pe zi, cum or face asta? Și cu toate acestea: și la noi, 100 000 de copii și tineri sunt socotiți dependenți de platformele sociale. Și oare simplul fapt că a te holba la ecran *poate* avea asemenea consecințe nu este suficient ca să ne gândim la o limitare a timpului de utilizare? Mai ales în ceea ce-i privește pe copii, ai căror creieri sunt încă în proces de dezvoltare și foarte vulnerabili. Studiile arată clar, că mai mult timp petrecut în fața ecranelor - cu telefonul mobil, tableta sau în fața televizorului în egală măsură - duce la copii la rezultate mai slabe la învățătură și la testele de gândire, precum și la o dezvoltare întârziată a vorbirii. Și asta indiferent dacă este vorba despre conținuturi „valoroase din punct de vedere pedagogic". Printre pediatri există de aceea o vorbă răspândită: „Fără ecran până la trei!" (Pentru că mi s-a pus de mai multe ori întrebarea: nu este vorba despre ora trei după-amiaza, ci despre primii trei ani de viață ai copilului.) Și adulții care stau mereu în fața ecranului au probleme mai mari când trebuie să se concentreze pentru a aduce la îndeplinire diferite sarcini. În plus, mai ales dacă navighează mult pe platformele sociale, sunt mai nemulțumiți. Același lucru îl spune și rezultatul unui studiu, în cadrul căruia tineri adulți s-au limitat timp de trei săptămâni la a sta treizeci de minute pe zi în total pe Facebook, Instagram și Snapchat. După aceea s-au simțit mai puțin deprimați și mai puțin singuri decât participanții din grupul pentru comparație, deși aceștia au avut voie să se „conecteze" nelimitat cu alții pe rețelele sociale. Dar aceste legături făcute din biți și bytes nu se compară cu cele din carne și oase. În plus, cei care au ținut „dieta digitală" au precizat că le-a făcut bine să se compare mai puțin cu ceilalți.

Un experiment gigantic

Așadar cercetarea legată de fomo și de utilizarea problematică a telefonului mobil ajunge la o mulțime de rezultate îngrijorătoare. Cu toate acestea, este de remarcat, pentru a stabili o limită, că până acum nu avem studii concludente pe termen lung. De aceea întrebarea cu oul și găina rămâne în picioare și nu este lămurit definitiv din ce moment folosirea smartphone-ului sau fomo pot fi încadrate la comportamente bolnăvicioase. La fel, nu putem spune încă dacă nu cumva smartphone-ul nu face decât să amplifice o tendință deja existentă: dacă nu cumva îi fac pe cei singuri să se simtă și mai singuri, pe cei triști, mai depresivi, pe cei curioși, mai isteți și poate pe cei comunicativi, mai iubiți.

Este de asemenea perfect plauzibil ca utilizarea telefonului și fenomenul fomo să aibă consecințe pe termen lung asupra creierului, a capacităților cognitive, a relațiilor și a modului în care percepem viața. Într-o anumită măsură suntem cu toții parte a unui experiment gigantic.

După părerea mea, ar trebui să fim cu toții conștienți de potențialele consecințe. Ca să nu ne trezim peste treizeci de ani că e prea târziu să ne mai schimbăm comportamentul. Este urgent să nu mai folosim smartphone-ul în trafic – la volan și pe bicicletă sau pe jos, când traversăm strada sau șinele. Ca să știm că așa ceva poate fi mortal nu avem nevoie de studii științifice.

În toate celelalte privințe, cred că nu are rost să diabolizăm telefoanele mobile și progresul tehnologic - este greu să ne imaginăm viața fără ele în lumea noastră. Dar ceva mai multă (iat-o din nou) atenție la sine în folosirea lor cu siguranță nu ne strică.

Asta înseamnă: să analizăm critic cât timp petrecem de fapt cu telefonul mobil, ce sentimente declanșează în noi faptul că suntem permanent online și dacă, inconștient, nu avem față de viață o atitudine de tip phubbing. Și un lucru este clar: niciunul dintre prietenii noștri nu merită să-i acordăm mai puțină atenție decât ecranului telefonului mobil!

Dacă rețelele sociale vă captivează prea mult și chiar vă fac nefericiți, soluția ar putea fi la doar un clic distanță: dacă vedeți online persoane ale căror conținuturi vă fac constant să vă simțiți frustrați, renunțați să le mai urmăriți. Cu siguranță nu o să vă lipsească starea de invidie sau de enervare. Țineți-vă în schimb aproape de oameni care vă motivează și vă inspiră. Și de cei care vă susțin. Știu din proprie experiență: susținerea din mediul online poate cu siguranță să te ajute și să te motiveze (mulțumesc!), iar prieteniile digitale nu sunt rele în sine. Și aici este vorba despre doză.

Deconectați-vă de la toate anunțurile nedorite.

Și dacă vă faceți griji că stați prea mult pe platformele sociale: cele mai multe aparate noi oferă posibilitatea de a primi, printr-o aplicație, o „semnalizare a folosirii excesive", după un anumit timp.

Putem să le declarăm conștient război obiceiurilor neplăcute.

Și în cele din urmă ar trebui să fie limpede pentru toată lumea că lucrurile făcute cu oamenii dragi din lumea analogă sunt de o mie de ori preferabile oricărui lucru din online. Eu, cel puțin, sunt destul de sigură: la sfârșitul vieții, când vom privi în urmă, cu siguranță nu ne vom spune: *Ehei, ce frumos era pe vremuri, când stăteam mereu cu ochii în mobil.*

La revedere, fomo, salut, jomo!

De curând a apărut și o contraofensivă la fomo care mie mi se pare extraordinară și pe care de curând *New York Times* a transformat-o în tendință la modă: se numește „jomo" – *joy of missing out*. Adică *bucuria* de a rata lucrurile *corecte* – ca stresul nociv, suprasolicitarea, concurența sau utilizarea în exces a tehnicii digitale – și de a nu face, eventual, din când în când, *nimic*. De a te deconecta și de a savura deplin momentul cu o prietenă sau la o cină romantică la lumina lumânărilor sau singur.

Zis și făcut: îmi setez mobilul pe modul zbor, îmi așez mai bine pătura de lână și mă uit foarte mulțumită la *Grey's Anatomy*. Lumea din afară poate să se învârtă liniștită și fără mine o vreme.

La revedere, fomo, bun-venit, jomo!

G

F

Fac spume!

Când fierbi de furie

Cu câteva săptămâni în urmă am fost martora unei scene incredibile. Era o după-amiază de joi, în spatele unui magazin universal din Piața Hermann din Berlin, la ora de vârf. Peste tot mișunau oamenii cu coșurile de cumpărături pline, la bancomate și case erau cozi lungi și în parcare nu era niciun loc liber. Cu toate acestea, dinspre strada principală tot veneau mașini în zonă. Printre șoferi, un bărbat de vreo patruzeci de ani, ușor corpolent, care și-a parcat mașina break roșie în al doilea rând, în spatele unei familii care tocmai își încărca în portbagaj cumpărăturile pentru o săptămână. Omul pornise avariile și aștepta să ocupe locul ce urma să fie lăsat liber de familia care mai avea ceva până termina. Nerăbdător, bătea darabana cu degetele pe volan și se foia în scaun. Dar, în cele din urmă, și ultimul borcan de iaurt a fost pus în spațiul pentru cafea, cărucțul dus la loc și copiii cu centurile puse – iar mașina a ieșit de pe locul de parcare. În clipa în care bărbatul a vrut să pornească, un Smart a țâșnit pe lângă el și, țuști, direct pe locul de parcare după care tânjea. Din Smart a ieșit bine dispus un tip tânăr și zvelt – chiar părea mult prea înalt pentru un Smart – și a pornit-o spre magazin. Între timp, bărbatul din breakul roșu sărise în sus, trântise portiera în urma lui și se aruncase spre tânăr.

— Ție nu ți-e bine! a strigat. Ăla e locul meu!

Bărbatul era roșu, scutura din mâini și din picioare ca un copil care nu și-a primit înghețata și pe frunte i se vedea o venă care parcă stătea să plesnească. Spre surprinderea mea – mie mi-ar fi fost groaznic de frică de mânios –, tânărul nu a fost deloc impresionat.

— No, din câte văd eu, acolo e mașina mea. Deci aș zice că e locul meu.

Și, cu un zâmbet pe cât de fermecător, pe atât de relaxat, s-a îndreptat din nou spre magazin. Atât i-a trebuit ghinionistului din breakul roșu.

— Vino-ncoa, bă, $&!?&%! Îți dau una-n gură!

A urmat un potop de înjurături cum n-am mai auzit până atunci, nici ca număr, nici ca diversitate. Cu pași mari și grei, cu nările umflate și dinții rânjiți, a pornit hotărât în urma tipului. Până la urmă, pe acesta îl ajunseseră insultele, zâmbetul îi înghețase și s-a întors:

— Ce-ai zis?! a strigat.

Ochii atacatorului au scăpărat vioi. Cu un amestec neliniștitor de agresivitate și plăcere, a șuierat:

— Ce-ai înțeles. Îți dau o bucată de nu te vezi! și s-a pregătit într-adevăr să lovească.

Celălalt a ripostat imediat, s-au luat la îmbrânceli, devenind tot mai agresivi. Dacă situația nu ar fi părut atât de periculoasă, aș fi râs de absurdul ei. Tot mai mulți oameni se opreau să urmărească spectacolul – și câțiva băieți vânjoși s-au băgat între ei și i-au despărțit pe luptători.

— Oameni buni, nu e decât un loc de parcare, nu-i spargi capul omului pentru atâta lucru!

Și unul a aruncat:

Hai
odată!!!

— Ies eu acum oricum, omule, ia locul meu.

Cei doi cocoși i-au lăsat pe ceilalți să-i despartă și încet-încet au fost convinși să renunțe la scopul lor inițial, de a-l face bucăți pe celălalt. Bărbatul din break s-a așezat gâfâind pe bordură, iar celălalt a profitat de ocazie ca s-o șteargă. Mamă-mamă. N-am mai văzut în viața mea o imagine atât de clară a unor oameni care să fiarbă de furie. Din cauza unui loc de parcare!

Așa este furia. Când ajunge să fiarbă în noi, este cumplit de greu să o mai controlezi. Vedem roșu, suntem orbi, ne ieșim din fire.

Dar ce se întâmplă de fapt în noi când ajungem să fim controlați de această emoție pătimașă?

Mecanismele furiei sunt rude apropiate ale celor ale fricii și temerii: dacă, de pildă, ochii noștri observă în depărtare un dușman de moarte, informația gonește prin talamus până la cortexul vizual și la amigdala cerebrală. Aceasta din urmă face - după cum știm - ca întregul organism să treacă brusc în stare de alertă, iar cortexul prefrontal - cea mai înaltă autoritate de control - se activează. Evaluează, pus sub presiune: cât de periculos este acest dușman? Cum pot să scap de el? La RMN se văd următoarele: procesul decizional este însoțit de o activitate sporită în cortexul prefrontal. Dacă însă amenințarea se apropie, această activitate din prozencefal scade din nou. Odată cu scăderea distanței față de dușman, alte zone ale creierului, mai vechi din punct de vedere filogenetic, responsabile pentru un comportament mai impulsiv, preiau controlul: amigdala, hipotalamusul, cortexul insular și substanța centrală cenușie. Simțim teama și corpul declanșează reacția luptă-sau-fugă. Dacă socotim că mai avem o șansă să scăpăm, fugim ca să rămânem în viață. Dacă dușmanul este însă atât de aproape încât nu are rost să o luăm la fugă, a sosit vremea pentru furie. Atunci teama se transformă în agresivitate și corpul nostru se conectează la „viteza luptă" din reacția luptă-sau-fugă. Nervul simpatic se declanșează, hipotalamusul activează axa de stres și totul din noi se transferă pe modul insane-button. Pregătindu-ne pentru luptă, inima bate mai tare, tensiunea crește, venele din gât pulsează, strângem pumnii și ne încingem – pe scurt: fierbem de furie.

Informații suplimentare: furia nu înseamnă agresiune
Ca să lămurim terminologia: în limbajul curent, furia și agresivitatea sunt folosite uneori aproape ca sinonime – însă ar trebui să facem deosebirea dintre ele. Furia este o emoție, agresivitatea este un comportament, care rezultă cel mai adesea din furie. Concret, agresivitatea este definită ca orice comportament care are ca scop să-i provoace direct sau indirect pagube altui om (sau chiar sieși). Furia o putem folosi însă și constructiv, interpretând-o ca pe un motor al schimbării.

Astăzi, din fericire pentru noi, nu mai este decât rar vorba despre viață și moarte, însă continuăm să simțim furie în situațiile de care dorim să scăpăm, pentru că sunt neplăcute. Deci ca reacție la o experiență frustrantă (ăla mi-a furat locul de parcare!), la o jignire („bă, $&!?&%!") sau chiar la durere. Prin lovitura propriu-zisă primită în față sau prin cea simbolică – doar știm: durerea fizică și cea socială activează aceleași zone ale creierului și declanșează comportamentul de apărare, respectiv furia.

Rețeaua furiei

Psihologul Rongiun Yu și colegii lui de la University of Cambridge au vrut să știe ce se întâmplă în creier când simțim frustrare. În acest scop, au pus 27 de bărbați sănătoși în aparatul de RMN și i-au chinuit. Urmau să joace un joc. La început, pe un ecran li s-a arătat o monedă de două lire, pe care eventual o puteau câștiga, și apoi numărul de runde pe care ar fi trebuit să-l joace. Apoi au pornit-o: pe ecran au apărut săgeți, de tipul „>>>" sau „<<<". Cât se poate de repede, în cel puțin 500 de milisecunde (adică o jumătate de secundă), participanții trebuiau să indice, apăsând pe un buton, care era direcția săgeților (la dreapta sau la stânga). În timp ce jucau, puteau vedea câte runde mai urmau, în plus, pe ecran moneda de două lire se făcea tot mai mare, pe măsură ce se apropiau de final și deci de potențialul câștig. Dacă la sfârșitul unei runde aveau majoritatea răspunsurilor corecte, pe ecran apărea cuvântul „Câștigat!". Dacă apăsaseră greșit sau prea târziu, apărea „Blocat!" – pierduseră runda. La sfârșitul unei runde, computerul mai întreba: „Câștigat sau blocat?", iar participanții trebuiau să confirme apăsând pe buton rezultatul jocului. Ce nu știau: nu aveau nicio influență asupra rezultatului jocului. Era stabilit de la început că aveau să piardă mai des decât să câștige – și asta mai ales dacă runda era deja deosebit de lungă, iar câștigul foarte aproape.

La sfârșit, oamenii de știință i-au întrebat pe participanți ce simțiseră în timpul jocului și au comparat răspunsurile cu imaginile RMN. Rezultatul: în timpul fiecărei runde, sistemul de recompense al bărbaților se declanșase. Și devenise cu atât mai puternic, cu cât se simțeau mai siguri pe drumul spre victorie – se simțeau motivați, iar acest lucru le accelera reacțiile.

Dacă însă la sfârșitul jocului le apărea în fața ochilor inscripția „Blocat!” și rămâneau cu mâinile goale, amigdala (semnalul nostru de alarmă) activa hipotalamusul (cârmaciul sistemului nervos autonom), cortexul insular (percepe în primul rând ce se întâmplă în interiorul nostru și transmite empatia) și substanța cenușie centrală (activează diferite reacții comportamentale și poate alina durerea). Deci exact zonele care se luminează când trebuie să ne apărăm de un dușman. Această „rețea a furiei” era cu atât mai activă, mai strălucitoare, cu cât participanții jucaseră timp mai îndelungat, adică: cu cât munciseră mai mult și se apropiaseră mai mult de câștig – și la sfârșit tot fuseseră dezamăgiți.

Informații suplimentare: motivație și frustrare
Rezultatul experimentului corespunde de altfel cu studiile despre motivație: aceasta crește pe măsură ce ne apropiem de un câștig sau de un obiect dorit (un loc de parcare, de pildă) și cu cât am făcut eforturi mai mari pentru a-l obține (când am așteptat mult, până când familia a băgat și ultimul borcan de iaurt în mașină). Cu cât este mai mare motivația noastră în privința unui țel, cu atât mai tare ne înfuriem și cu atât mai frustrați suntem dacă nu ajungem la el. Și cu atât mai multă energie mobilizează reacția rezultantă de luptă-sau-fugă în corpul nostru.

Același lucru este demonstrat de experimentele cu șobolani: animalele legate în apropierea unui loc cu hrană trag mult mai tare de ham decât cele ținute legate mai departe de locul cu hrana dorită.

În același sens, participanții la studiu le-au relatat oamenilor de știință că tot contextul „joc lung, câștig aparent sigur, motivație ridicată – și deodată semnalul Blocat!" i-a umplut de o doză suplimentară de frustrare și furie. Este semnificativ că atunci au izbit cu mai mare putere butonul cu care au trebuit să-și confirme eșecul după rundă.

Un comportament tipic omenesc: ne revărsăm energia agresivă pe obiecte neînsuflețite. Trântim uși în urma noastră sau izbim cu piciorul în pământ, unii fac chiar găuri cu pumnul în perete.

Apoi, într-o a doua rundă, jucătorii puteau câștiga diferite sume de bani. Nicio surpriză: cu cât era mai mare suma, cu atât creștea motivația și cu atât mai dureroasă frustrarea când jucătorii pierdeau la limită.

Cu cât ne dorim mai mult o promovare sau cu cât este mai important cineva pentru noi, cu atât mai mult o luăm razna de furie când șefa ne refuză sau când ne certăm cu persoana iubită.

Legăturile sunt aceleași la toți oamenii – sunt sigură că le înțelegeți.

Dar de ce unii explodează doar din cauza unui loc de parcare sau a unui semafor roșu, în timp ce alții par să aibă o atitudine relaxată, zen, cu care plutesc peste cele mai enervante situații?

Cum ne cârmuiește creierul comportamentul social și moral

În imaginile RMN ale jucătorilor se mai vedea și o altă zonă a creierului cu activitate peste normal: cortexul cingular anterior. Îl cunoaștem și știm: face parte din cortexul cerebral, care aparține de sistemul limbic. Lucrează mână în mână cu cortexul prefrontal, etajul direcției din creierul nostru. Împreună au o influență modelatoare asupra diferitelor emoții. De pildă putem controla cu ajutorul lor teama și stresul. Și influența lor modelatoare joacă un rol deosebit de important în privința furiei și a comportamentelor antisociale. Indicii importante despre cât de cuprinzătoare este această influență ne-au venit în trecut printre altele dinspre poveștile tragice ale unor pacienți care suferiseră leziuni pe creier în urma unui accident sau a unei lovituri.

Cazul cu siguranță cel mai cunoscut este spectaculoasa dramă a lui Phineas Gage. Povestea lui funestă a oferit neurologiei descoperiri deschizătoare de drum pe mai multe planuri: în primul rând, până atunci întregul cortex cerebral era socotit a fi o unică masă omogenă, fără funcții diferențiate. Multă vreme s-a crezut că este un fel de strat protector al creierului – cum ar spune și numele, „cortex", respectiv „scoarță". Iar pe de altă parte exista convingerea unanimă că gândirea și sentimentele au loc absolut separat în zone diferite ale creierului, că ar fi vorba despre două funcții ale creierului, aflate în concurență: pe de o parte cunoașterea, ca sistem rațional și precis de evaluare și decizie, iar pe de alta emoțiile, ca sistem mai vechi din punctul de vedere al evoluției, mai impulsiv și chiar animalic. Un amestec al proceselor asociate era pe atunci, mai ales în secolul al XIX-lea, de neconceput – și așa a rămas până cu puține decenii în urmă. Faptul că ambele premise științifice erau greșite avea să fie demonstrat în mod impresionant de cazul Phineas Gage.

Lucrătorului feroviar în vârstă de 25 de ani i-a fost încredințată în 1848 sarcina de a nivela terenul pentru o nouă cale ferată în munții din Vermont, SUA. În acest scop, el și colegii lui au realizat explozii controlate. Forau găuri în stâncă, le umpleau cu praf de pușcă și nisip, le îndesau bine cu o rangă grea de fier în pământ și, în cele din urmă, aprindeau fitilul – după care se puneau cât de repede la adăpost. Gage era cunoscut ca fiind rutinat și de încredere, știa exact ce face. Însă pe 13 septembrie 1848 ceva nu a mers. Ceva trebuie să-l fi distras pe tânăr: a uitat să pună nisip într-una din găuri, a luat ranga de fier și a împins-o direct în praful de pușcă. Ranga s-a frecat de stâncă, au sărit scântei și – bum! – explozia a propulsat ranga de fier lungă de un pic peste un metru și groasă de trei centimetri prin obrazul drept al lui Gage, prin craniu și prin creier, după care a mai zburat vreo doi metri. Rănitul s-a prăbușit, însă după câteva clipe și-a recăpătat cunoștința. Ca prin minune, putea să meargă, să vorbească, ba chiar să descrie exact cum avusese loc accidentul.

A fost tratat de medici și și-a revenit. La început părea că singura pagubă pe termen lung era că își pierduse ochiul stâng – aptitudini ca percepția, memoria, inteligența, vorbirea și mișcarea erau absolut intacte. După puțin timp s-a constatat însă că și personalitatea lui Gage dispăruse.

Înainte de accident fusese cunoscut ca un om la locul lui, atent și prietenos. Acum devenise deodată lipsit de respect, nerușinat și jignitor. Bărbatul cândva loial, săritor și responsabil nu mai respecta convențiile sociale, avea o atitudine schimbătoare, impulsivă și antisocială. Descriind schimbarea de personalitate, medicul lui, John Harlow, spunea că era ca și cum și-ar fi pierdut echilibrul între capacitățile intelectuale și tendințele animalice. Cunoscuții descriau experiența pur și simplu astfel: „Gage nu mai era Gage." Ca urmare, prietenii s-au îndepărtat de el, a fost concediat și a rătăcit ani întregi de colo colo, singuratic și fără țel. A murit după doisprezece ani, îngrijit de familie, de un atac de epilepsie. Dacă accidentul tragic ajunsese cu litere mari pe primele pagini ale ziarelor, moartea lui a trecut aproape neobservată.

Medicul lui Gage a scris un raport științific despre cazul tragic și modificările de personalitate, care trebuiau să fie legate într-un fel sau altul de zona frontală a creierului – dar pe atunci explicațiilor lui Harlow nu li s-a acordat mare atenție. În același timp Paul Broca și Carl Wernicke au scris despre observațiile lor, conform cărora anumite zone ale cortexului cerebral ar fi responsabile pentru vorbire și abilitățile motorii. O concluzie pe care o trăseseră de asemenea în urma observării manifestărilor provocate de eșec ale pacienților cu leziuni pe creier. În timp ce aceste descoperiri au fost socotite revoluționare și de mare însemnătate pentru știință (ceea ce, fără îndoială, și erau), descrierea lui Harlow a fost așadar neluată în seamă. Cu toate că vorbea despre faptul nu mai puțin fascinant că o zonă a creierului ar putea fi responsabilă pentru comportamentele sociale și morale, ba chiar pentru formarea personalității.

De ce aceste lucruri nu interesau pe nimeni?

Pe de o parte pentru că ideea că ar exista un corespondent neurologic pentru rațiune și competență socială pur și simplu nu se potrivea cu atmosfera intelectuală a perioadei respective – ambele atribute țineau strict de domeniile religiei și eticii, iar o explicație biologică părea o blasfemie.

Din acest motiv trupul și spiritul au rămas încă multă vreme despărțite formal (efectele se simt până astăzi în sistemul medical), ca și raționalitatea și emoțiile – gândirea și sentimentele.

Pe de altă parte, lui Gage nu i se făcuse autopsie, deci lipsea baza pentru concluziile științifice ale lui Harlow. Pentru că Gage murise uitat de opinia publică, John Harlow aflase pur și simplu prea târziu. Când a aflat în cele din urmă, la șase ani după moartea lui Gage, în 1866, o autopsie concludentă pur și simplu nu mai era posibilă. Dar i-a rugat familia să accepte să fie exhumat, iar în cele din urmă, craniul lui Phineas Gage și ranga de fier sunt păstrate la muzeul de la Harvard Medical School.

Până când, la începutul anilor 1990, un grup de neurologi de la Universitatea Iowa a avut ideea să studieze craniul cu ajutorul metodelor imagistice moderne. Este vorba despre António Damásio, unul dintre cei mai proeminenți cercetători în domeniile conștiinței și emoțiilor din vremurile noastre, soția lui, Hanna Damásio și alți colegi, a căror principală preocupare pe atunci era să atribuie diferitelor părți ale cortexului cerebral funcții specifice. Familia Damásio studiase în anii anteriori alți doisprezece pacienți care după o leziune a părții frontale a creierului dezvoltaseră simptome foarte asemănătoare cu ale lui Phineas Gage. După accidente, toți rămăseseră inteligenți, puteau să se folosească de cunoștințe complicate și să rezolve probleme abstracte. Dar le dispăruseră sentimentele. Nu mai puteau să se pună în locul altor oameni, nici să aprecieze consecințele propriilor acțiuni. Și, astfel, le devenise imposibil să ia cele mai simple decizii, ca să nu mai vorbim de crearea unor relații sociale.

Neurologii au reconstituit accidentul lui Phineas Gage și au reușit să-i localizeze exact leziunile. Acum nu mai exista nicio îndoială: ranga de fier trecuse prin zonele frontale mediane ale ambelor jumătăți ale creierului, aflate chiar în spatele frunții. Astfel distrusese pe ambele părți cortexul prefrontal și părți ale cortexului cingular anterior. Deci zonele cortexului cerebral responsabile cu emoțiile și controlul impulsurilor.

Prin studiul aprofundat al cazului Gage și al experienței cu ceilalți pacienți cu leziuni asemănătoare, António Damásio a oferit observații deschizătoare de drumuri pentru neurologie și în general pentru cunoștințele noastre despre originile personalității și moralei. Astfel, a arătat că la formarea personalității noastre participă în mod categoric un corespondent anatomic din creierul nostru și că deciziile nu sunt posibile fără sentimente. Așadar că nici trupul și spiritul, nici raționalitatea și emoția nu pot fi despărțite absolut între ele. Și a subliniat rolul important jucat de cortexul prefrontal în controlul agresivității. Dacă nu este intact, consecința este o iritabilitate sporită, până la ciudățenii de comportament, care seamănă cu ale psihopaților antisociali.

Reacția de scurtcircuit

Această ultimă observație a fost confirmată în ultimii ani prin numeroase alte studii. Astfel, de pildă, într-un studiu, la ucigașii care omorâseră fără premeditare, din furie impulsivă, s-a observat o masă diminuată a creierului în cortexul prefrontal și o comunicare redusă între acesta și sistemul limbic. Același lucru, alături de o amigdală hiperactivă, a fost observat la bărbații care își bat soțiile.

Sunt exemple extreme, dar, per total, devine limpede: pentru controlul furiei și agresivității este decisiv un echilibru delicat între emoțiile care cresc impulsiv din sistemul limbic și cortexul prefrontal. Dacă apare un dezechilibru, devenim iritabili și impulsivi. Și ne vine mai greu să evaluăm corect costurile și folosul unei ieșiri agresive. Astfel crește riscul unor izbucniri de furie exagerate.

Cunoaștem din viața de zi cu zi procesele care au acest efect – și, odată cu ele, sentimentul că ne fac iritabili. Printre acestea se numără lipsa somnului și excesul de stres. Sunt sigură că toată lumea cunoaște sentimentul scăderii toleranței la necazuri odată cu oboseala. Și că ne enervează în mod deosebit lumina roșie a semaforului, un ambuteiaj sau copiii sâcâitori când suntem deja stresați.

Și mai este un răufăcător care poate să tulbure acest echilibru foarte important: alcoolul. Și el atenuează activitatea cortexului prefrontal – iar acest lucru poate duce în două moduri la un comportament agresiv: după cum știm, amigdala dă imediat alarma, când percepe o amenințare potențială. Atunci cortexul prefrontal trebuie să analizeze situația și să decidă dacă există într-adevăr un pericol sau dacă este vorba despre o alarmă falsă. Dacă însă funcția lui este slăbită din cauza alcoolului, pot apărea greșeli. Așa se poate întâmpla ca seara, într-un bar, să semnalizeze în mod greșit o privire oarecare ca pe un holbat provocator. În mod eronat în cap ia naștere furia omului beat care se simte privit și, prin controlul impulsurilor, slăbit la rândul lui, îi vine greu să se stăpânească.

Furia este (uneori) bună

Cortexul prefrontal, atât de important pentru controlul asupra impulsurilor, este zona creierului care se maturizează cel mai târziu pe parcursul dezvoltării noastre, anume abia la începutul vârstei adulte. Așa se explică de ce copiii cad victime frustrării din cauza unei jucării ce li se ia, a unei înghețate care li se refuză sau a unui dres greșit. Lucruri mărunte pot declanșa izbucniri dramatice de furie, greu de înțeles în intensitatea lor de către adulți (și uneori greu de suportat). Însă cu cât mai mult se diferențiază cortexul prefrontal, cu atât mai bine reușesc copiii să-și controleze sentimentele și să dezvolte un comportament social constructiv complet.

Ca acest lucru să funcționeze, deci ca să se poată forma mecanismele de coordonare ale cortexului prefrontal, copiii trebuie să învețe de la cineva care este comportamentul de dorit. Dacă însă devin victime ale unui comportament agresiv sau îl observă adesea, crește drastic probabilitatea ca și ei înșiși să se comporte agresiv. Noi, adulții, ar trebui așadar să încercăm să nu o luăm razna dacă ne înfurie cineva – ceea ce, de ce să nu recunoaștem, pare din când în când destul de greu. De pildă când copilul urlă ca din gură de șarpe pentru că i-am pus în farfurie *întâi* cerealele și *apoi* laptele, și nu invers.

Așadar: pe de o parte, copiii trebuie să înțeleagă că manifestarea furiei oarbe și a agresivității exagerate nu sunt comportamente potrivite. Aici au deci nevoie să li se pună clar limite. Și, pe de altă parte, legăturile stabile cu persoane iubitoare care să le arate că e în regulă să fii din când în când furios sunt importante. Trebuie să vadă exemplul unor posibilități de a se folosi constructiv de furie.

Nu trebuie în niciun caz să interzicem sau să reprimăm la grămadă orice formă de furie. Căci cu ajutorul ei copiii (și adulții) atrag și atenția asupra lor, când se simt neglijați sau tratați incorect. Este important pentru dezvoltarea încrederii în sine și a unui psihic sănătos să fie ajutați imediat și să simtă că pot contribui și ei înșiși la ameliorarea situației.

Testosteronul răufăcător – sau totuși nu?

Procesele neurobiologice determinante în privința iritabilității și a comportamentului agresiv sunt influențate de numeroși factori. Unul dintre aceștia, mult-discutat, este genul masculin. Bărbații sunt fără îndoială mult mai agresivi decât femeile și mereu această stare de lucruri este atribuită hormonului sexual masculin, testosteronul.

Astfel, mai multe studii au descoperit o legătură directă între testosteron și tendințe foarte agresive, de pildă în cazul infractorilor juvenili. Un exemplu proeminent este dat și de faptul că nivelul de testosteron al deținuților – bărbați și femei – este în legătură cu gravitatea infracțiunii. La un studiu asupra a 692 de deținuți, de pildă, cei care comiseseră infracțiuni sexuale sau cu violență au înregistrat niveluri de testosteron mai ridicate decât ale celor care „făceau pârnaie" pentru furt sau infracțiuni legate de droguri.

Însă nu există studii de amploare care să poată confirma dincolo de orice dubiu legătura cauzală „nivel ridicat de testosteron – comportament antisocial".

În schimb, o teorie răspândită astăzi spune că testosteronul trebuie privit ca un „hormon de statut". În sensul că declanșează tipuri de comportament care îi ajută pe bărbați – și pe femei, de altfel! – să fie apreciați și să obțină o poziție mai bună în societate, în funcție de context. Când ești la concurență sau în luptă cu un seamăn, poate fi vorba despre comportament agresiv, însă în situații mai complexe un nivel ridicat de testosteron poate fi asociat și cu o mai mare generozitate și disponibilitate de a ajuta. De pildă, un șef le poate oferi angajaților un program flexibil de lucru, pentru că știe că îi vor fi recunoscători și îl vor sprijini în calitatea sa de superior. În plus, studii mai noi sugerează că efectul testosteronului asupra comportamentului variază în funcție de dotare genetică și caracteristici personale.

Cu toate acestea, convingerea că testosteronul ar fi „hormonul agresivității" se menține cu încăpățânare. În cadrul unui studiu, oamenii de știință au dat unui grup de femei testosteron și unui altuia un placebo și le-au pus să joace un joc pe bani. La urmă le-au întrebat pe participante: „Ce credeți că v-am dat, testosteron sau placebo?" Este interesant că femeile care crezuseră că primiseră hormonul „masculin" se comportaseră în joc mai agresiv și mai dominant. În realitate însă, femeile cu doza suplimentară de testosteron jucaseră mai corect. De aici se vede foarte bine că ne comportăm adesea în funcție de prejudecăți.

De reținut este că influența complexă a testosteronului asupra comportamentului nu este lămurită în întregime.

Același lucru este valabil pentru serotonină. Cum vom vedea mai în detaliu în capitolul „Sar în sus – Ce este adevărata fericire?", explicația conform căreia o cantitate prea mică din acest neurotransmițător te-ar face trist și agresiv, iar o cantitate mare ar mijloci sentimente înălțătoare și lipsă de griji este prea simplistă. Nu există nicio îndoială că tulburarea nivelului de serotonină poate duce la un spor de agresivitate, însă legătura dintre doză și efect nu este încă clară.

Probabil că, dincolo de conținutul absolut de serotonină, un rol joacă și cantitatea ei în raport cu alți hormoni.

Războinic sau miel cucernic? Cum ne influențează genele agresivitatea

În plus, genele influențează nivelul de iritabilitate sau agresivitate. O descoperire importantă în acest sens este cea făcută de geneticianul olandez Han Brunner la începutul anilor 1990. Acesta observase că mulți bărbați dintr-o anumită familie cu mulți membri aveau tendința să fie deosebit de agresivi. Izbucnirile de furie erau la ordinea zilei, comiteau infracțiuni, de pildă spargeri, violuri, vătămări corporale și tentative de omor și, în mod surprinzător, unii dintre acești bărbați mai erau și retardați mintal. Brunner le-a analizat ADN-ul și a ajuns la concluzia că așa-numita genă MAO-A suferise la ei o mutație. Este o genă moștenită recesiv prin cromozomul X, deci transmisă prin acesta de la mamă. În timp ce fiicele nu aveau simptome sau aveau foarte puține, pentru că aveau un al doilea cromozom X, sănătos, particularitatea se vedea la toți fiii, prin mutație (bărbații nu au decât un cromozom X și un cromozom Y). Gena MAO-A este responsabilă pentru producția de monoaminooxidază A, o enzimă care asigură eliminarea corectă din creier a neurotransmițătorilor dopamină, noradrenalină și serotonină. Știm: toate acestea ne influențează comportamentul. Bărbații studiați nu aveau așadar decât o variantă inactivă a genei MAO-A, ceea ce ducea la o lipsă totală de monoaminooxidază A. Asta däduse peste cap sistemul sensibil al neurotransmițătorilor, iar bărbații dezvoltaseră din această cauză comportamente anormal de agresive.

La puțin timp după acest studiu s-a descoperit că lipsa completă de activitate a acestei gene este deosebit de rară, însă că în populația totală există două variante răspândite ale genei: în jur de 40% dintre oameni au una mai puțin activă, restul una mai activă. În timp ce în creierul persoanelor cu varianta activă mai puternică nu se vede în general nimic ieșit din comun, cea mai puțin activă este asociată cu o amigdală cerebrală hiperactivă și cu un control redus al cortexului prefrontal.

În primă fază aceste descoperiri au produs multă agitație, s-a vorbit despre „gena războinică" și despre faptul că ar fi singura cauză a comportamentului agresiv. Rezultatele cercetării au dobândit relevanță chiar și în domeniul dreptului penal: în 2009, un ucigaș condamnat a avut parte de o pedeapsă redusă pentru că s-a descoperit că avea varianta mai puțin activă a genei MAO-A.

Odată cu noile cercetări științifice a devenit însă clar că asocierea variantă cu activitate redusă a genei MAO-A = criminali violenți, variantă hiperactivă = miei cucernici nu este tocmai corectă. Varianta cu activitate redusă înseamnă de fapt doar un risc mai mare pentru dezvoltarea de comportamente agresive, dacă i se adaugă și alți factori de risc. De pildă neglijarea sau abuzul în copilărie. În schimb forma hiperactivă îl face pe purtător mai rezistent în fața unor asemenea influențe.

General valabil este că: cunoștințele despre o anumită genă nu sunt suficiente pentru a putea prevedea un comportament. Acesta rezultă mereu din interacțiunea mai multor gene și a totalității influențelor exterioare. Dintre acestea fac parte, printre altele, statutul social și cultural, structura familială, educația, experiențele, mediul social și cultura.

Există așadar numeroase mici șuruburi de reglare, a căror poziție determină cât de des și cât de tare ne supărăm.

Răzbunarea este dulce

Mai devreme sau mai târziu, cu toții ne supărăm – și cel mai adesea resimțim destul de neplăcut acest lucru. Pentru că furia este stres pur. Există însă și momente când, odată cu furia, ne umplem de o furnicătură excitantă, din creștet până-n tălpi. O lucire neliniștitoare ne apare în ochi și un zâmbet sinistru răsare în colțul gurii. Și anume când cineva ne-a provocat și plănuim să ne răzbunăm – sau o facem.

Diferite grupe de oameni de știință au studiat felul în care arată în creier răzbunarea „dulce". Experimentele lor s-au desfășurat în mod asemănător cu cel legat de frustrare pe care l-am descris în acest capitol la începutul fragmentului „Rețeaua furiei": de fiecare dată, persoane studiate cu scanerul RMN au jucat un joc în care, la un semnal, trebuiau să apese mai repede decât oponenții lor pe un buton. Și participanții la aceste experimente presupuneau că oponenții se află în încăperea alăturată și că au șanse reale de a câștiga împotriva lor. De fapt jucau doar împotriva unui computer și era de mult stabilit de câte ori aveau să câștige sau să piardă. Oamenii de știință s-au gândit la diferite strategii pentru a-i provoca pe jucători. La unele dintre studii, participanții auzeau de fiecare dată când pierdeau un sunet neplăcut în ureche – și li se spunea, în plus, că volumul fusese ales de oponenți. În schimb, dacă participanții câștigau, aveau voie să hotărască volumul sunetului care avea acum să răsune în urechile oponenților. În alt studiu, „oponentul" le lua bani dacă pierdeau – și, iarăși, în cazul unei victorii, se puteau răzbuna furându-i la rândul lor bani. Premisa era: banii îi erau luați oponentului, dar nu ajungeau în contul participanților – deci era vorba numai despre revanșă, nu despre un câștig mai mare. Și ce să vezi: cu cât era mai răutăcios oponentul-computer care îi provoca pe participanți, cu atât mai mult fierbeau în ei furia, agresivitatea și setea de răzbunare. Dădeau tot mai tare volumul sunetului destinat urechii adverse, îi luau adversarului tot mai mulți bani. Privirea aruncată în creier arăta că: în corpul jucătorului provocat, rețeaua furiei se declanșa și devenea tot mai activă odată ce agresiunea creștea în intensitate – este valabil mai ales pentru cortexul insular. Îl cunoaștem ca fiind o parte a cortexului cerebral, care pe de o parte participă la simțirea empatiei, pe de alta însă și la procesarea diferiților stimuli negativi, de pildă dureri, scârbă – și, după cum se vede, și furie și răzbunare.

Și alături de cortexul insular, și o altă structură din creierii provocați devenea tot mai activă: nucleul accumbens, inima sistemului de recompense. Cu cât mai tare strălucea în timp ce jucătorii erau provocați, cu atât mai plăcute deveneau gândurile de răzbunare. Cu cât mai mare era bucuria anticipată a răsplății, cu atât era mai agresivă răzbunarea – și cu atât mai plăcută.

Dar înseamnă toate acestea că creierul nostru este programat să simtă plăcere când ne răzbunăm pe cineva și ne închipuim cum suferă?

Mai degrabă nu.

Psihologii presupun că acest mecanism trebuie să ne asigure autoprotecția când cineva ne păgubește. Ca să ne apărăm, să ne eliberăm și, în caz că ne îndoim de ce va urma, să ne asigurăm printr-un act de răzbunare că „chinuitorul" nostru nu ne atacă din nou. Faptul că nu ne lăsăm conduși de orice fantezie răzbunătoare, indiferent cât de frumoase ar fi unele dintre ele, se datorează de altfel și de data aceasta cortexului prefrontal. Acesta analizează situația și trimite către cortexul prefrontal semnalul: „Stop, nu te bucura prea devreme! Până la urmă probabil că ne vom păgubi pe noi înșine. Așa că mai bine o lăsăm baltă. Dar putem să ne distrăm puțin imaginându-ne cum ar fi."

Totul sau nimic: cum gestionăm furia

Și, în cele din urmă, mai există un factor însemnat care decide cât de mult ne lăsăm cuprinși - sau nu ne lăsăm - de furie. Și este un șurub pe care putem să-l reglăm singuri: modul în care gestionăm emoțiile.

Chiar la începutul capitolului am spus: simțim furie în situațiile de care vrem să ne eliberăm. Și asta o face să fie o emoție importantă, utilă. Ne avertizează când ceva este în neregulă - când cineva ne face rău, când suntem nedreptățiți sau când suntem nemulțumiți de o situație. Atunci ne trage de pantaloni ca un copil mic și spune: „Fă ceva! Fă ceva! Fă ceva!" Eliberează din noi energia de care avem nevoie pentru a ne apăra, pentru a ne satisface nevoile sau pentru a depăși obstacolele. Ne face să fim asertivi și siguri pe noi. Pe scurt: furia este bună! E cazul să-i acordăm atenție copilului care ne trage de pantaloni și să ne creăm o legătură sănătoasă cu el.

Asta înseamnă, pe de o parte, să nu-l lăsăm să o ia razna necontrolat. Pentru că, dacă sărim mereu în sus din cauza

Hei, mama,
maama!!
MAAAM
AAAA!!!!

unui semafor roșu, a unei chei care nu e la locul ei sau a locurilor de parcare furate, creierul nostru se obișnuiește să facă asta. Fitilul nostru devine tot mai scurt și exploziile de furie din cauza unor nimicuri se transformă în automatism orb. Așa riscăm să-i rănim sau să-i alungăm pe apropiații noștri. Și ne stricăm sănătatea, pentru că ne inundăm corpul cu o cantitate nefirească de hormoni de stres. Este demonstrat că crizele dese de nervi cresc riscul timpuriu de afecțiuni cardiace coronariene și de infarct. De aceea este o credință eronată și periculoasă că ne ajută să reacționăm și să ne „vărsăm" furia exagerată.

Pe de altă parte, nu trebuie să-l micșorăm artificial pe copilul care ne trage de pantaloni – sau de marginea rochiei. Pentru că cine își reprimă mereu furia își face de asemenea rău. Sentimentele negative se strâng, ceea ce înseamnă pur și simplu stres constant. Am aflat deja care sunt numeroasele consecințe negative ale acestuia: poate să ne afecteze trupul în numeroase moduri și să ne îmbolnăvească. Nu arareori, pe terenul furiei reprimate cresc stările de anxietate și depresiile.

Lucrul periculos este că unii oameni nici măcar nu observă când nu își permit să fie furioși – de pildă pentru că au învățat de mici că pur și simplu nu-i frumos să fii furios. Atunci unii își exprimă furia strânsă în ei ca pe o agresivitate pasivă. Adică, de pildă, în loc să vorbească direct cu o persoană despre supărarea mare pe care le-a provocat-o, încep să-i facă rău indirect. De exemplu întârziind la întâlniri sau nețimându-și promisiunile.

Furia poate să fiarbă în noi subliminal până când își croiește un drum exploziv spre exterior. În acest caz intensitatea unei reacții de furie nu mai este proporțională cu declanșatorul inițial. Poate că bărbatul din breakul roșu trăise în ziua respectivă deja mai multe lucruri neplăcute, poate că suferă în general de pe urma faptului că nu este luat în serios, că rămâne de căruță sau că nu poate să se impună. Furia mare are adesea legătură cu respectul diminuat de sine. Și atunci locul de parcare furat nu a fost decât picătura care a umplut paharul.

Și, în sfârșit, furia strânsă în interior poate să elibereze energii care le dau oamenilor puterea să facă lucruri de care nimeni nu i-ar fi crezut capabili. Așa se întâmplă ca o femeie care a fost abuzată și umilită ani în șir de partenerul ei să ajungă să-l omoare într-o zi.

Și tocmai de aceea este atât de important să-l luăm în seamă pe copilul care ne trage de pantaloni – adică: să observăm când ne înfuriem. Și atunci trebuie să ne întrebăm: *Ce s-a întâmplat? Există un motiv concret și putem să rezolvăm situația cu ajutorul furiei?* Cel mai bine reflectând constructiv la ce trebuie să schimbăm sau dacă nu cumva putem rezolva problema printr-o discuție. Analizând situația ne dăm seama și cum putem evita pe viitor situații asemănătoare.

Dacă ne supărăm că metroul ne-a plecat de sub nas, că am făcut o greșeală sau că un coleg ne-a spus ceva care ne-a rănit, ar trebui să ne punem întrebarea: *Merită să mă înfurii?* O altă întrebare posibilă ar fi: *Peste un an îmi voi mai aduce aminte de această situație?* Dacă răspunsul este nu, ar trebui să încercăm să renunțăm la nervi pe loc și să ne distragem atenția. Și aici ne pot fi de ajutor exercițiile de atenție la sine. Sau: să inspirăm adânc și să numărăm până la zece. Astfel, cortexul prefrontal mai poate să facă o evaluare și să țină în frâu amigdala. Dacă reușim, creierul „învață" noua atitudine, scăpăm mai repede de furie – și ne simțim bine!

În plus, fiecare ar trebui să-și găsească propria metodă de a se elibera de furie, de a elimina hormonii de stres. Făcând sport sau dansând sălbatic, de pildă.

Mai am și o veste bună. Știm: felul în care ne simțim ne influențează memoria. Avem tendința să ne amintim mai degrabă lucrurile pozitive decât pe cele negative. Deci: de la bun început, nu puneți la inimă micile neplăceri! Mai sunt locuri de parcare frumoase și la alte magazine.

F

(I'm) Hangry

Când te înfurii de foame

Jonas adoră să gătească. Și eu îl ador pentru asta – pentru că eu detest să gătesc. Bine, fie, „detest" e o exagerare, dar pur și simplu nu-mi place. Mi se pare enervant. Lucrurile sunt simple: când nu-mi este foame, nu am chef să gătesc – doar nu vreau să mănânc. Și când îmi este foame, nu vreau să gătesc, ci să mănânc. De aceea nu gătesc des. În legătură cu asta îmi amintesc de o situație splendidă cu fostul meu coleg de apartament, Alejandro, care știa foarte bine cât de des (nu) găteam. Știa că, *dacă* găteam, nu o făceam decât când mă vizita cea mai bună prietenă a mea, Marajke. Într-o după-amiază s-a întors de la muncă, a dispărut în bucătărie și a apărut după puțin timp și mi-a fluturat în față un ou fiert. Fără să-i vină să creadă, l-a ridicat, s-a uitat la mine și a întrebat:

— A fost Marajke pe aici?

Astăzi nu mai e chiar așa. Sigur că fac des lucruri mici, de pildă paste cu sos, orez cu legume sau altele asemenea, dar rar depășesc limita de 15 minute. (Ciudat: altfel stau lucrurile când e vorba să coc un aluat. Asta îmi place la nebunie!) Jonas în schimb este în elementul lui când gătește. Pentru el

Dar eu vreau sa mănânc ACUM!!!
Mai durează un picuț.

este ca un ritual de relaxare, poate să stea ore în șir în fața plitei, să amestece, să condimenteze, să lase la fiert la foc mic. Și rezultatele se văd. Când mă întorc acasă înfometată după o zi lungă, deschid ușa apartamentului și mă întâmpină aroma mâncărurilor lui minunate, mă bucur enorm.

Sunt însă zile în care pasiunea lui pentru gătit mă scoate din minți. Și anume când ajung acasă moartă de foame și deja m-am enervat pe drum din cauza metrourilor întârziate, a oamenilor din fața mea care merg ca melcii și a cozilor nesfârșite de la casele magazinelor. Se întâmplă uneori să intru lihnită în casă și să strig cu ultimele puteri. „Foaaameeee!" Atunci, dacă văd doi ochi veseli și Jonas strigă „O, da, super, hai că fac ceva bun de tot!" îmi vine să explodez. În câteva fracțiuni de secundă se formează în mine un amestec de nerăbdare, enervare și mustrări de conștiință și știu: o să-l rănesc dacă țip acum „Nuuuuuuuu! Nu vreau să te apuci să gătești ore în șir ceva bun de tot! Vreau să MĂNÂNC! ACUM!!!" Văd în fața ochilor cum, ca într-o bandă desenată, mă fac tot mai mare, deschid gura și îi retez lui Jonas capul cu o mușcătură.

Vi se pare cunoscut? Când foamea te face de-a dreptul agresiv? O cunoscută marcă de ciocolată are încă din 2010 o reclamă: „Nu ești tu când îți e foame." Și e clar că mulți oameni se identifică cu așa ceva. Pentru că, pe de o parte, campania publicitară este cunoscută în toată lumea și are succes de mai mulți ani, pe de altă parte, pentru acest fenomen s-a inventat un neologism tot mai folosit în viața de zi cu zi: „a fi hangry" – o combinație între *hungry* și *angry* („înfometat" și „mânios"). În dicționarul limbii germane nu apare (încă?), în Oxford Dictionary este definit ca *feeling bad tempered or irritable as a result of hunger.* Deci „a te simți prost-dispus sau iritabil din cauza foamei". Într-adevăr, există deja mai multe studii care au stabilit o legătură între foame și dispoziția iritabilă. Poate fi urmărită foarte bine în viața de zi cu zi la cei care se chinuiesc cu regimuri stricte ca să slăbească.

În momentul de față știința explică această legătură în primul rând ca efect al unui hormon care participă la apariția senzației de foame: grelina. Este produsă în mucoasa stomacală și în pancreas și apoi eliberată când ne scade glicemia pentru că nu am mai mâncat de mult. Prin sânge ajunge la hipotalamus - știți, cârmaciul tuturor funcțiilor vegetative, ca respirația, somnul, reglarea temperaturii, dar și foamea. Aici grelina se atașează de anumiți receptori speciali și strigă: „Hei, șefule, ne roade!" - acum ne este foame. Cum mâncăm ceva și astfel stomacul se mărește, producția de grelină scade din nou și se instalează o senzație de sațietate. Însă aceste bucle de reacție au nevoie de timp. Stomacul către creier: „O, ne mărim!, adică: sațietate în desfășurare!" Creierul către stomac: „În regulă, opriți grelina!"... Și, în cele din urmă, hipotalamusul: „O, mai puțină grelină, ne-am săturat!" Senzația întârziată de sațietate este unul dintre motivele pentru care este bine să mâncăm încet! Dacă însă, în ciuda găurii din stomac, nu primim nimic de mâncare, se produce tot mai multă grelină și foamea devine mai apăsătoare. În plus, grelina activează sistemul de recompense, în special area tegmentalis ventralis. Stimularea ei ne face să avem mai mare poftă de mâncare și ne face mai impulsivi. Așa s-ar putea explica de ce adesea ne încărcăm coșul de cumpărături mai mult decât ar fi nevoie dacă ne este foame când suntem la magazin. Și de ce când suntem foarte înfometați manierele și stăpânirea de sine se pot duce pe apa sâmbetei. De altfel, producția sporită de grelină este provocată și de mult stres și de lipsa de somn - de aceea mâncăm mai mult și tindem să facem accese de foame când suntem obosiți sau stresați.

Și, în sfârșit, grelina provoacă o producție sporită a hormonilor de stres, cortizol și noradrenalină. Rezultatul: devenim agitați. Asta înseamnă pe de o parte că zahărul este mobilizat din depozite și trimis în sânge, pe de alta că ne punem în mișcare ca să găsim ceva comestibil.

Cred că vă sună cunoscut: când ne este foarte foame, e greu să ne relaxăm.

În afară de asta, foamea este însoțită de activarea amigdalei, a cortexului cingular anterior și a cortexului insular – am învățat despre ele că sunt zone care joacă un rol în privința emoțiilor.

Toate aceste procese se potrivesc așadar cu faptul că percepem foamea ca pe o senzație care ne face agresivi.

Problema acestei teorii: nu suntem ciufuți de fiecare dată când ne apucă foamea. Ce se ascunde așadar aici?

Mediu rău, foame rea, sentimente negative

Exact această întrebare și-a pus-o un grup de oameni de știință din Carolina de Nord și a început, în primele luni ale lui 2018, să studieze fenomenul prin diferite experimente. A observat repede că lucrurile nu sunt așa de simple: burta goală = proastă dispoziție.

În primul experiment, oamenii de știință au arătat unui grup de 400 de oameni înfometați diferite imagini, prin care urmăreau să declanșeze o anumită dispoziție: unora li s-a arătat o pisicuță, pentru sentimente pozitive, altora o piatră, pentru sentimente neutre, și iarăși, altora, un câine cu dinții rânjiți pentru sentimente negative. După fiecare imagine, participanților li s-a arătat un semn chinezesc, a cărui semnificație nu o cunoștea nimeni (vorbitorii de mandarină au fost excluși dintre participanții la studiu). Participanții trebuiau acum să aprecieze dacă această ultimă imagine (evident neutră pentru oamenii sătui care nu participau la eveniment) a avut asupra lor un efect plăcut sau neplăcut. Rezultatul a fost: oamenii înfometați care văzuseră câinele urât au încadrat la sfârșit semnul chinezesc ca fiind neplăcut. Celorlalți înfometați le-a fost indiferent.

În mod evident percepem agitația provocată în corpul nostru de foame ca negativă doar dacă în jurul nostru se întâmplă lucruri negative. Poate că dacă metrourile întârziate, trecătorii care se târau și magazinele arhipline nu m-ar fi împiedicat să ajung repede acasă, nici eu nu l-aș fi mușcat de cap pe Jonas.

Oamenii de știință care au realizat studiul au mai adăugat însă și un al doilea experiment. De data aceasta au invitat două sute de participanți, pretextând că vor să analizeze influența foamei asupra concentrării. Au studiat fiecare participant în parte și i-au împărțit în două grupuri: unul a avut voie să mănânce frumos înainte de experiment, celălalt a trebuit să rabde cinci ore. După aceea fiecare participant a trebuit să scrie o compunere. În acest scop, a primit o fotografie a unui bărbat, „John", care avea o privire neutră sau supărată sau tristă. În cazul expresiei neutre, participanții trebuiau pur și simplu să inventeze o poveste despre John – indiferent cum se desfășura. În cazul lui John care părea prost-dispus, trebuiau să explice în compunere cu cât mai multe detalii ce cred că se întâmplă cu John, ce simte și de ce e prost-dispus.

Apoi fiecare participant a fost supus unui test lung în fața unui computer, manipulat de fiecare dată astfel încât să pice puțin înainte de sfârșit. Cum se întâmpla acest lucru, unul dintre coordonatorii studiului intra în fugă în încăpere, bătea ca apucatul la tastatura computerului, apăsa nervos pe mouse și apoi se lua de participantul în cauză:

— Așa ceva nu s-a întâmplat niciodată. Ce-ați făcut? Pe ce ați apăsat înainte să se întâmple? Nu se poate repara. Trebuie să vorbesc cu șeful meu. Și va trebui să mai parcurgeți o dată testul.

Apoi părăsea încăperea, dar se întorcea după puțin timp - cu două chestionare într-un plic. Participantul trebuia să le completeze în timp ce coordonatorul studiului se ducea să-l caute pe șef. Într-unul dintre chestionare participantul trebuia să dea detalii despre ce simțise în timpul diferitelor sarcini, în celălalt să spună cât de mulțumit era de modul de desfășurare a evenimentului și de coordonatorii studiului.

Participanții au fost făcuți să creadă că ar fi vorba despre o verificare întâmplătoare, independentă de experiment, a laboratorului și a angajaților săi. În plus au fost asigurați că răspunsurile vor fi anonime.

După completarea chestionarelor, coordonatorul se întorcea și îi transmitea participantului din partea șefului că nu trebuia să mai parcurgă o dată testul.

Și apoi, la sfârșit de tot, participanții aflau adevărul, care-i surprindea pe toți. Nimeni nu bănuise, că experimentul urmărea să studieze efectul foamei asupra *sentimentelor* și nimeni nu își dăduse seama că defecțiunea computerului fusese planificată.

Evaluarea a arătat un rezultat interesant: pe de o parte, a confirmat ce reieșise din experiment: participanții înfometați s-au enervat mai tare de defecțiunea computerului decât cei sătui. Și au spus categoric că participantul la studiu care dăduse vina pe ei era antipatic.

DAR: acest lucru este valabil doar pentru participanții care nu scriseseră în compunerea anterioară despre sentimente. Cei care se ocupaseră mai înainte cu proasta dispoziție a lui John au reușit să-și canalizeze mai bine emoțiile care îi tulburau.

Foamea poate așadar să ne modifice într-adevăr percepția și să ne facă să fim iritați de situații în sine neutre. Să ne facă nerăbdători și agresivi față de alții. Și, de altfel, îndeosebi față de cei mai apropiați. Dacă, înfometați fiind, ne supărăm pe șeful nostru, avem tendința să ne stăpânim și să nu-l certăm. Așa că adesea luăm supărarea cu noi acasă și o descărcăm pe cei dragi, față de care avem mai puține inhibiții.

Dacă însă suntem conștienți că ne este foame, putem să și înțelegem de unde vine supărarea – și să o atenuăm în mod activ.

Este posibil ca senzația de „hangry" să aibă și o funcție în cadrul evoluției: anume ca o ființă să se impună în fața semenilor ei, când hrana este rară – în loc să se relaxeze în timp ce se usucă de foame.

Mare noroc avem în zonele noastre, că nu trebuie să ne batem pentru mâncare!

Și ce concluzii reies din aceste studii?

În primul rând: nu trebuie să luăm hotărâri importante când ne este foame – pentru că ne lăsăm ușor distrași și este posibil să acordăm o însemnătate eronată unor fleacuri.

Și în al doilea rând: dacă simțim cum ne cuprind nervii, ar putea fi util să ne ascultăm interiorul: *Ce anume se întâmplă de fapt aici?* Poate ne chiorăie mațele? În cazul acesta, nu ne ajută cu nimic să-l mușcăm de cap pe cel de lângă noi. În schimb ar trebui să mâncăm ceva ca lumea.

Informații suplimentare: dulciurile înrăutățesc situația
Și indiferent cât de distractivă este o reclamă – dacă vă este foame sau sunteți deja furioși din cauza asta –, nu este cazul să optați pentru o ciocolată. Pentru că aceasta s-ar putea să astupe o vreme gaura din stomac, dar pe termen lung creează un adevărat cerc vicios: conține prea mult zahăr. Nici nu s-a dizolvat acesta bine pe limbă că a și țâșnit în sânge: moleculele simple de zahăr, cum sunt cele care se găsesc în dulciuri sau în făina albă, nu prea trebuie descompuse de intestin – poate să le trimită aproape neschimbate în sânge. Astfel, nivelul de glucoză o ia razna într-o clipită și îi transmite pancreasului: „Insulină! Avem nevoie de muuuuultă insulină!" Și, cu iuțeala vântului, varsă cantități imense din acest hormon în sânge, ceea ce pune pe jar anumite molecule transportatoare de pe celulele noastre: duc la capacitate maximă zahărul din sânge în interiorul celulelor. Totul merge atât de repede încât glucoza scade brusc din nou – mult înainte ca celulele să fi folosit cu adevărat în mod util zahărul. Și astfel se aude din nou semnalul: „Foaaaaaaame!"

Nici alimentele bogate în acizi grași nesănătoși, adică saturați – cum ar fi prăjelile sau crenvurștii –, nu sunt potrivite în lupta anti-hangry. Aruncă în sus nivelul de grelină și ne dau poftă să mâncăm fără măsură. Obezitatea stă la pândă.

Foarte bune împotriva crizelor de furie provocate de foame sunt alimentele bogate în fibre, carbohidrații complecși, grăsimile sănătoase și proteinele. Fructele și legumele, cerealele integrale și nucile, peștele și iaurtul, de pildă. Scad nivelul de grelină, asigură o creștere lentă a glucozei și insulinei și saturã pe termen mai lung.

În tot cazul sunt mai gustoase decât capetele semenilor noștri.

S

Sar în sus

Ce este adevărata fericire?

Când ai fost ultima oară cu adevărat fericită?

Nu e ușor să răspund la această întrebare. Nu pentru că nu-mi amintesc clipele fericite – dimpotrivă. Imediat îmi vin în minte șiruri întregi de imagini. Să iei acasă ochii turcoaz și părul blond ciufulit. Trezirea cu ele, dimineața. Râsul copilului meu. Concediu cu familia mică, după-amiezi pline de forfotă cu familia mare. Duminicile libere. Dar și diminețile în care știu: pot să stau toată ziua să scriu – fără alte obligații. Apoi, din când în când, zile în care sunt pe drumuri de la cinci dimineața până seara, pentru că am întâlnire interesantă după întâlnire interesantă. Cafeaua. Serile cu fetele. Serile în doi. Când, după trei zile de migrene, durerea de cap mă lasă brusc. Scufundările. Soarele. Când sunt prima la coada de la toaletă. Dormit pe săturate – fericirea se ascunde în atâtea momente mici și mari! Și uneori vine multă deodată.

Ca într-o după-amiază cenușie din februarie 2019. Tocmai mergeam dinspre stația de metrou spre piață, când am primit un telefon: era confirmarea că aveam să lucrez la un proiect pe care chiar mi-l dorisem foarte mult. Un proiect interesant și o referință excelentă. M-am bucurat enorm. Dar nu era doar sarcina în sine. Muncisem din greu ani de-a rândul – facultatea de medicină, spital, școala de jurnalism – și abia îmi întemeiam o carieră profesională. Asta însemna adesea zile lungi, stresante, fără pauză de respiro. În același timp, acasă aveam un copilaș de câteva luni. Era mult, dar și minunat: jumătate de săptămână muncă la capacitate maximă, jumătate de săptămână acasă cu copilul. Iar acum se creionau ușor-ușor câteva perspective excelente – ca de pildă chiar acest proiect. Munca grea începea să dea roade, ceea ce mi-a confirmat hotărârea nu tocmai ușor de luat de a fi ales în locul muncii sigure ca medic independența haotică de ziaristă. În plus aveam cel mai drăguț copil din lume, un soț excelent, o pisică și susținere pe măsură din partea minunatei familii a socrilor mei. Brusc, am devenit conștientă de toate acestea – în acea după-amiază cenușie, pe strada tristă din Berlin-Kreuzberg. M-a luat o furnicătură prin tot corpul, am simțit un val imens de energie și îmi venea să plesnesc de bucurie. Fericire pură.

Mda, fericirea. Ce anume este, iată o întrebare căreia omenirea se chinuiește de mii de ani să-i găsească răspunsul – și probabil a ajuns la o singură concluzie comună: că e al naibii de greu să găsești o definiție. Fiecare are propria viziune despre fericire și o trăiește individual – în momente cât se poate de diferite.

Fericire mică și fericire mare

La nivelul elementar, facem deosebirea între fericirea de moment și cea de durată. Prima descrie sentimentele de fericire care ne cuprind într-un moment anume – bucuria sau

Uau! Unde ai găsit-o? O caut de o veșnicie!
O, am făcut-o singură!
FERICIRE

recunoștința, de pildă. Iar cea de-a doua se referă la starea de durată de mulțumire constantă, pe care nu o poate tulbura nici lipsa temporară a sentimentelor de fericire pe moment. Fericirea în viață, dacă vreți, sau, pur și simplu, a fi fericit.

În literatura științifică se face cel mai adesea deosebirea între două concepții despre fericirea pe termen lung, create inițial de filosofi antici.

Aristip din Cirene (aprox. 435-355 î.H.) și Epicur (aprox. 341-271 î.H.) au întemeiat hedonismul. *Hēdonē* este un cuvânt în greaca veche și înseamnă „bucurie", „satisfacție", „savurare" sau „plăcere". Conform acestei teorii, fericirea în viață ține de maximizarea plăcerii și a bucuriei și de absența durerii.

Lui Aristotel (384-322 î.H.), în schimb, modelul hedonist i s-a părut insuficient. El socotea că omul trebuie să tindă către lucruri mai înalte decât simpla satisfacere a nevoilor. De aceea a opus hedonismului conceptul de eudemonism. Acest cuvânt înseamnă, tot în greaca veche, ceva de genul „spirit bun" și descrie o viață bună. (Chiar dacă astăzi facem legătura între cuvântul „demon" și o ființă groaznică a întunericului – în Antichitate toate duhurile cu puteri supranaturale care interveneau în soarta oamenilor, și cele bune, erau numite demoni – sau daimoni.) La aceasta se ajunge găsind un scop mai înalt al existenței, identificând propriile calități și împlinind potențialul propriu. Conform acestei concepții, fericirea nu este privită ca un produs final, ci ca un proces constant.

Indiferent cât diferă definiția acestor „concepte ale fericirii": între timp este foarte răspândită perspectiva că adevărata fericire include atât aspecte hedoniste, cât și unele care țin de eudemonism: emoții pozitive, satisfacție pe termen lung și un sens.

Se poate mai mult?

Fericirea, n-o să mă contrazică nimeni, te face să te simți fantastic. Și asta nu e nici pe departe totul. Efectele pe care le are asupra psihicului, a sănătății și a desfășurării vieții sunt copleșitoare. Să amintim doar o parte din ele:

A fi fericit:

- întărește sistemul imunitar și scade frecvența răcelilor
- duce la comportamente mai sănătoase și mai atente - purtatul centurii de siguranță, renunțarea la fumat
- prelungește viața
- te face mai bucuros de contacte și mai sociabil, oamenii fericiți se bucură mai mult
- face căsniciile mai durabile
- și stimulează succesul profesional

Intuitiv știm cu toții acest lucru - pentru că în 70% dintre cazuri, la întrebarea „Ce vă doriți de la viață?", oamenii de știință primesc răspunsul: „Să fiu fericit(ă)." În marile studii internaționale, doar aproximativ 1% dintre cei chestionați nu s-au gândit niciodată la fericire.

Este deci evident că oamenilor le place să fie fericiți. Încearcă să fie fericiți și, chiar dacă sunt deja relativ fericiți, vor să amplifice starea.

Sigur, pentru că, așa cum a spus odată bine o prietenă a mamei mele: „Nu avem decât această rundă de distracții."

Așadar suntem de fapt permanent în căutarea fericirii. Partea dramatică: căutarea nu duce decât arareori la țintă. Cel mai adesea produce chiar contrariul: nemulțumirea sau, mai rău: dezamăgirea. Dacă ne gândim bine, are sens: cine este mereu în căutare, are constant sentimentul că îi mai lipsește ceva. Poate că de aceea trăim într-o stare de autorestricționare, ne dăm în mașinuțe, practic, cu frâna de mână trasă: nu pot să fiu fericit decât dacă am o casă / trei copii / și câștig peste 100 000 de euro pe an. În funcție de cum vezi fericirea, căutarea nu se sfârșește poate niciodată. Riscul este mare să vânăm toată viața năluci cu un sentiment de tipul „Nu este încă suficient" – și astfel să trecem propriu-zis pe lângă viață.

Dar dacă nu trebuie să căutăm fericirea, cum altfel să o găsim?

Ecuația fericirii

Am vești bune: putem să o găsim – fiecare dintre noi.

Pentru felul în care apare fericirea, știința are o ecuație interesantă: în proporție de aproximativ 50%, genele sunt cele care ne influențează capacitatea de a fi fericiți. Ele decid într-o anumită măsură structura și funcționarea creierului și a hormonilor și sugerează în mare o tendință: mai degrabă morocănos sau mai degrabă luminos?

Ce mi se pare o adevărată nebunie este că circumstanțele exterioare – printre altele, de pildă, vremea, banii, sănătatea, căsnicia și religia – nu ne influențează fericirea decât în proporție de aproximativ 10%. O grămadă de lucruri cărora, intuitiv, le-am acorda cu siguranță o însemnătate mai mare. Să nu-ți vină să crezi, așa-i?

Acest lucru se explică prin efectul obișnuinței. Termenul de specialitate este „adaptare hedonistă" și descrie faptul că aparent, chiar după schimbări care le marchează viața (pozitive sau negative), oamenii se întorc, mai devreme sau mai târziu, la un fel de „fericire de bază". (Cu condiția ca anumite condiții elementare să fie îndeplinite.) Poate că sună absurd, dar cineva care câștigă la loto nu este, după un an, mai fericit decât unul care nu a câștigat. Iar un om devenit paraplegic în urma unui accident nu mai este după o vreme atât de nefericit pe cât ne-am aștepta. Se trece peste pierderea locului de muncă și dacă ne mutăm în California este foarte probabil ca asta să nu însemne că vom avea soarele în spate tot restul vieții.

Mi se pare oarecum liniștitor, pentru că se leagă de lucruri pe care este foarte greu sau imposibil să le schimbi. Ce bine deci că modul în care ne influențează fericirea nu este, în mod clar, decât marginal! Și din această ecuație înțelegem, în cele din urmă, că cel puțin 40% din fericire este în mâinile noastre.

Hai să vedem cum și prin ce se naște fericirea în corpul nostru, cât de apropiate sunt uneori fericirea de nefericire și cum o putem susține pe cea dintâi.

Începem cu sentimentele de fericire pe termen scurt.

Fericirea de moment

Cunoaștem deja mijlocitorul ei principal: sistemul de recompense. Micile bucurii de zi cu zi îl pot stimula: aroma încântătoare a cafelei de dimineață, legătura de la metrou venită la momentul potrivit, un potop de like-uri la postarea de pe Instagram sau sexul. Și la fel îl activează și trăirile importante: întâlnirea cu marea iubire, angajarea pe postul mult râvnit, nașterea unui copil.

Sigur că atribuim fiecărei situații valori diferite și poate că de aceea sentimentul de fericire este de fiecare dată altfel – dar mecanismele neurologice sunt în proporție mare aceleași: în așteptarea micilor bucurii, ca și în a celor mari, dopamina dă în clocot în sistemul nostru de recompense și strigă: „O, da, chiar de asta aveam nevoie acum!" Inima bate mai tare, avem o stare bucuroasă de agitație și suntem plini de energie. Și în momentul în care putem savura o bucurie, opioidele ni se revarsă prin vene. Transmit sentimentul euforic de fericire, iar cortexul prefrontal strigă emoționat: „Yesss!" Și: „Mai vreau!"

Wanting și *liking* – vreau și îmi place?

Creierul nostru împarte trăirea sentimentelor de fericire în două componente: în a vrea și a-ți plăcea – sau: dorință și savurare. În neurologie se vorbește despre *wanting* și *liking*. Este o simplificare mare să reducem aceste procese la funcțiile a doi neurotransmițători – de pildă, același transmițător poate provoca efecte incredibil de diferite unor structuri aflate la doar câțiva milimetri una de alta –, dar, pentru a înțelege în principiu cele două ingrediente ale modului în care savurăm bucuria, putem spune: dopamina transmite *wanting*, opioidele transmit *liking*. Am văzut acest lucru în capitolul „În al nouălea cer – Adevărata iubire": în timp ce dopamina ne lămurește ce anume vrem în acel moment, după ce tânjim, opioidele sunt responsabile pentru sentimentul binefăcător că îți place ceva. În sfârșit, mai există și un al treilea element component al fericirii neurobiologice a sistemului de recompense: *learning*, învățarea. Creierul stochează experiența frumoasă ca fiind bună, ca să ne-o putem aminti și să comparăm situațiile din viitor cu ea.

Am putea așadar să sintetizăm funcția sistemului nostru de recompense după cum urmează: *vrem* lucrurile benefice pentru viața noastră, *ne place* satisfacerea acestor nevoi și, în consecință, *vrem* mai mult. În același timp *învățăm:* unde mă așteaptă satisfacția și cum ajung cât mai repede la ea?

Devenim conștienți de *wanting* și *liking* când cortexul prefrontal (mai exact: una dintre subunitățile lui, cortexul orbitofrontal) se pornește. Atunci ne apar în fața minții clar și deslușit. De exemplu: „O, da, *vreau* prăjitură!" Cu toate acestea, *wanting* și *liking* pot să aibă loc în noi fără să fim câtuși de puțin conștienți de ele, ca motive neobservate de a acționa, ca să spunem așa. În acest caz se întâmplă ca mâna să ia automat încă o bucată de prăjitură – nu ne amintim să-i fi dat activ comanda.

În mod normal, *wanting* și *liking* se țin în echilibru. Vrem ce ne place și ne place ceea ce vrem. Scopul este simplu, să facem în mod repetat lucrurile care ne sunt benefice.

Partea întunecată a sistemului de recompense

Wanting și *liking* pot însă să se și „decupleze". În cazul dependențelor, de pildă, *wanting* scapă de sub control.

Substanțele cu potențial ridicat de a crea dependență fac creierul dependent să creadă că *și-ar dori neapărat* mai multă „marfă". În realitate însă, consumul oferă foarte puțină satisfacție sau deloc.

Un prieten care fumează mi-a povestit de curând că exact asta i se întâmplă cu țigările. Că simte adesea nevoia să fumeze, dar în același timp știe că nu-i va plăcea. Că nu se va bucura de gust, că după aceea mirosul îi va fi afectat și se va simți în general rău. Cu toate acestea, nevoia inexplicabilă de țigară învinge – și se chinuiește practic de la un fum la altul.

Acest lucru se întâmplă când sistemul de recompense observă o nevoie, fără legătură cu controlul cognitiv – tipic pentru dependențe. Atunci aruncă rachete de dopamină și strigă, de exemplu: „Hai, moșule, dă-mi o țigară! (Tuse)" și corpul ascultă. Astfel, *wanting* poate să ceară insistent să facem cumpărături, să luăm droguri, să ne uităm la materiale pornografice sau să jucăm jocuri de noroc – fără să se producă nicio satisfacție.

Așa ajungem deodată pe latura umbrită a sistemului de recompense. Și observăm: aici fericirea și nefericirea sunt periculos de apropiate.

Mâncarea te face fericit?

Un exemplu obișnuit, potrivit pentru mersul pe linia îngustă dintre partea luminată și cea întunecată a sistemului de recompense este atitudinea față de mâncare. Cine poate să contrazică ideea că o farfurie cu mâncarea preferată poate să te facă fericit cu adevărat? Cei dintre voi care au postit vreodată mai mult știu cât de fantastică este prima îmbucătură, pe limbă și în stomac, după această perioadă de abstinență.

Până la urmă, acest lucru este sugerat și de formule ca „să ne răsfățăm cu ceva mic", „să ne consolăm mâncând", „a mânca de frustrare", „a mânca ceva care te face fericit". În mod ironic, cel mai adesea când vrem să ne binedispunem mâncând, ne orientăm către păcate ca ciocolata, prăjiturile și cartofii prăjiți. Știm cu toții că porcăriile astea îngrașă și sunt nesănătoase – atunci de ce nu ne putem abține deloc de la ele?

Motivul se găsește și de data aceasta în funcția evolutivă a sistemului nostru de recompense. Înainte de a trăi într-o civilizație a supraabundenței în care ne permitem să cumpărăm practic de la fiecare colț șaorma, crenvurști sau tăiței asiatici, omul petrecea adesea zile în șir în căutarea hranei. Un corp înfometat avea pe atunci nevoie în primul rând de două lucruri: de energie obținută rapid din carbohidrați și de grăsime zdravănă, de care să poată trage și în timpul următoarei migrații lungi.

Și pe acest mecanism este calibrat până astăzi sistemul nostru de recompense – grăsimile și carbohidrații îl activează, nouă ne place să le mâncăm, însă doar în cel mai bun caz doar până ne săturăm.

Partea fatală la tortul cu frișcă, la lichiorul de nuci și la hamburgeri este că: aici apar cantități mari de carbohidrați și de grăsimi în combinație. Și anume într-o relație care nici nu există în natură – pentru că acolo alimentele sunt fie mai degrabă grase, ca nucile, de pildă, sau mai degrabă bogate în carbohidrați, ca cerealele și cartofii. Dacă acum mâncăm ceva compus din această combinație nefirească din cele două, este ca o bonificație pentru sistemul de recompense.

Toate luminile clipesc de zor, rachetele de dopamină se iau la întrecere, totul strigă și chiuie: „*Want! Like! Want!* Mai vreaaaaaaau!"

Dorința care rezultă de aici este greu de controlat, următorul pumn de chips e doar o chestiune de secunde – porcăriile chiar creează dependență. Efectul este și mai puternic la cei obezi. Cu cât e omul mai gras, cu atât mai activ devine sistemul de recompense la vederea mâncării – și cu atât mai greu îi este să se controleze. Cu cât mai mult mănâncă respectivul, cu atât mai repede se instalează mecanismul obișnuinței și sistemul de recompense cere cantități tot mai mari.

Dacă în vremuri de penurie alimentară impulsul de a-ți umple repede burta cu multe calorii era un avantaj, azi ni se face osândă: este mai puternic decât senzația de sațietate – băgăm mult prea repede mult prea mult în noi asemenea feluri de mâncare și alimente nesănătoase.

De altfel, oamenii de știință au observat același lucru și la șoareci: dacă li se dau un castron cu mâncare grasă și unul cu mâncare bogată în carbohidrați, adaosul de calorii rămâne aproape constant. Dacă însă primesc o mâncare care are atât multe grăsimi, cât și mulți carbohidrați, bagă în neștire în ei și se îngrașă repede.

Și nici la noi lucrurile nu stau altfel. Oricât de minunat ar părea pe moment să simți pe limbă gustul de chips și ciocolată – este o fericire de scurtă durată. Sistemul de recompense *învață* cât de plăcută a fost această suprastimulare – și repede ajungem să *vrem* mai mult. Dar chiar ne și *place* acest mai mult? După cum spuneam, știm exact cât de nesănătos este.

Cum indică ritmul sistemul nostru de recompense

We want, we like, we learn. Așadar acest ritm al sistemului de recompense a făcut posibilă supraviețuirea speciei noastre timp de milioane de ani: obținerea hranei, reproducerea, industrializarea, aselenizarea, smarthphone-ul. Avem o nevoie (ne e foame, vrem să mergem pe Lună) și *vrem* să o satisfacem. Această motivație ne face perseverenți (spargem nuca) și inventivi („Clar, trebuie să facem o rachetă!") și, când ne atingem ținta, de pildă Luna, acest lucru ne oferă o mare satisfacție: *Weeee like!* Am văzut cum funcționează - dar ne spunem în același timp: *Merge și mai repede / mai ușor / mai bine! We want the next big thing* - apar motivații noi. Această agitație voioasă care ne este transmisă de sistemul de recompense ne face creativi în satisfacerea nevoilor - a celor mici și a celor mari -, iată un lucru demonstrat de diferite studii.

Într-unul dintre ele, două grupuri de participanți au primit o sarcină. Înainte să înceapă, participanții din primul grup au fost binedispuși, li s-a pus un film amuzant, muzică veselă sau au primit o pungă de dulciuri. Al doilea grup a trebuit să se pună pe treabă fără să primească atenții îmbucurătoare. Sarcina pentru toată lumea era să găsească soluții cât mai originale pentru diferite probleme. De exemplu să identifice cât mai multe combinații neobișnuite de cuvinte sau să completeze șiruri de cuvinte. Celor binedispuși le-a fost mult mai ușor decât celor care se puseseră pe treabă într-o dispoziție neutră.

Dopamina lărgește așadar viziunea și ne încurajează să o luăm pe căi neobișnuite.

(Așa s-ar putea explica, de altfel, de ce tocmai scriitorii, muzicienii sau alți artiști sunt foarte predispuși la abuzul de droguri psihostimulatoare. Cocaina și amfetamina, de exemplu, înmulțesc de mai multe ori cantitatea de dopamină din creier - și, odată cu ea, euforia creatoare. Chiar dacă sentimentul e extraordinar, evident că lucrul este extrem de periculos. Consumul constant de droguri afectează corpul - după cum aflăm din presă, mereu mai moare câte o vedetă rock din cauza lui.)

Abundența ne face nefericiți

În societatea noastră modernă a abundenței, sistemul nostru de recompense iese din păcate tot mai mult din ritmul lui sănătos. Mâncatul este doar un exemplu. La fiecare colț pândește câte o ispită - într-o măsură și cu o frecvență inexistente în natură. Ne obișnuim cu stimularea permanentă (vă amintiți: obișnuință sau adaptare hedonistă) și avem nevoie tot mai repede de tot mai mulți stimuli ca să mai putem simți bucurie și satisfacție. Mereu țoale noi, în fiecare seară petrecere, o mașină mai rapidă la intervale regulate. Chiar acesta este motivul pentru care unii se apucă de droguri: caută satisfacția maximă - care, iarăși, este doar de scurtă durată.

Dorința permanentă din societatea zilelor noastre de a avea mai mult nu mai are de mult nicio legătură cu raportul fiziologic dintre dorința și satisfacerea sistemului de recompense, care ne-a dus cândva atât de departe.

Mda, și în timp ce tindem necontenit spre fericire, obținem prin acest stil de viață hedonist în primul rând lucruri care, dacă suntem sinceri, nu au nicio legătură cu ea: un nivel ridicat de stres, egoism, materialism și lipsă de solidaritate. Pe lângă asta, consumăm cu viteză nebună resursele planetei.

Reținem: sigur că e extraordinar să îți faci o plăcere. Nu e nici greșit să savurezi o bucurie de moment. Trebuie însă să ne ferim cât putem ca să nu ajungem în cercul vicios al dorinței permanente și al satisfacției rapide. Pentru că acesta este contrariul fericirii.

Țelurile te fac fericit

Vedem: suntem unde suntem astăzi pentru că sistemul de recompense ne-a îndemnat mereu spre performanțe tot mai mari. Motivându-ne să ne orientăm după obiective pe termen lung, are chiar un efect pozitiv asupra fericirii noastre. Acceptăm privațiunile și drumurile grele pentru că știm: cu cât a trebuit să trudim mai din greu la câștigul nostru, cu atât mai euforică este senzația de fericire. Obiectivele pe termen lung dau vieții o structură și un rost - și asta ne face să ne simțim pur și simplu bine.

Este însă important să ne căutăm țeluri pe care chiar putem să le atingem. Dacă ni le fixăm prea sus, ajungem să fim dezamăgiți. Este mult mai bine să lucrăm la obiective mici, de etapă - acestea ne produc bucurii în drumul spre obiectivul final, ne dau sentimentul că fericirea este cu adevărat în mâinile noastre și ne motivează pentru noi eforturi.

Apropo: este dovedit că încrederea și o viziune optimistă (dar în același timp realistă) prelungesc într-adevăr viața!

Contrariul se întâmplă când ne comparăm mereu cu ceilalți, care, după părerea noastră, „au reușit deja". Pentru că acest lucru devalorizează propriile noastre țeluri și ne dă sentimentul de neputință.

Pe scurt: nu există fericire în „Vreau și eu să fiu ca aia!", pentru că cine spune că viața celorlalți este cu adevărat ce vrem *noi* și ce ne trebuie *nouă*? Iarba vecinului pare totdeauna mai verde...

În loc de asta, trebuie să ne găsim o sarcină care să fie legată nemijlocit de interesele și calitățile *noastre*.

Flow

Și cu asta ajungem la punctul „motivație". Dacă atingerea unui țel ne face fericiți depinde și de motivul pentru care vrem să-l atingem. Activitățile motivate intrinsec, de pildă - lucrurile pe care le facem pentru că ne plac, ne captează interesul sau duc la creșterea noastră personală - ne mulțumesc mai mult decât activitățile motivate extern - lucrurile pe care le facem doar pentru că primim o răsplată.

Un exemplu: dacă cuiva îi place să cânte la pian, va exersa bucuros mult și disciplinat, pentru a se perfecționa mereu. Dacă vreodată munca grea îi aduce și o recompensă, de pildă dacă publicul o ia razna la un concert, este senzațional. Momentul este un dar, însă, ulterior, și lunga perioadă de exercițiu este percepută ca o împlinire. Dacă însă cineva cântă la pian doar pentru că este plătit, exercițiul este o muncă grea și aplauzele de la sfârșitul concertului nu sunt pentru pianist decât un gest drăguț.

Putem să ne cufundăm cu totul în activități motivate intrinsec. Trecerea timpului, foamea, setea - toate ne sunt indiferente dacă suntem copleșiți de ceea ce facem. Gândiți-vă la copiii mici care uită tot ce este în jurul lor când se joacă. Mie mi se întâmplă asta când scriu sau când produc filmulețe. Fascinația față de subiect, procesul de creație și meșteritul tehnic - iată o combinație care mă absoarbe cu totul. În principiu, în acest caz nu este nevoie de recompensă, procesul în sine este o fericire. Psihologii numesc această „absorbție" „flow" și ne sfătuiesc să o căutăm cât mai des cu putință - în timpul liber și la lucru. Astfel, sistemul de recompense este în elementul lui: provocările care duc la creșterea personală sunt înviorătoare, motivează și produc bucurie pe termen lung.

În ce anume găsiți acest „flow" aproape că nu contează - sport, pictură, șuruburi de mașină, important este să vă implicați! Pe lângă dorința constantă, nervoasă, lenea este și ea o adevărată dușmană a fericirii.

Marele noroc este, bineînțeles, să fii absorbit de munca ta - pentru că ne petrecem jumătate de viață muncind. Cu atât mai bine dacă aici găsim un izvor al fericirii!

Recunoștința te face fericit

Filosoful și juristul englez Francis Bacon a spus la un moment dat că nu cei fericiți sunt recunoscători. Ci cei recunoscători sunt fericiți. Ceea ce el știa deja la începutul secolului al XVII-lea este susținut de vreo douăzeci de ani cu dovezi științifice. Unul dintre primii oameni care au studiat în mod empiric efectele recunoștinței asupra dispoziției noastre - mai degrabă fără voia lui - a fost profesorul de psihologie Robert Emmons din California. Subiectul i-a fost încredințat grupului său de lucru și așa a început diferite cercetări - cu rezultate uimitoare. În cel mai cunoscut experiment al său, a pus trei grupe de subiecți să scrie timp de zece săptămâni câte o scurtă însemnare în jurnal, seara: cei din primul grup trebuiau să noteze cinci lucruri pentru care erau recunoscători. Cei din al doilea scriau cinci necazuri, iar cei din al treilea, cinci lucruri importante din ziua respectivă. Rezultatele au fost clare: participanții care țineseră „jurnalul recunoștinței" erau, după cele zece săptămâni, mult mai optimiști, se simțeau mai plini de viață și se bucurau mai mult de ea decât cei din celelalte două grupe. În plus, se simțeau mai sănătoși pentru că îi dureau mai puțin burta și capul, sufereau mai puțin de amețeli și de tensiune musculară, făceau mai mult sport și dormeau mai bine. Între timp, aceste efecte au fost confirmate și completate prin alte studii. Și primele cercetări neurologice pe acest subiect arată că recunoștința este însoțită de activări ale unor zone ale creierului care participă la planificarea acțiunilor și la perceperea bucuriei: cortexul cingular anterior și cortexul prefrontal. Oamenii care reflectează regulat la recunoștință nu au parte doar de mai multe sentimente pozitive, cum ar fi interesul, încântarea, bucuria și mândria, ci și de mai puține sentimente negative cum ar fi tristețea, teama și stresul. Încrederea în valoarea proprie crește și greutățile sunt mai ușor de purtat, iar în plus oamenii recunoscători sunt mai săritori, mai bine integrați social și au relații mai fericite. Acest efect este probabil mijlocit de o producție sporită de oxitocină. Și acum, auziți: apreciază și că bucuria vieții din perspectiva eudemonismului este mai mare. Recunoștința te face să simți că e bine să fii pe lume – că viața este importantă și are un sens.

Ideea unui jurnal al recunoștinței mi se pare excelentă. Îți schimbă imediat perspectiva asupra lumii și te învață să-ți îndrepți de dimineață percepția spre aspectele pozitive ale vieții cotidiene: „Mamă, ce răsărit tare! Pe ăsta îl scriu diseară!" – Și te-ai bucurat deja de două ori. Și nici nu trebuie să fie în fiecare zi. Pentru că există riscul obișnuinței, este chiar mai bine să reflectezi doar o dată la trei zile sau o dată pe săptămână la recunoștință. Așa efectul durează mai mult.

Extinzând exercițiul, putem să mai scriem și cum am contribuit noi la experiența frumoasă. De exemplu: „Mi-am făcut timp să privesc răsăritul ăla tare." Poate să sune banal, dar pune în evidență faptul că adesea este suficient să facem ceva mic pentru a trăi momente frumoase, pentru care putem fi recunoscători. Declanșează sentimentul că suntem eficienți și ne produce mulțumire. Și, în cele din urmă, creierul nostru învață prin exercițiu să aibă în general o atitudine mai recunoscătoare în lume – și, în plus, produce fericire, atât hedonistă, cât și eudemonică.

Unde simțim sensul mai înalt?

Suntem așadar deja în miezul eudemonismului, al mulțumirii aduse de o viață plină de sens. Puteți probabil să vă închipuiți că cele care corespund mulțumirii pe termen lung în creier sunt semnificativ mai greu de descoperit decât cele legate de plăcere și bucurie. Percepția subiectivă joacă aici un rol mai important decât în cazul oricărui alt sentiment.

Cum să măsori lucruri de felul împlinirii sau al sensului vieții?

Într-adevăr, știința se află aici pe un drum foarte interesant – printre altele, în baza unei descoperiri întâmplătoare (din nou), care a făcut vâlvă.

Marcus Raichle de la Washington University din St. Louis a fost, la începutul anilor 1990, unul dintre primii neurologi care au studiat procesele din interiorul creierului omenesc cu scanere moderne. Pe atunci, ca și astăzi, activitatea creierului era înregistrată în două momente diferite: o dată în așa-numita stare de repaus - adică subiecții stau întinși, cât pot de relaxați, în aparat - și o dată în timpul experimentului, când participanții trebuie să-și concentreze atenția pe o sarcină concretă. Abia comparând aceste două secvențe de imagini, oamenii de știință pot identifica ce zone ale creierului „se ocupă de treabă". După o vreme, Raichle a dat peste un fenomen straniu: existau zone în creierul subiecților lui care nu își amplificau activitatea, ci o reduceau în momentul în care treceau de la odihnă la o anumită activitate. În clipa în care puteau însă din nou să se relaxeze, aceste zone se luminau din nou. Părea așadar că „în repaus" lucrau intens la ceva.

Într-adevăr, și alți neurologi observaseră acest lucru, alături de o altă descoperire enigmatică: când se presupune că creierul nostru nu face nimic, nu își limitează, cum ne-am putea aștepta, consumul de oxigen. Acesta rămâne în mare măsură constant. Încă un indiciu că celulele cenușii lucrează la ceva când ne odihnim.

În cele din urmă, Marcus Raichle a fost primul care s-a apucat să cerceteze mai îndeaproape această presupusă „stare de repaus" și a publicat în 2001 concluzii revoluționare: descoperise o întreagă rețea de puncte nodale în creier, care în stare de repaus încep să lucreze sincron și se retrag imediat în momentele de concentrare. Raichle a dat rețelei numele „default mode network", adică „rețeaua din starea de repaus" și a pus astfel piatra de temelie pentru o serie întreagă de studii ulterioare, care după puțin timp aveau să facă legătura la niveluri cât se poate de variate tocmai între această rețea și felul în care percepem fericirea și nefericirea. Dar să începem cu începutul.

Creierul nostru nu stă niciodată degeaba
Default Mode Network

Pentru început, Raichle dovedise cu descoperirea default mode network ceea ce intuiserăm dintotdeauna: creierul nostru nu stă niciodată fără să facă nimic. Ci macină permanent gânduri: analizăm întâlnirea de ieri cu un prieten, ne închipuim cum va fi discuția de mâine cu șefa sau ne întrebăm pur și simplu ce am vrea să mâncăm diseară. Pentru că nu avem nevoie de un declanșator extern, această activitate se numește „gândire independentă de stimuli". Gândurile ne vin pur și simplu, visăm cu ochii deschiși – și anume în default mode network. Din punct de vedere anatomic, această rețea cuprinde părți ale cortexului prefrontal, cortexul cingular posterior, hipocampul, părți laterale ale lobilor parietali și precuneusul, o mică porțiune din partea superioară a lobilor parietali. Și își face mereu apariția când nu trebuie să ne concentrăm, ci lăsăm gândurile să rătăcească în voie. Când ascultăm muzică, când alergăm, când ne spălăm pe dinți – dar și când munca nu ne captivează cu totul sau când suntem obosiți. Atunci divagăm. *A, trebuie apoi să cumpăr urgent pâine.* Sau: *Oare o să citească cineva cartea asta?*

Cercetările legate de default mode network sunt încă recente și mai au mult până să fie încheiate, dar, după toate aparențele, activitatea lui nu este nicidecum o reflecție în gol, inutilă. Studiile făcute în continuarea celor ale lui Raichle au condus la următoarea ipoteză: când se declanșează această rețea, ne gândim la noi înșine, la lucruri trăite în trecut. Evaluăm din nou, gândim atitudini și acțiuni și facem planuri. Ceea ce pare de la sine înțeles este de fapt fascinant: aceste procese ne fac să înțelegem că suntem indivizi cu un trecut unic și un viitor pe care îl putem modela - și, astfel, default mode network pare a fi responsabil pentru - nici mai mult, nici mai puțin - conștiința de sine.

În plus, când visăm cu ochii deschiși, îi implicăm și pe alții: cum îi percepem și ce cred oare despre noi? Așa putem să ne punem în locul lor, să ne privim prin ochii lor și să includem perspectiva lor în judecata noastră. Default mode network pare deci să joace un rol și în privința empatiei și a moralei - și, astfel, a formării de legături.

Și, în cele din urmă, lăsându-le să „ne treacă prin cap", putem să ordonăm trăirile din lumea noastră și să le apreciem însemnătatea. Să găsim în ele un sens. De mare ajutor ne este mai ales ceea ce se numește atât de încântător în engleză *mental time travel* (aproximativ: „călătorie în timp cu gândul"), pentru a formula obiective pe termen lung și a le da curs. Doar datorită capacității de a ieși din momentul prezent putem cuprinde un concept de tipul „sensului vieții".

Și asta ne aduce înapoi la eudemonism, la „viața plină de sens". Este posibil ca default mode network să fie o premisă pentru ca să ne-o putem închipui și să tindem spre ea. Mai este și alt lucru interesant: default mode network se intersectează în cortexul prefrontal cu buclele sistemului de recompense - locul bucuriilor noastre de moment. Oare aici s-ar putea întâlni fericirea hedonistă și eudemonismul cu eul? Pentru a găsi răspunsul, trebuie să privim mai îndeaproape partea luminoasă și pe cea umbrită a default mode network.

Lumină și umbră în default mode network

În ceea ce privește partea luminată: într-adevăr, primele studii au ajuns la concluzia că principalele structuri ale default mode network – precuneus și cortexul prefrontal – au un volum mai mare la cei care socotesc că viața lor e plină de sens și care sunt fericiți decât la cei nemulțumiți.

În ceea ce privește partea umbrită: gândirea poate să te facă și nefericit. Într-un chestionar la care au răspuns peste 2 000 de oameni, cei mai mulți au spus că în timpul aproape oricărei activități (în afară de sex), gândurile li se învârtesc în jurul lucrurilor care îi nemulțumesc. Obținem așadar găsirea eului și a sensului cu prețul unor faze de proastă dispoziție? Sau această nemulțumire este legată strict de faptul că visarea cu ochii deschiși este privită de societate ca pierdere de timp?

Mie uneia îmi place din când în când să privesc în gol și să mă las în voia gândurilor.

Lucrurile pot deveni problematice când, din cauza visării cu ochii deschiși, unii oameni cad pe gânduri. Asta înseamnă că gândurile lor nu hălăduiesc libere și flexibile, ci se concentrează pe lucruri rele. Se tot învârtesc în jurul unor presupuse greșeli sau defecte personale și nu se pot elibera singuri din această spirală negativă. Sigur că așa ceva nu te face tocmai fericit. Este perfect normal să ne gândim și la experiențele neplăcute, să ne ocupăm mai mult decât ne-ar plăcea de comentariul jignitor al unui coleg de muncă sau de întâlnirea neplăcută cu o șoferiță de autobuz prost-dispusă. Dar, dacă acest vârtej de gânduri ia prim-planul, poate fi semnul unei depresii sau un factor de risc.

Cum se poate întâmpla așa ceva? Este posibil ca aici să fie implicată și o tulburare a default mode network.

Lucruri bune pe lume sunt trei... rețele

Pentru aceasta trebuie să știm: este încorporat într-un sistem cu alte două rețele. Amândouă reprezintă un fel de adversar al lui – sau putem să le numim și coechipieri, pentru că sunt de fapt completarea lui perfectă: prima este așa-numita rețea executivă. (Strict vorbind, există mai multe, dar de dragul simplității ne concentrăm însă asupra uneia dintre ele.) Iese totdeauna la iveală când trebuie să ne concentrăm – când este nevoie de atenție încordată, de gândire îndreptată spre un țel și când trebuie luate decizii.

Iar a doua, așa-numita rețea de salientă, mijlocește o atenție extinsă, concentrată pe exterior. Filtrează toți stimulii din mediu și hotărăște în funcție de cadru ce este de făcut. Dacă se întrevede vreun pericol, activează „sistemul de stres" din corp – atunci nu e cazul nici să ne concentrăm, nici să stăm pe gânduri, ci să luptăm sau să fugim. Celelalte două rețele sunt neutralizate fără formalități. Rețeaua de salientă este de pildă de vină dacă ni se „taie filmul" când suntem foarte agitați: că, aflat pe fotoliul concursului „Vrei să fii miliardar?", deodată nu-ți mai vin în minte răspunsuri la care te-ai fi gândit pe loc dacă ai fi stat comod pe canapeaua de acasă uitându-te la televizor. Dacă însă în jurul nostru totul e liniștit, rețeaua de salientă poate acționa ca un comutator între celelalte două rețele. Adică: să hotărască dacă rețeaua executivă trebuie să ne catapulteze concentrați în aici și acum, pentru a rezolva o sarcină concretă sau dacă nu cumva nu se întâmplă nimic important și ne putem relaxa – default mode network poate să „rumege".

La oamenii depresivi, default mode network este adesea hiperactiv. Când trebuie să se concentreze pe o anumită activitate, nu reușesc să-l atenueze suficient. Bruiază mereu rețeaua executivă. Asta înseamnă că, și atunci când este vorba despre altceva, acești oameni continuă să se ocupe tot de ei înșiși, mai ales de grijile sau de nefericirea lor.

Un lucru asemănător se poate observa la persoanele cu tulburări anxioase sau legate de dependențe, cum ar fi tulburările alimentare: în diferite studii s-a văzut o asociere între activitatea anormală a default mode network și cicluri de gânduri negative și nemulțumire față de propriul corp. Este posibil ca cei afectați să fie prinși în default mode networkul lor hiperactiv și astfel în ei înșiși. Și în cazul tulburării de hiperactivitate cu deficit de atenție (ADHD), default mode network pare să aibă o influență asupra faptului că cei afectați nu se pot concentra cum trebuie și au dificultăți în a-și crea legături sociale (să ne amintim: cu ajutorul default mode network putem să ne punem în locul altora, contribuie la apariția empatiei).

În plus, și tulburările din celelalte două rețele sus-amintite pot contribui la tabloul clinic sau la o comunicare modificată între rețele. Oamenii permanent supuși stresului, de pildă, au o activitate sporită a rețelei de salientă – este mereu branșată pe „alarmă". Și acest lucru se întâmplă pe spezele rețelei executive și a default mode network. Acești oameni nu reușesc nici să se liniștească, pentru a-și pune ordine în gânduri, nici nu pot să se concentreze pe aici și acum. Rezultatul sunt tulburări ale capacității de memorizare și concentrare. Stresul poate conduce astfel la *tulburări cognitive* (termenul de specialitate este *mild cognitive impairment*). Se referă la o deficiență de gândire mai pronunțată decât cea normală pentru vârsta și cultura celui afectat.

Varianta extremă a acestei modificări a activității în dauna default mode network se observă la Alzheimer. Cu cât default mode network este mai puțin activ, cu atât mai multe pierderi cognitive are cel afectat.

Informații suplimentare: structurile rețelelor
Din rețele fac parte structuri pe care în mare parte le cunoaștem deja – această cunoaștere poate ușura înțelegerea funcțiilor rețelelor. Iată o selecție:

Default mode network (visarea cu ochii deschiși, conștiința de sine):
- secțiunea frontală mediană a cortexului prefrontal: responsabilă pentru atenție, control și concentrare
- secțiunea din spate a cortexului cingular: contribuie la atenție, memorie și învățare
- secțiunea laterală a lobilor parietali, precum și polul lor superior, precuneus: joacă un rol central în imaginea vizuală și în evocarea și înfățișarea unor conținuturi ale memoriei, în special autobiografice
- hipocampul: central pentru formarea memoriei

Rețeaua de salientă (ne reglează atenția):
- amigdala: sistemul nostru de alarmă, cu un rol esențial în reacția de luptă sau fugă

- loecus caeruleus: produce noradrenalină, stres!
- cortexul cingular anterior: responsabil pentru atenție, evaluare emoțională și controlul impulsurilor, precum și pentru percepția durerii
- cortexul insular: leagă între ele emoțiile, reacțiile organelor de simț și informațiile cognitive

Rețeaua executivă (concentrare și rezolvarea problemelor):

- partea din spate a cortexului prefrontal: responsabilă pentru control, concentrare
- partea din spate a lobului parietal: responsabilă pentru atenția vizuală, contribuie la citire și calcule

Fericirea pare așadar să se bazeze – cel puțin în parte – pe echilibrul optim între default mode network, rețeaua de salientă și rețeaua executivă. Avem nevoie de default mode network pentru a ne pune pe noi și lumea din jurul nostru într-o legătură plină de sens. Dacă este prea activ, ne pierdem în noi înșine. Dacă nu-l lăsăm să lucreze îndeajuns, ne pierdem în lume.

Din această cauză, firește, oamenii de știință se întreabă de multă vreme cum putem consolida acest echilibru.

Neurologul britanic Robin Carhart-Harris realizează în acest context experimente fascinante cu droguri psihedelice: într-un cadru controlat, subiecții primesc doze „medii" de LSD sau psilocibină („ciuperci") și reacția le este studiată cu ajutorul RMN. Oamenii de știință observă lucruri remarcabile: în mod aparent, drogurile neutralizează aproape complet default mode network și creierul începe să construiască legături și rețele cu totul noi. Carhart-Harris descrie această stare ca „dizolvare a eului" și vede aici posibilitatea pentru

Default mode network

- Visare cu ochii deschiși
- Conștiința de sine

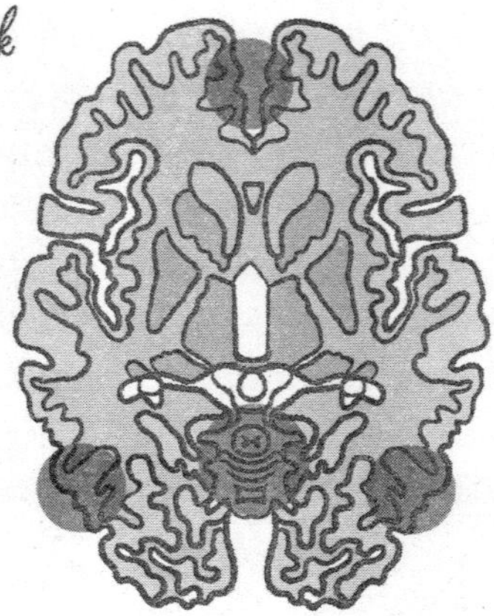

Rețeaua de salientă

- Ne îndreaptă atenția spre exterior și spre interior
- „comută” între celelalte două rețele

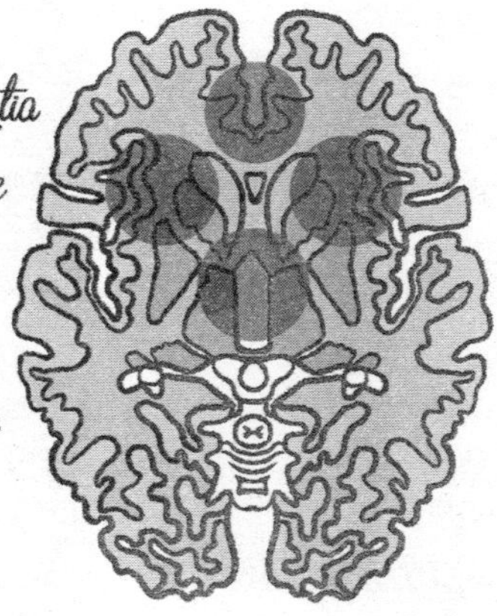

Rețeaua executivă

- Concentrare
- Rezolvarea problemelor

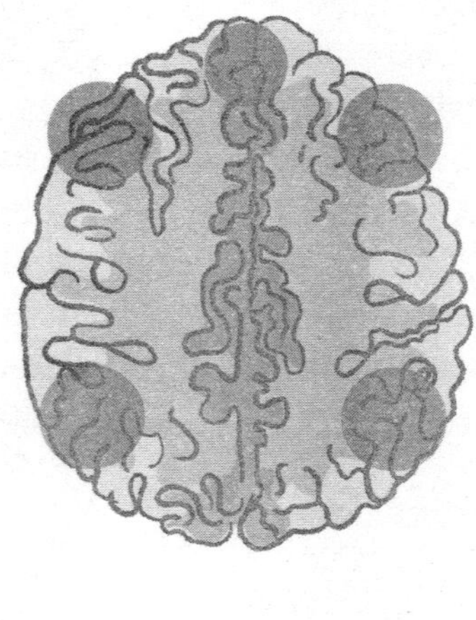

fiecare subiect să-și modifice relația cu conștiința individuală. Să se vadă ca prin niște „ochi noi" și să modifice anumite comportamente. În mai multe studii (mici), printr-un asemenea tratament, simptomele unor suferinzi de depresie s-au ameliorat semnificativ. Coordonatorii studiilor speră să-i elibereze în acest fel pe suferinzii de depresii, de afecțiuni legate de dependență și de anxietate de modul lor de comportament care le creează blocaje și să-i scape de simptome. Până când această metodă va fi aplicată clinic mai este nevoie de muncă de cercetare, dar rezultatele ne pot arăta drumul spre viitor.

O cheie a fericirii

Deocamdată mai există o posibilitate (ceva mai ușor de practicat și, pentru moment, mai puțin ilegală) de a împiedica gândurile să o ia prea mult razna și să se rătăcească eventual pe cărări greșite: meditația. În capitolul „Sunt sub presiune! – Stres curat!" ne-am ocupat deja de atenția la sine – un fel de meditație la care trebuie să te concentrezi doar pe aici și pe acum și să accepți pe moment fiecare experiență fără a-i atribui vreo valoare. Sună ca opusul perfect al „gândului rătăcitor". Și, într-adevăr, studiile prin RMN au arătat că activitatea default mode network scade când profesioniștii meditează. Aceștia vorbesc și despre mai puține rătăciri ale gândului decât persoanele care nu meditează. În plus, și aceasta este poate observația-cheie, prin meditație comunicarea între diferitele rețele se modifică. Se schimbă mai alert între ele, deci creierul comută mai flexibil între atenție concentrată și gânduri rătăcitoare. Iar această flexibilitate, numită științific „metastabilitate", pare să fie cheia fericirii – echilibrul optim.

Este posibil ca datorită acestei metastabilități să putem mai întâi să ne ocupăm concentrați la maximum de un eveniment însemnat, iar apoi sentimentele de fericire să găsească rapid intrarea spre default mode network, unde le putem atribui un sens profund – trăind astfel fericirea în sensul de eudemonism.

Această cauzalitate este încă o ipoteză, dar este adevărat că oamenii care schimbă mai des între ele rețelele și pot face schimb rapid de informații între ele sunt mai fericiți.

Aceste observații se potrivesc cu concluziile multor alte studii, care atestă că atenția la sine și alte forme de meditație au un efect pozitiv asupra capacității noastre de concentrare și a stării de bine. Eu nu meditez, dar după tot ce am aflat despre aceste lucruri, poate că ar trebui să încep.

Cum am discutat mai pe larg în capitolul despre stres, scurte perioade de exercițiu pot deja să modifice (pozitiv!) creierul, să reducă stresul, să aline durerile și să întărească sistemul imunitar. În plus, antrenamentul te face mai rezistent în fața emoțiilor negative și sporește compasiunea, deschiderea și calmul. Și, în cele din urmă, cei care meditează descriu atât sentimente extatice de fericire care se revarsă peste ei în timpul meditației, cât și o mulțumire constantă mai mare în viață. După cum sună, pare că merită încercat.

Fericire prin mișcare

Un alt mod de a experimenta sentimente de fericire pe termen scurt, care, în plus, are un efect pozitiv asupra bucuriei de a trăi, este mișcarea! Nu pot decât să confirm acest lucru. Îmi place la nebunie să alerg sau să fac exerciții fizice. La studioul de fitness unde merg există un curs la care antrenoarea îi conduce spre performanțe maxime pe toți participanții, strigând pur și simplu la noi. „Nu știu cine v-a zis vouă că la alergat trebuie să lăsați picioarele să cadă moale, ca niște saci de cartofi. Nu așa!" Poate că sună răutăcios, dar este motivație pură: „Nu sunteți niciodată moi! Picioarele voastre sunt pene, arcuri, elastice și puternice, vă împing înainte dinamic, puteți să zburați!" Și bate din palme în ritmul muzicii date îngrozitor de tare. „Tac, tac, tac, mai repede, se poate!" Mi se face pielea de găină în timp ce scriu: vrei să-i arăți că picioarele tale sunt cu adevărat arcuri, că poți cu adevărat să zbori pentru ea și dai totul din tine. Plămânii ard, mușchii dor – și este pur și simplu supertare. În asemenea momente simt de-a dreptul cum hormonii de stres adunați ies din corpul meu și în locul lor se revarsă în mine o cantitate imensă de energie pozitivă.

Faptul că sportul de anduranță poate să elimine stresul și sentimentele de anxietate, să reducă durerile și să creeze bună-dispoziție este incontestabil, și nu de ieri, de azi. La persoanele depresive, sportul poate avea eficiența unei terapii medicamentoase.

Ați auzit, cred, cu toții, de conceptul „runner's high", care descrie chiar acest sentiment euforic care însoțește antrenamentele fizice grele. Starea aceasta, asemănătoare cu o beție, apare în momentul culminant al unui antrenament intens: deodată efortul se diminuează, picioarele par să alerge singure, ai sentimentul că vei putea alerga la nesfârșit, ca Forrest Gump. Cea mai concludentă explicație a fenomenului este că corpul eliberează endorfine – propriile noastre „droguri euforice" – în timp ce facem sport. Poate că în trecut rolul lor era să ne ajute la vânătoare, ca să nu renunțăm la pradă nici după o urmărire de mai multe ore.

Ipoteza a fost multă vreme contestată, pentru că este complicat să demonstrezi eliberarea de endorfine în creier. Însă, în cele din urmă, niște oameni de știință din München au reușit: le-au injectat unor alergători de cursă lungă un medicament cu marcaj radioactiv, care se atașează de aceiași receptori ca opioidele produse de corp și i-au pus să alerge două ore. Înainte și după, oamenii de știință i-au analizat cu un scaner și au comparat cantitatea medicamentului cu marcaj radioactiv atașată de creierul lor. Și, într-adevăr: dacă înainte de runda de alergare se împrăștiase mult pe suprafața creierului, după aceea aproape dispăruse – în timpul alergării, creierul își formase propriile endorfine, care ocupau acum receptorii. De aceea nu mai ajungea medicamentul la ei. O analiză atentă a arătat: endorfinele fuseseră eliberate mai ales în cortexul prefrontal și în sistemul limbic. Adică exact în zonele care participă la apariția sentimentelor și la percepția durerii. Mda, acum poate că o să spuneți: „Alo? Cine poate să alerge două ore pe zi?" Iar eu pot să vă spun: în niciun caz eu. Dar: efectul pozitiv al sportului asupra dispoziției este demonstrat de numeroase alte studii – așa că putem foarte bine să presupunem că și perioadele mai mici de antrenament duc la eliberarea endorfinelor.

În plus, se discută despre o producție sporită de canabinoide organice în timpul sportului. Aceste substanțe seamănă cu cannabisul din marijuana – ca și opioidele, alină durerile și dau stări de euforie, în plus ajung fără probleme la creier. Se pare așadar că propriul nostru corp formează un adevărat cocteil de droguri euforizante când facem mișcare. Și în ceea ce privește legătura între doză și efectul sportului asupra bunei-dispoziții, din punct de vedere strict științific, aceasta poate fi sintetizată după cum urmează: mult te ajută mult. Și anume, după cum spuneam, și pentru starea noastră de bine pe termen lung. Oamenii care fac regulat sport sunt mai rezistenți la stres, mai rar triști și au mai puține temeri. Explicația despre care discută oamenii de știință ar fi formarea unor noi celule nervoase în creier și legătura nouă ce se face între ele. Am mai vorbit despre amândouă: neurogeneză și neuroplasticitate. Studiile indică, atât la oameni, cât și la șoareci, că prin exercițiu fizic de anduranță constant, în rotița hamsterului sau pe banda de alergat, se formează mai mulți neurotransmițători și factori de creștere, care fac să germineze în hipocamp noi celule nervoase și duc la o mai bună funcționare a cortexului prefrontal. Mai ales la copii, sportul are un efect pozitiv asupra creierului – asupra capacității de concentrare și învățare, a memoriei și a controlului impulsurilor. Iar la cei mai bătrâni, activitatea fizică poate, pe lângă crearea de noi legături, să încetinească și degradarea țesutului cerebral survenită odată cu vârsta – adică să mențină într-o anumită măsură creierul mai tânăr.

Toate aceste efecte înseamnă o ameliorare a performanțelor cognitive, a memoriei, a dispoziției și, pe lângă acestea, o stare de bine mult mai pronunțată. Așa că nu mai stați, puneți-vă adidașii și la treabă!

Serotonină și fericire? – E complicat

Poate că vă mirați că până acum nu am vorbit deloc despre serotonină. De ani întregi face carieră în presă ca „hormon al fericirii": cu cât putem să avem mai multă în creier, cu atât mai bine. Dar chiar așa să fie?

În capitolul „Despre jale și durere – Prieten la nevoie", am pomenit deja despre asta. În primul și în primul rând: serotonina nu este hormon, ci neurotransmițător. Dacă primii sunt trimiși ca substanțe-mesager din organele care produc hormoni, ca glanda tiroidă sau glanda suprarenală, prin sânge către organele-țintă, neurotransmițătorii transmit informații de la o celulă nervoasă la alta. Ca neurotransmițător, serotonina participă la direcționarea semnalelor, atât în sistemul nervos central, cât și în cel periferic. În creier se formează în nucleii Raphe, o mică zonă a trunchiului cerebral, și de acolo se creează legături serotoninergice cu aproape toate zonele organului gândirii. Poate să se atașeze la peste o duzină de receptori și participă prin aceștia la numeroase procese: la controlul foamei și al setei, al ritmului somn-trezie, al percepției durerii și fără îndoială și la starea noastră emoțională.

Cariera serotoninei ca purtător de noroc a început în anii 1950 și 1960, când oamenii de știință au observat că medicamentele care creșteau cantitatea de serotonină din creier atenuau depresiile. Acești așa-numiți inhibitori de recaptare a serotoninei creșteau concentrația de serotonină în fanta sinaptică dintre două celule nervoase, astfel încât să poată avea un efect prelungit. Așa s-a născut „ipoteza serotoninei", s-au dat milioane de rețete pentru inhibitori de recaptare a serotoninei și în același timp s-a răspândit presupunerea: dacă lipsa de serotonină provoacă în mod evident depresia, e clar că o doză suplimentară te face cât se poate de fericit!

Cu toate acestea, studiile au început să producă după puțin timp concluzii contradictorii: uneori inhibitorii păreau să aline depresia, alteori nu se vedea niciun efect, altădată, unul comparabil cu al produselor de tip placebo. Cu adevărat nu s-a putut demonstra niciodată o lipsă de serotonină la cei suferinzi de depresii – motiv pentru care astăzi experții se contrazic în privința presupusului efect pozitiv în combaterea depresiilor al creșterii cantității de serotonină din creier. Este posibil ca efectul medicamentelor uzuale să poată fi explicat printr-un cu totul alt mecanism (vezi în acest sens și capitolul „Despre jale și durere – Prieten la nevoie").

Nimeni nu contestă faptul că o dereglare a sistemului serotoninei poate aduce cu sine o stare de spirit negativă – însă până astăzi legătura între cantitate și efectul asupra dispoziției nu este lămurită. Pentru că inhibitorii de recaptare a serotoninei au și efecte secundare: greață, dureri de cap, scăderea libidoului. Și un lucru este sigur: un exces de transmițător în creier (de pildă printr-o combinație nepotrivită de medicamente) conduce la sindromul serotoninergic, care îți poate pune în pericol viața, cu febră, spasme musculare, tulburări de ritm cardiac și amețeală.

„Ipoteza serotoninei" este așadar contestată și același lucru este valabil pentru efectele serotoninei ca „moleculă a fericirii" pentru oamenii sănătoși. Cu siguranță nu are niciun efect să ne îndopăm cu alimente cu conținut de serotonină, pentru că molecula nu ajunge în creier din sânge. De aceea comercianții de suplimente alimentare laudă predecesorul ei, triptofan, pe care îl vând sub formă de praf scump – acesta ajunge în creier și acolo este transformat în serotonină. Din acest motiv un studiu sistematic de amploare al ONG-ului independent Cochrane Collaboration a analizat îndeaproape 11 studii mai mici care cercetau legătura dintre administrarea de triptofan și un efect de schimbare în bine a dispoziției. Doar două dintre studii erau efectuate în așa fel încât să poată fi socotite concludente, iar esența lor era următoarea: *este posibil* să existe efecte mai bune decât ale produselor de tip placebo. Înainte de a se putea însă recomanda administrarea de triptofan, mai trebuie efectuate alte studii, mai amănunțite. În plus, lipsa de triptofan în cazul unei alimentații cât de cât normale este extrem de improbabilă.

Ce se poate așadar spune cu siguranță despre relația dintre serotonină și fericire este că e complicată.

Muzica e fericire

Muzica poate să te facă fericit, cu o intensitate copleșitoare. Îmi amintesc de o experiență minunată pe care am trăit-o în urmă cu câțiva ani la Londra. Am fost cu Jonas și cu câțiva prieteni la Royal Albert Hall, ca să-i vedem în concert pe Max Richter și Daniel Hope cu „Recomposed: Vivaldi – The Four Seasons". Abia așteptam, până la urmă locul este fascinant. În rândul din fața noastră stăteau doi băieți destul de relaxați – cu șepci, pantaloni largi și teniși – care glumeau mereu și spuneau vorbe șmechere. Și eu mă gândeam: *Ce amuzant că au chef de muzică clasică.* Apoi a răsunat muzica și pe mine m-a prins din prima. Nu mi se întâmplă des, dar eram copleșită cu totul – cu piele de găină și lacrimi în ochi. La un moment dat – pierdusem orice noțiune a timpului – au izbucnit aplauze bubuitoare. Concertul se terminase brusc. Luminile s-au aprins, lumea s-a ridicat în picioare, la fel și băieții meseriași – și am avut în față patru ochi înlăcrimați.

— A fost cel mai frumos lucru pe care l-am auzit vreodată, omule! a spus unul.

— Pe bune, omule, să mor eu, celălalt.

Și aflați încă sub vraja muzicii am ieșit cu toții din sală.

Mi se pare aproape magic cum poate să te prindă cu totul muzica deodată. Cum câteva unde sonore îți pot provoca, în funcție de compoziție, bucurie pură, emoția cea mai profundă sau chiar o stare extatică. Și ce să mai vorbim despre cântat!

Dar de ce are muzica o putere atât de fascinantă asupra noastră?

Nu știm acest lucru până în cel mai mic detaliu. O ipoteză este că anumite cântece ne amintesc de trăiri emoționante și că le trăim din nou în minte – însoțite de revărsarea de sentimente. Este de asemenea demonstrat că muzica stimulează sistemul de recompense și creează opioide în corp. Și acesta este de fapt lucrul enigmatic, pentru că sistemul de recompense este pus în mișcare doar de stimuli importanți pentru supraviețuire (sau de droguri): mâncatul, băutul, sexul. Dar muzica?

O explicație posibilă spune că creierul nostru o percepe ca pe un stimul potențial relevant pentru supraviețuire și de aceea încearcă pe cât îi stă în putere să prezică evoluția sunetelor. Creează așadar o așteptare – prin dopamină – lucru interesant, care ne face inimile să bată mai repede. Dacă apoi urmează armoniile pe care le anticipase creierul (această teorie se numește și „teza anticipării"), acest lucru este perceput ca recompensă – *we like!* Dacă armoniile ne surprind în mod plăcut, atunci explodează rachetele de dopamină: „Mamă, ce piesă mișto!" Dacă însă sunetele reale deviază prea mult de la așteptările noastre, nu știm exact ce să facem – lasă sistemul de recompense rece. Sincer, mie așa mi se întâmplă cu un jazz cu prea multă improvizație. Mi se pare că sună ca niște pârțuri date în cadă.

Și în cele din urmă componenta socială a muzicii ar putea să explice emoția noastră și, astfel, și sentimentul de fericire.

Peste epoci și culturi, oamenii fac muzică împreună, cântă și dansează, comunică prin sunete – și întăresc astfel legăturile. Și acestea, o știm, sunt esențiale pentru noi. În plus, muzica poate să aline temerile, stresul și durerile – iar pericolul de a deveni dependent este aici relativ redus.

Informații suplimentare: pielea de găină

Dacă tot am ajuns la emoții copleșitoare – ce este de fapt pielea de găină? Pielea de găină sau, academic, „piloerecția" (*pilus* este „păr" în latină) poate fi înțeleasă când ne este frig: atunci, cârmaciul sistemului nostru nervos autonom, hipotalamusul, activează sistemul simpatic și face ca, prin mușchi mici de pe foliculii de păr de pe piele, musculi arrectores pilorum, părul să ni se ridice. Acest reflex își are probabil originea în vremurile în care strămoșii noștri mai aveau blană. Între perii ridicați ai blănii și piele se forma o pernă de aer, care proteja corpul de frig – așa se încălzesc și astăzi animalele cu blana sau penele ridicate.

Dar pielea de găină apare și ca *free giveaway* în momentele foarte emoționante. De pildă, când într-un moment neplăcut ni se ridică literalmente părul în cap – când ne este teamă sau suntem șocați. Și această reacție se explică probabil prin comportamentul strămoșilor noștri păroși: când se temeau, încercau să devină cât mai mari – blana ridicată le era de ajutor. Cam ca la o pisică, care face cocoașă și își umflă coada și se întinde când se simte amenințată.

Și, last but not least, ni se face pielea de găină în momentele care ne mișcă profund – la cântece tulburătoare sau la scene emoționante din filme, cărți sau piese de teatru.

În ceea ce privește muzica, mai ales schimbările surprinzătoare ale modelului muzical dintr-o melodie par să ne facă pielea de găină pe tot corpul. De pildă armoniile neașteptate, o temă nouă, un crescendo sau intervenția soliștilor. Acest lucru s-ar potrivi cu „teza anticipării" emoției simțite în timpul muzicii. Aceasta afirmă că creierul nostru încearcă să prevadă desfășurarea sonoră a unui cântec – și se simte fie confirmat, fie plăcut surprins. Ambele stimulează sistemul de recompense. Unii oameni de știință văd schimbarea bruscă din muzică și ca pe un echivalent al unei schimbări neașteptate de temperatură – declanșatoare a așa-zisei ridicări eronate a părului. Neurologul Jaakl Panksepp, cu care am făcut deja cunoștință în capitolul „Despre jale și durere – Prieten la nevoie", a formulat în schimb teza conform căreia pielea de găină este de fapt un semn al unei emoții negative, concret, al durerii sau al temerii provocate de o pierdere. A observat că strigătele puilor de animale despărțiți de mama lor fac ca acesteia să i se ridice părul, respectiv penele. După părerea lui, dușul rece rezultat de aici a făcut-o pe mamă să-și caute puiul, ca să-i simtă căldura. Ar fi vorba despre același val rece provocat astăzi de muzica emoționantă sau de imagini tulburătoare.

O fi adevărat pentru cântece și filme triste – dar ce se întâmplă cu momentele extraordinare în care ni se face pielea de găină? Când câștigă echipa favorită de fotbal sau când suntem pur și simplu profund impresionați?

Faptul că pielea de găină poate fi o senzație plăcută a fost demonstrat de oameni de știință din Canada. Aceștia au observat că fiorul care-ți ridică părul declanșat de muzică este însoțit de activarea sistemului

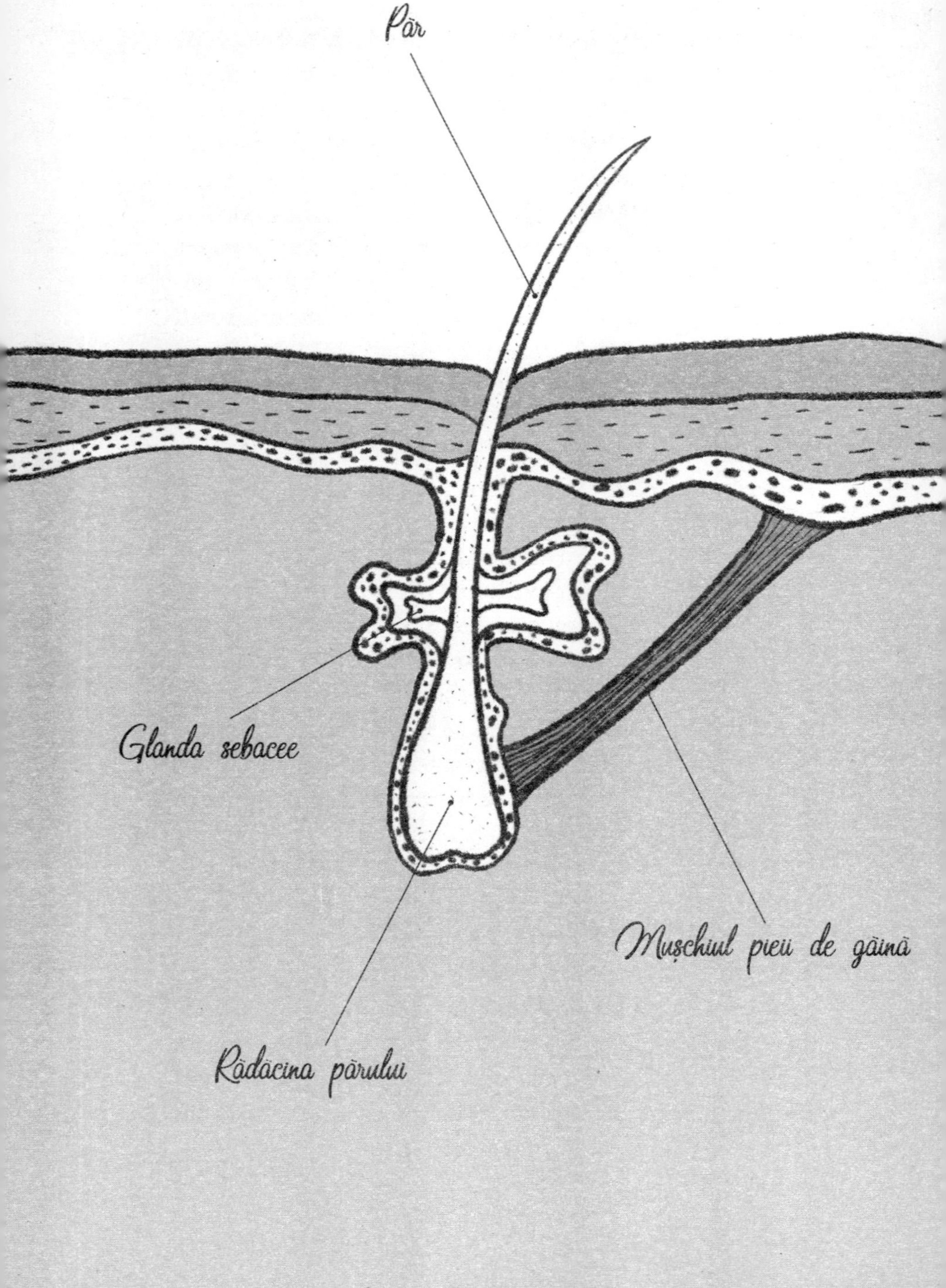
Păr
Glanda sebacee
Mușchiul pielii de găină
Rădăcina părului

de recompense. De aceea au mai numit frumos pielea de găină *skin orgasm* – adică „orgasmul pielii".

Poate însă că pielea de găină este pur și simplu semnul că un sentiment ne dă pur și simplu pe spate – atât de puternic, încât la început nici nu putem spune exact dacă este bine sau rău. În momentul copleșitor ne simțim pentru o scurtă perioadă lipsiți de apărare și vulnerabili, motiv pentru care corpul comută pe „apărare" – și vrea să facă blana protectoare să se ridice.

Se poate cumpăra fericirea?

Înapoi la fericire. Ne-o putem cumpăra? Foarte multă lume presupune că banii sunt importanți doar pentru asigurarea nevoilor elementare – hrană, îmbrăcăminte, chirie –, dar, dincolo de acestea, nu ar aduce o mai mare fericire în viață. Un venit anual 75 000 de dolari (adică, grosso modo, 65 000 de euro, un alt studiu vorbește despre 90 000 de dolari, aproximativ 80 000 de euro) ar fi limita magică, peste care legătura dintre bani și starea de bine ar fi foarte slabă. La această cifră este redus un studiu semnificativ și mult citat din 2012 realizat de doi laureați ai Premiului Nobel, Angus Deaton și Daniel Kahneman, care au evaluat interviuri cu 45 000 de americani. O privire diferențiată asupra observațiilor celor doi oameni de știință ne arată însă că ne pot dezvălui mai multe despre influența banilor asupra fericirii.

Deaton și Kahneman fac în studiul lor deosebirea între două tipuri de percepție a fericirii: *emotional well-being* și *life evaluation*. Cea dintâi poate fi descrisă ca suma tuturor momentelor de fericire dintr-o zi. Ne spune cât de des și de intens simte cineva în viața de zi cu zi emoții pozitive ca bucuria, mulțumirea sau afecțiunea. Aceasta este valoarea care crește într-adevăr liniar până când este atinsă limita magică de 75 000 de dolari venit anual, dar după aceea atinge un platou. În acel moment sunt acoperite toate nevoile elementare și sentimentul cotidian de fericire este influențat în mai mare măsură de alți factori decât de bani.

Life evaluation, în schimb, este o unitate de măsură pentru felul în care se desfășoară toată viața. Și această să-i spunem „mulțumire de viață" crește foarte bine odată cu situația contului – fără limită superioară. Ceea ce înseamnă: banii nu împiedică faptul că din când în când ne simțim rău, ne supărăm pe ceva sau suntem triști, dar fac viața mult mai ușoară și reduc temerile legate de viitor – deci pot totuși să ne facă mai fericiți. Asta, desigur, și pentru că atât cultura, cât și societatea ne sugerează mereu: viața ta valorează mult dacă ai mulți bani. Cu alte cuvinte, capitalism.

Acum, sigur că nu doar nivelul depozitului de bani și baia duminicală în bani ne fac fericiți. Esențial este cum cheltuim banii. Dacă nu fac decât să stea în cont (în piscina din depozitul de bani), pentru că, cu slujba noastră stresantă, nu avem timp să-i cheltuim, nu vor contribui prea mult la creșterea nivelului de fericire în viață. Și probabil că nimeni nu va fi surprins: nici lucrurile materiale – o mașină mai rapidă sau tenișii colorați. Adaptarea hedonistă ne prinde veselă din urmă. Odată cu ea vine însă și posibilitatea de a-i străpunge mecanismul și de a ieși de pe banda de alergat hedonistă. Pentru că mai fericiți decât posesiunile ne fac activitățile și lucrurile pe care le întreprindem. Dacă cu tenișii colorați ne obișnuim repede, un curs de dans ne face mare plăcere în fiecare săptămână. În plus, ne amintim mai des de evenimente unice, speciale, care ne marchează mai mult decât cumpărăturile. Gândul la un răsărit în timpul unei drumeții prin Alpi poate să ne copleșească iar și iar, în timp ce parchetul extraordinar de stejar din casă ajunge repede pur și simplu podeaua pe care călcăm (sigur că și de ea poți să te bucuri de mai multe ori - dar înțelegeți diferența). Cuceririle materiale pot, e drept, să ne sporească fericirea în viață și indirect: de pildă o mașină, dacă ne dă un sentiment mai mare al libertății.

Și poate să ne aducă satisfacție faptul de a folosi banii la schimb pentru timp - de pildă pentru cineva care ne ajută să debarasăm beciul sau să curățăm ferestrele.

Activitățile variate ne țin ocupați, ne produc bucurie și ne formează personalitatea. Toate astea sunt foarte tari - dar motivul pentru care ne fac fericiți este altul. Acum ajungem la *adevărata* fericire.

Adevărata fericire

În 1938 a început la Harvard University probabil cel mai cuprinzător studiu pe termen lung al științei omenești: de peste optzeci de ani, specialiști în medicină și psihologi urmăresc viața a peste opt sute de bărbați - le însemnează perioada școlară, carierele profesionale, prieteniile, căsătoriile, divorțurile, bolile - și le pun regulat întrebări legate de sănătate, condițiile de viață și satisfacție. Le iau sânge, le scanează creierul și îi filmează când discută cu partenerii / partenerele lor. Acest studiu este un adevărat fenomen: adesea unor proiecte atât de ambițioase li se termină banii, participanții renunță sau echipa de oameni de știință nu rezistă. Dar aici totul a funcționat: până astăzi mai sunt implicați unii dintre primii participanți, care între timp au peste nouăzeci de ani, proiectul a fost continuat de-a lungul mai multor generații de oameni de știință și între timp au fost incluse în studiu și soțiile participanților, precum și aproximativ 2 000 dintre copiii lor. Participă un fost președinte american, precum și persoane bolnave psihic.

Și această cercetare unică arată: există cu adevărat, acel lucru în viață care ne face cu adevărat fericiți. Și anume indiferent de vârstă, profesie și clasă: legăturile sociale bune.

Acestea determină o adevărată spirală pozitivă: oamenii cu legături bune sunt mai sănătoși și mai veseli, oamenii mai sănătoși și mai veseli sunt mai deschiși cu alții și au relații mai fericite, care îi fac la rândul lor fericiți și sănătoși.

Solitudinea în schimb este otrava pură. Este la fel de nocivă pentru sănătate ca fumatul și excesul de alcool și mai nocivă decât a nu face sport – oamenii singuri sunt mai nefericiți și mor mai repede. Între timp acest lucru a fost analizat îndeaproape și demonstrat științific.

Decisiv nu este însă numărul de contacte. Putem să ne simțim singuri la o petrecere enormă sau între două mii de prieteni pe Facebook sau și în căsnicie. Importantă este însă calitatea relațiilor. Pentru o viață plină de mulțumire și lungă avem nevoie de oameni cu care să putem să furăm cai, să râdem și să pălăvrăgim la nesfârșit, care să ne ia în brațe și să ne ridice capul, la nevoie. Avem nevoie de relații calde, sincere, de încredere, pline de afecțiune și iubire.

Oamenii din studiul de la Harvard care, la o vârstă înaintată, sunt încă sănătoși și fericiți nu sunt aceia care la cincizeci de ani aveau nivelul ideal de colesterol – sunt cei cu cel mai ridicat grad de satisfacție în relații. Cei care, pe lângă viața profesională, și-au creat activ cercuri de prieteni și au investit în parteneriate.

Orice interacțiune cu oameni dragi ne umple venele de cocteiluri de oxitocină și opioide care ne fac să ne simțim bine - și așa rămânem bucuroși și sănătoși. Nu degeaba o suferință împărtășită este mai ușoară și o bucurie împărtășită, mai mare. Totul este mai frumos când ai companie.

Și asta nu înseamnă că în orice prietenie sunt doar zile cu soare. Văile fac parte din relații, ca și piscurile. Este firesc să mai apară certuri, contradicții și faze de evoluție greoaie. Faptul de a te putea totuși baza oricând pe cineva când contează cu adevărat - despre asta e vorba.

Mda, și ce înseamnă asta pentru noi?

Înseamnă că, în loc să alergăm după faimă și bogăție, ar trebui să ne investim timpul și energia în relații. Sigur că acest lucru nu este mereu ușor, romantic și sexy - este vorba despre o muncă de o viață.

Dar și această muncă ne place și poate fi un izvor direct de fericire. Gândiți-vă un pic: ne simțim bine mereu când facem ceva „pentru" cineva. Când îi deschidem ușa, când îi dăm un cadou, îl îngrijim când e bolnav sau îl ajutăm să rezolve o problemă. Atitudinea altruistă ne stimulează sistemul de recompense - ne face plăcere și, pe deasupra, oxitocina ne revarsă în vene sentimente pozitive ca iubirea, încrederea, recunoștința și mândria. Pentru că această atitudine socială ne folosește la ce avem mai valoros - relațiile - ne dă mai mult decât orice sentimentul că viața are un sens. Iar asta ne face - ați ghicit! - fericiți.

Numeroase izvoare ale fericirii

Vedem: în viață ne așteaptă numeroase izvoare ale fericirii. Și corpul nostru ne poate dărui sentimente de fericire prin cele mai diverse mecanisme. Deși cercetarea acestor sentimente nu este nici pe departe încheiată, devine limpede: suntem cu toții făcuți să fim fericiți. Și cu toții putem exersa fericirea. De exemplu, concentrându-ne mai mult la bucuriile vieții decât la necazuri. Și nesocotind că micile (un râset, cafeaua, soarele care strălucește) și marile bucurii (sănătatea, dragostea, familia) ni se cuvin, ci privindu-le ca ceea ce sunt: daruri prețioase. Multe dintre lucrurile pe care le percepem ca fericire sau ghinion nu se întâmplă decât în capul nostru – și ne putem schimba perspectiva asupra lucrurilor. Căci creierul nostru este o structură plastică și avem posibilitatea fascinantă de a-i da formă. Putem exersa modul în care vrem să percepem și să experimentăm situațiile. Și dacă exersăm emoțiile pozitive, la un moment dat vin singure.

Nu mă înțelegeți greșit, nu-mi doresc în niciun caz ca de acum încolo să ne plimbăm toți prin viață molâi și cu un zâmbet idiot constant, să reprimăm orice sentiment „negativ” și să ne ignorăm pur și simplu problemele. Negativ în ghilimele, pentru că, după părerea mea, nu există sentimente rele. După cum sper că a arătat această carte, fiecare sentiment, fiecare emoție are o funcție importantă. Teama, furia și jalea fac parte din viață, ca și bucuria, fericirea și iubirea. Voma de pisică, metrourile pierdute și inimile frânte, ca și ochii turcoaz, răsăriturile de soare și lacrimile de bucurie.

Când ne lovește o nenorocire adevărată, sfatul de a exersa atenția la sine sau de a fi recunoscători este ca o lovitură în față. Dar când umblăm ca teleghidați prin propria viață, îmbrățișăm lumina roșie a semaforului mai pătimași decât pe cel iubit și cu această ocazie ne călcăm fericirea în picioare – atunci ne poate fi utilă recomandarea de a ne gândi din când în când la lucrurile pozitive. De a reflecta la ce contează cu adevărat în această cursă a noastră.

La sfârșit chiar asta trebuie să hotărâm noi înșine. Poate că e o sarcină importantă, dar există și ceva încurajator: dacă putem să ne definim singuri fericirea, tot noi hotărâm și când începe. Cum ar fi să spunem: chiar acum!?

Simțiți-vă bine.
Trăiți aici și acum.
Faceți mai multe pentru ceilalți.
Faceți mișcare.
Faceți efort.
Creșteți.
Dăruiți.
Investiți în activități, nu în obiecte.
Ascultați muzică și cântați-o.
Stați fără să faceți nimic.
Fiți recunoscători.
Gândiți pozitiv.
Iertați.
Iubiți și lăsați-vă iubiți.

S

M

Mulțumiri

Cele mai alese mulțumiri se cuvin celor două femei extraordinare fără de care această carte nu ar fi existat. Mama mea a fost, chiar când era copleșită de atâta treabă, mereu lângă mine, m-a consiliat în discuții ce durau ore în șir, m-a încurajat, m-a motivat și m-a inspirat. Cu experiență de literat și răbdare nesfârșită a citit corectura, mi-a dat sugestiile potrivite și m-a impresionat astfel de fiecare dată. A doua femeie este draga mea soacră. Mi-a acoperit spatele luni în șir, plină de înțelegere și dragoste, și m-a susținut în toate modurile imaginabile. Îi mulțumesc soțului meu Jonas, care a fost de asemenea mereu alături de mine, m-a sfătuit și m-a sprijinit. Îi mulțumesc mult tatălui meu pentru corecturi, reflecții și ducerea mai departe a gândurilor. Pentru sprijinul minunat, pentru biroul lui și pentru migdalele prăjite. Surorii mele Toni îi mulțumesc pentru credința nezdruncinată în mine, pentru sfaturile medicale de specialitate și pentru gândirea ei analitică impresionant de rapidă. Mulțumiri i se cuvin și fratelui meu geamăn – fără el viața nu ar fi decât pe jumătate atât de frumoasă și de amuzantă.

Mulțumesc agenției mele, în primul rând lui Sarah și Luisei, care intervin de fiecare dată în favoarea mea. „Pur și simplu credem în tine!" au exclamat odată, ca și cum ar fi fost de la sine înțeles. Este un lucru care mă face foarte fericită.

Le datorez multe mulțumiri experților științifici, care mi-au împărtășit în discuții uneori foarte lungi, cu prietenie, motivați și motivatori, din imensul lor tezaur de cunoștințe: prof. Thomas Schläpfer de la Clinica Universitară Freiburg, prof. dr. René Hurlemann de la campusul facultății de medicină al Universității Oldenburg, dr. Martin Krippl de la Universitatea Magdeburg, dr. Britta Hölzel de la Universitatea Gießen, prof. dr. Tom Bschor de la Clinica Schlosspark din Berlin și prof. dr. Tobias Esch de la Universitatea Witten / Herdecke.

În plus, mulțumesc întregii echipe de la cafeneaua Kirsche. Acolo am găsit un loc unde să lucrez, cea mai bună cafea și o permanentă bună-dispoziție. Îi mulțumesc în mod deosebit lui George pentru cuvintele încurajatoare și arta spumei pe care o stăpânește.

Îi mulțumesc pisicii mele, Teddy, pentru că a stat credincioasă alături de mine și mi-a dat multe doze de oxitocină.

Multe mulțumiri editoarei mele, Nina Schnackenbeck, care mi-a fost o parteneră excelentă, foarte atentă, brici de inteligentă și adorabilă. Le mulțumesc fantasticului ilustrator Patrick Widmer, care mi-a „desenat din suflet", angajaților și angajatelor editurii, tuturor librarilor, poștașilor și fiecărui cititor în parte. Mulțumesc mult!

M

MEDICINA SENTIMENTELOR

B

Bibliografie suplimentară

Pentru toți cei care vor să călătorească la rândul lor prin lumea sentimentelor, urmează o selecție a celor mai importante izvoare. Studii științifice și cărți pe care le recomand, precum și cunoștințe care nu se găsesc în manuale. Pentru „tocilarii sentimentelor", există o listă completă a tuturor izvoarelor (care ar face să explodeze dimensiunile acestei cărți) pe pagina mea de internet: fischerjulia.de.

Cuvânt înainte

O lucrare extraordinară care se ocupă de sentimente, emoții și provocările puse de cercetarea lor științifică

LeDoux, Joseph. 2012. „Rethinking the Emotional Brain". *Neuron.* https://doi.org/10.1016/j.neuron.2012.02.004.

Capitolul 1 – Fluturi în stomac

Lucrarea originală a lui Olds și Milner despre descoperirea sistemului de recompense

Olds, J. și P. Milner. 1954. „Positive Reinforcement Produced by Electrical Stimulation of Septal Area and Other Regions of Rat Brain". *Journal of Comparative and Physiological Psychology* 47 (6): 419-27.

Neurobiologia plăcerii și a recompensei

Kringelbach, Morten L., Kent C. Berridge. 2010b. „The Functional Neuroanatomy of Pleasure and Happiness". *Discovery Medicine* 9 (49): 579-87.

Cărțile lui Helen Fisher despre a fi îndrăgostit și despre dragostea împlinită și neîmplinită sunt recomandate cu cea mai mare căldură

Fisher, Helen. 2016. *Anatomy of Love: A Natural History of Mating, Marriage, and Why We Stray* (Completely Revised and Updated with a New Introduction). W.W. Norton & Company.

Fisher, Helen, and Others. 2004. *Why We Love: The Nature and Chemistry of Romantic Love.* Macmillan.

Este dragostea o dependență?

Fisher, Helen E. et al. 2016. „Intense, Passionate, Romantic Love: A Natural Addiction? How the Fields That Investigate Romance and Substance Abuse Can Inform Each Other". *Frontiers in Psychology* 7 (May): 687.

A fi îndrăgostit duce la o scădere a abilităților cognitive

Steenbergen, H. et al. 2014. „Reduced Cognitive Control in Passionate Lovers". *Motivation and Emotion* 38 (3): 444-50.

Cele două studii RMN despre „îndrăgostiții pe țeavă"

Aron, Arthur et al. 2005. „Reward, Motivation, and Emotion Systems Associated with Early-Stage Intense Romantic Love". *Journal of Neurophysiology* 94 (1): 327-37.

Bartels, A. și S. Zeki. 2000. „The Neural Basis of Romantic Love". *Neuroreport* 11 (17): 3829-34.

O lucrare de ansamblu, care sintetizează neurobiologia iubirii

Boer, A. de, E.M. van Buel și G.J. Ter Horst. 2012. „Love Is More than Just a Kiss: A Neurobiological Perspective on Love and Affection". *Neuroscience* 201 (January): 114-24.

Nivelul de testosteron al îndrăgostiților se schimbă

Marazziti, Donatella, and Domenico Canale. 2004. „Hormonal Changes When Falling in Love". *Psychoneuro-endocrinology* 29 (7): 931-36.

Serotonina la cei îndrăgostiți și la cei cu tulburări obsesiv-compulsive

Marazziti, D., H.S. Akiskal, A. Rossi și G.B. Cassano. 1999. „Alteration of the Platelet Serotonin Transporter in Romantic Love". *Psychological Medicine* 29 (3): 741-45.

Activități sexuale și puncte culminante în aparatul de RMN

Komisaruk, Barry R. și Beverly Whipple. 2005. „Functional MRI of the Brain during Orgasm in Women". *Annual Review of Sex Research* 16: 62-86.

Wise, Nan J., Eleni Frangos și Barry R. Komisaruk. 2017. „Brain Activity Unique to Orgasm in Women: An fMRI Analysis". *The Journal of Sexual Medicine* 14 (11): 1380-91.

„Am avut orgasm într-un aparat de RMN!" – relatarea unei participante la studiu în The Guardian

Sukel, Kayt. 2011. „I Had an Orgasm in an MRI Scanner". *The Guardian*, November 16, 2011. http://www.theguardian.com/science/blog/2011/ nov/16/orgasm-mri-scanner.

Capitolul 2 – În al nouălea cer
Cele două studii despre iubire realizate cu ajutorul RMN pot fi găsite la izvoarele pentru primul capitol.

Studiul lui Helen Fisher despre îndrăgostiții pe termen lung
Acevedo, B. et al. „Neural Correlates of Long-Term Intense Romantic Love". https://doi.org/10.1093/scan/nsq092

Iubire maternă în aparatul de RMN
Bartels, Andreas și Semir Zeki. 2004. „The Neural Correlates of Maternal and Romantic Love". *NeuroImage* 21 (3): 1155-66.

O colecție impresionantă de studii științifice despre iubire, suferința din iubire, gelozie, relații... într-o singură carte. Din perspectivă psihologică, evolutivă, neurofiziologică, clinică, culturală și politică. Aici își are originea termenul „the love brain network". Interesantă, ușor de înțeles, plină de învățăminte și distractivă! (Până acum însă doar în engleză)
Sternberg, Robert J. și Karin Sternberg. 2018. *The New Psychology of Love*. Cambridge University Press.

Un articol complicat, dar excelent despre sistemul de recompense, wanting și liking, precum și despre dopamină și opioide
Berridge, Kent C. și Morten L. Kringelbach. 2015. „Pleasure Systems in the Brain". *Neuron* 86 (3): 646-64.

Capitolul 3 – Țin la tine
Oxitocina și dragostea maternă
Bell, Aleeca F., Elise N. Erickson și C. Sue Carter. 2014. „Beyond Labor: The Role of Natural and Synthetic Oxytocin

in the Transition to Motherhood". *Journal of Midwifery & Women's Health* 59 (1): 35-42: quiz 108.

Influența oxitocinei asupra calității de părinte și a dezvoltării copilului

Gordon, Ilanit et al. 2010. „Oxytocin and the Development of Parenting in Humans". *Biological Psychiatry* 68 (4): 377-82.

Rilling, James K. și Larry J. Young. 2014. „The Biology of Mammalian Parenting and Its Effect on Offspring Social Development". *Science* 345 (6198): 771-76.

Oxitocina și paternitatea

Li, Ting et al. 2017. „Intranasal Oxytocin, but Not Vasopressin, Augments Neural Responses to Toddlers in Human Fathers". *Hormones and Behavior* 93 (July): 193-202.

Testosteron scăzut la tinerii tați

Gettler, Lee T. et al. 2011. „Longitudinal Evidence That Fatherhood Decreases Testosterone in Human Males". *Proceedings of the National Academy of Sciences of the United States of America* 108 (39): 16194-99.

Oxitocina și rolul ei în relațiile sociale

Bosch, Oliver J., și Larry J. Young. 2018. „Oxytocin and Social Relationships: From Attachment to Bond Disruption". *Current Topics in Behavioral Neurosciences* 35: 97-117.

O sinteză cuprinzătoare despre oxitocină de Thomas Insel

Insel, Thomas R. 2010. „The Challenge of Translation in Social Neuroscience: A Review of Oxytocin, Vasopressin, and Affiliative Behavior". *Neuron* 65 (6): 768-79.

Studiul neuroeconomistului Paul Zack despre oxitocină și încredere

Kosfeld, Michael et al. 2005. „Oxytocin Increases Trust in Humans". *Nature* 435 (7042): 673-76.

Soția mea e cea mai tare

Scheele, Dirk et al. 2013. „Oxytocin Enhances Brain Reward System Responses in Men Viewing the Face of Their Female Partner". *Proceedings of the National Academy of Sciences of the United States of America* 110 (50): 20308-13.

Prin oxitocină îi preferăm pe cei dragi străinilor

De Dreu, Carsten K.W. și Mariska E. Kret. 2016. „Oxytocin Conditions Intergroup Relations Through Upregulated In-Group Empathy, Cooperation, Conformity, and Defense". *Biological Psychiatry* 79 (3): 165-73.

Studiul lui Hurlemann despre influența oxitocinei asupra donațiilor

Marsh, Nina et al. 2017. „Oxytocin-Enforced Norm Compliance Reduces Xenophobic Outgroup Rejection". *Proceedings of the National Academy of Sciences of the United States of America* 114 (35): 9314-19.

Oamenii de știință îi infectează pe participanții la studiu cu viruși de răceală

Cohen, Sheldon et al. 2015. „Does Hugging Provide Stress-Buffering Social Support? A Study of Susceptibility to Upper Respiratory Infection and Illness". *Psychological Science* 26 (2): 135-47.

Relațiile conflictuale și sănătatea

Shrout, M. Rosie et al. 2019. „A Multidimensional Examination of Marital Conflict and Subjective Health over 16 Years". *Personal Relationships* 26 (3): 490-506.

Capitolul 4 – Veșnicele furnicături

Citatul din Wilde este luat din

Wilde, Oscar. 2000. Eine Frau ohne Bedeutung: Gesellschaftskomödie in vier Akten. Reclam.

Recomandare de lectură! O carte pasionantă și practică despre sistemul de recompense

Schymanski, Ingo. 2015. Im Teufelskreis der Lust: Raus aus der Belohnungsfalle! Schattauer Verlag.

Trebuie să fim fericiți singuri

Mattingly, Brent A., Lewandowski, Jr. și Gary W. 2013. „The Power of One: Benefits of Individual Self-Expansion". *The Journal of Positive Psychology* 8 (1): 12-22.

De ce este bine pentru noi să ne susținem partenerul / partenera

Fivecoat, Hayley C. et al. 2015. „Partner Support for Individual Self-Expansion Opportunities". *Journal of Social and Personal Relationships*. https://doi.org/10.1177/0265407514533767.

Cât de bine este să fim susținuți de partener / parteneră

Tomlinson, Jennifer M., Brooke C. Feeney și Meredith Van Vleet. 2016. „A Longitudinal Investigation of Relational Catalyst Support of Goal Strivings". *The Journal of Positive Psychology* 11 (3): 246-57.

Activitățile comune, interesante, întăresc relația de cuplu

Aron, A. et al. 2000. „Couples' Shared Participation in Novel and Arousing Activities and Experienced Relationship Quality". *Journal of Personality and Social Psychology* 78 (2): 273-84.

Coulter, Kimberley și John M. Malouff. 2013. „Effects of an Intervention Designed to Enhance Romantic Relationship Excitement: A Randomized-Control Trial". *Couple and Family Psychology: Research and Practice* 2 (1): 34.

Graham, James M. și Mikaela R. Harf. 2015. „Self-Expansion and Flow: The Roles of Challenge, Skill, Affect, and Activation". *Personal Relationships.* https://doi.org/10.1111/pere.12062.

Cât de important este să ne simțim înțeleși în relație

Morelli, Sylvia A., Jared B. Torre și Naomi I. Eisenberger. 2014. „The Neural Bases of Feeling Șierstood and Not Șierstood". *Social Cognitive and Affective Neuroscience* 9 (12): 1890-96.

Se pare că într-adevăr bărbații sunt interesați de calitățile exterioare, femeile de cele interioare

Fisher, Helen E., Arthur Aron și Lucy L. Brown. 2006. „Romantic Love: A Mammalian Brain System for Mate Choice". *Philosophical Transactions of the Royal Society of London. Series B, Biological Sciences* 361 (1476): 2173-86.

Modelul de „auto-expansiune"

Aron, Arthur et al. 2013. „The Self-Expansion Model of Motivation and Cognition in Close Relationships". The Oxford Handbook of Close Relationships, 90-115.

Capitolul 5 – Inima frântă

Neurobiologia inimii frânte și a iubirii neîmpărtășite

Fisher, Helen E. et al. 2010. „Reward, Addiction, and Emotion Regulation Systems Associated with Rejection in Love". *Journal of Neurophysiology* 104 (1): 51-60.

Paralelele dintre dependență, iubire și relații sociale

Burkett, James P. și Larry J. Young. 2012. „The Behavioral, Anatomical and Pharmacological Parallels between Social Attachment, Love and Addiction". *Psychopharmacology* 224 (1): 1-26.

Frascella, Joseph et al. 2010. „Shared Brain Vulnerabilities Open the Way for Nonsubstance Addictions: Carving Addiction at a New Joint?" *Annals of the New York Academy of Sciences* 1187: 294-315.

De ce doare respingerea

Eisenberger, Naomi I. et al. 2006. „An Experimental Study of Shared Sensitivity to Physical Pain and Social Rejection". *Pain* 126 (1-3): 132-38.

Durere provocată de pierdere, explicată neurobiologic

Panksepp, Jaak. 2003. „Neuroscience. Feeling the Pain of Social Loss". *Science.*

De ce noi și arvicolinele ne „lăsăm pe tânjală" când suferim din dragoste

Bosch, Oliver J. et al. 2009. „The CRF System Mediates Increased Passive Stress-Coping Behavior Following the Loss of a Bonded Partner in a Monogamous Rodent". *Neuropsychopharmacology: Official Publication of the American College of Neuropsychopharmacology* 34 (6): 1406-15.

Totul despre sindromul inimii frânte / cardiomiopatia Takotsubo
http://www.takotsubo-registry.com/

Miros și amintire
Aqrabawi, Afif J. și Jun Chul Kim. 2018. „Hippocampal Projections to the Anterior Olfactory Nucleus Differentially Convey Spatiotemporal Information during Episodic Odour Memory". *Nature Communications* 9 (1): 2735.

Ajută împotriva tristeții și a iubirii să-ți faci un lucru bun!
Koban, Leonie et al. 2017. „Frontal-Brainstem Pathways Mediating Placebo Effects on Social Rejection". *The Journal of Neuroscience: The Official Journal of the Society for Neuroscience* 37 (13): 3621-31.

Capitolul 6 – Despre jale și durere
Cel mai mare noroc este cea mai mare suferință
Jaremka, Lisa M., Shira Gabriel and Mauricio Carvallo. 2011. „What Makes Us Feel the Best Also Makes Us Feel the Worst: The Emotional Impact of Independent and Interdependent Experiences". *Self and Identity: The Journal of the International Society for Self and Identity* 10 (1): 44-63.

Cum se suprapun în creier durerea fizică și cea socială
Eisenberger, Naomi I. 2012. „The Neural Bases of Social Pain: Evidence for Shared Representations with Physical Pain". *Psychosomatic Medicine* 74 (2): 126-35.

Jocul cu mingea
Eisenberger, Naomi I., Matthew D. Lieberman și Kipling D. Williams. 2003. „Does Rejection Hurt? An FMRI Study of Social Exclusion". *Science* 302 (5643): 290-92.

Amintirea de răposații dragi doare

O'Connor, Mary-Frances et al. 2008. „Craving Love? Enduring Grief Activates Brain's Reward Center". *NeuroImage* 42 (2): 969-72.

Analgezice împotriva durerii sociale?

DeWall, C. Nathan et al. 2010. „Acetaminophen Reduces Social Pain". *Psychological Science*. https://doi.org/10.1177/0956797610374741.

Jaak Panksepp, un om de știință renumit, strălucit și dătător de inspirație, a marcat conceptul de „neurologie afectivă" și a pus astfel temelia cercetării neurologice a sentimentelor. Aș putea enumera aici zeci de studii ale sale – încerc să mă limitez la cele mai importante. Excelent pentru a-i prinde gustul: Ted-Talk pe YouTube.

Panksepp, Jaak, Eric Nelson și Steve Siviy. 1994. „Brain Opioids and Mother - infant Social Motivation". *Acta Paediatrica*. https://doi.org/ 10.1111/j.1651-2227.1994.tb13264.x.

Panksepp, Jaak, Eric Nelson și Marni Bekkedal. 1997. „Brain Systems for the Mediation of Social Separation-Distress and Social-Reward Evolutionary Antecedents and Neuropeptide Intermediaries". *Annals of the New York Academy of Sciences*. https://doi.org/10.1111/j.1749-6632.1997.tb51914.x.

Un articol scurt, interesant despre durerea provocată de pierdere: Panksepp, Jaak. 2003. „Neuroscience. Feeling the Pain of Social Loss". *Science*.

Pentru adevărații tocilari / admiratori, cartea lui extraordinară (și gigantică):

Pankespp, Jaak. 2004. Affective Neuroscience: The Foșiations of Human and Animal Emotions. Oxford University Press, USA.

Ted-Talk super-tare: TEDx Talks. 2014. „The Science of Emotions: Jaak Panksepp at TEDxRainier". YouTube. January 13, 2014. https://www.youtube.com/watch?v=65e2qScV_K8.

Un studiu de ansamblu despre „Brain Opioid Theory of Social Attachment"

Machin, A.J. și R.I.M. Dunbar. 2011. „The Brain Opioid Theory of Social Attachment: A Review of the Evidence". *Behaviour*. https://doi.org/ 10.1163/000579511x596624.

Rolul opioidelor în relațiile sociale

Inagaki, Tristen K. 2018. „Opioids and Social Connection". *Current Directions in Psychological Science* 27 (2): 85-90.

Însemnătatea opioidelor sintetice pentru cei dependenți

Albertín, Pilar și Lupicinio Íñiguez. 2008. „Using Drugs: The Meaning of Opiate Substances and Their Consumption from the Consumer Perspective". *Addiction Research & Theory* 16 (5): 434-52.

Stimulare profundă a creierului în caz de depresie

Coenen, Volker A., Thomas E. Schläpfer. 2015. „Deep Brain Stimulation in Neurological and Psychiatric Disorders". *Deutsches Ärzteblatt International* 112 (31-32): 519-26.

Capitolul 7 – Îmi vine să urlu

Mama lui Littlefoot moare

https://www.youtube.com/watch?v=I1zUDJhZYj0&t=138s

Un studiu cuprinzător despre plâns

Bylsma, Lauren M., Asmir Gračanin și Ad J.J.M. Vingerhoets. 2019. „The Neurobiology of Human Crying".

Clinical Autonomic Research: Official Journal of the Clinical Autonomic Research Society 29 (1): 63-73.

De ce doar noi, oamenii, plângem – totul despre dezvoltarea și funcția plânsului

Gračanin, Asmir, Lauren M. Bylsma și Ad J.J.M. Vingerhoets. 2018. „Why Only Humans Shed Emotional Tears". *Human Nature* 29 (2): 104-33.

Funcția lacrimilor (de bucurie)

Vingerhoets, Ad J.J.M. și Lauren M. Bylsma. 2016. „The Riddle of Human Emotional Crying: A Challenge for Emotion Researchers". *Emotion Review: Journal of the International Society for Research on Emotion* 8 (3): 207-17.

Plânsul ne face bine?

Vingerhoets, A. et al. 2002. „On the Beneficial and Healthful Effects of Crying: Fact or Fiction?" PsycEXTRA Dataset. https://doi.org/10.1037/ e536932011-156.

Efectul de catharsis infirmat

Rottenberg, Jonathan, Lauren M. Bylsma și Ad J.J. 2008. „Is Crying Beneficial?" *Current Directions in Psychological Science*. https://doi.org/ 10.1111/j.1467-8721.2008.00614.x.

Ce se întâmplă când nu plângem

Hesdorffer, Dale C., Ad J.J. și Michael R. Trimble. 2018. „Social and Psychological Consequences of Not Crying: Possible Associations with Psychopathology and Therapeutic Relevance". *CNS Spectrums*. https:// doi.org/10.1017/ s1092852917000141.

Cum scade oboseala „pragul de plâns"

Yoo, Seung-Schik et al. 2007. „The Human Emotional Brain without Sleep – a Prefrontal Amygdala Disconnect". *Current Biology*. https://doi. org/10.1016/j.cub.2007.08.007.

Funcția de semnal a plânsului

Provine, Robert R., Kurt A. Krosnowski și Nicole W. Brocato. 2009. „Tearing: Breakthrough in Human Emotional Signaling". *Evolutionary Psychology*. https://doi.org/10.1177/147470490900700107.

Capitolul 8 – Când îți îngheață sângele în vine

O sinteză de ansamblu despre sentimente, teamă și amigdala cerebrală

LeDoux, J.E. 2000. „Emotion Circuits in the Brain". *Annual Review of Neuroscience* 23: 155-84.

Deosebirea dintre teamă și frică, precum și neurobiologia lor

LeDoux, Joseph E. și Daniel S. Pine. 2016. „Using Neuroscience to Help Șierstand Fear and Anxiety: A Two-System Framework". *American Journal of Psychiatry*. https://doi.org/10.1176/appi.ajp.2016.16030353.

Studiu fundamental despre emoții și „circuitele temerii"

LeDoux, Joseph E. 2012. „Rethinking the Emotional Brain". *Neuron*. https://doi.org/10.1016/j.neuron.2012.02.004.

Totul despre condiționarea provocată de teamă și discuția despre terminologie

LeDoux, Joseph E. 2014. „Coming to Terms with Fear". *Proceedings of the National Academy of Sciences of the United States of America* 111 (8): 2871-78.

Osteocalcina – hormon de stres?

Berger, Julian Meyer et al. 2019. „Mediation of the Acute Stress Response by the Skeleton". *Cell Metabolism* 30 (5): 890-902.e8.

Diferitele trasee ale fricii în creier, în funcție de tipul de pericol

Gross, Cornelius T. și Newton Sabino Canteras. 2012. „The Many Paths to Fear". *Nature Reviews. Neuroscience* 13 (9): 651-58.

Silva, Bianca A., Cornelius T. Gross și Johannes Gräff. 2016. „The Neural Circuits of Innate Fear: Detection, Integration, Action, and Memorization". *Learning & Memory*. https://doi.org/10.1101/lm.042812.116.

Percepția subconștientă a chipurilor prin amigdală

Whalen, Paul J. et al. 1998. „Masked Presentations of Emotional Facial Expressions Modulate Amygdala Activity without Explicit Knowledge". *The Journal of Neuroscience*. https://doi.org/10.1523/jneurosci. 18-01-00411.1998.

Recunoașterea trăsăturilor feței în ciuda orbirii corticale

Pegna, Alan J. et al. 2005. „Discriminating Emotional Faces without Primary Visual Cortices Involves the Right Amygdala". *Nature Neuroscience* 8 (1): 24-25.

Memorie mai bună după activarea amigdalei

Inman, Cory S. et al. 2018. „Direct Electrical Stimulation of the Amygdala Enhances Declarative Memory in Humans". *Proceedings of the National Academy of Sciences of the United States of America* 115 (1): 98-103.

Trece timpul mai încet în clipele de spaimă?

Stetson, Chess, Matthew P. Fiesta și David M. Eagleman. 2007. „Does Time Really Slow down during a Frightening Event?" *PloS One* 2 (12): e1295.

Teama îi poate molipsi pe alții la distanțe mari

Groot, Jasper H.B. de, Monique A.M. Smeets și Gün R. Semin. 2015. „Rapid Stress System Drives Chemical Transfer of Fear from Sender to Receiver". *PloS One* 10 (2): e0118211.

Studiu de ansamblu asupra efectelor respirației conștiente

Zou, Yan et al. 2017. „Meta-Analysis of Effects of Voluntary Slow Breathing Exercises for Control of Heart Rate and Blood Pressure in Patients With Cardiovascular Diseases". *The American Journal of Cardiology.* https://doi.org/10.1016/j.amjcard.2017.03.247.

O carte întreagă pe această temă

Loew, Thomas. 2019. Langsamer atmen, besser leben: Eine Anleitung zur Stressbewältigung. Psychosozial Verlag GbR.

Arahnofobia este înnăscută

Hoehl, Stefanie et al. 2017. „Itsy Bitsy Spider ...: Infants React with Increased Arousal to Spiders and Snakes". *Frontiers in Psychology* 8 (October): 1710.

Terapia prin expunere are efect la arahofobie

Schienle, Anne et al. 2007. „Symptom Provocation and Reduction in Patients Suffering from Spider Phobia: An fMRI Study on Exposure Therapy". European Archives of Psychiatry.

Învățarea extincției

Dunsmoor, Joseph E. et al. 2015. „Rethinking Extinction". *Neuron.* https://doi.org/10.1016/j.neuron.2015.09.028.

Învățarea extincției funcționează mai bine în societate

Brill-Maoz, Naama și Mouna Maroun. 2016. „Extinction of Fear Is Facilitated by Social Presence: Synergism with Prefrontal Oxytocin".

Punctele slabe ale învățării extincției

Bouton,MarkE.2002.„Context,Ambiguity,andUnlearning: Sources of Relapse after Behavioral Extinction". *Biological Psychiatry.* https://doi. org/10.1016/s0006-3223(02)01546-9.

Procrastinarea și amigdala

Schlüter, Caroline et al. 2018. „The Structural and Functional Signature of Action Control". *Psychological Science.* https://doi.org/10.1177/ 0956797618779380.

Orientarea politică și amigdala

Kanai, Ryota, Tom Feilden, Colin Firth și Geraint Rees. 2011. „Political Orientations Are Correlated with Brain Structure in Young Adults". *Current Biology: CB* 21 (8): 677-80.

Strategia activă de confruntare

LeDoux, Joseph E. și Jack M. Gorman. 2001. „A Call to Action: Overcoming Anxiety Through Active Coping". *American Journal of Psychiatry.* https://doi.org/10.1176/appi. ajp.158.12.1953.

Capitolul 9 – Sunt sub presiune!

Axa stresului

Herman, James P. et al. 2016. „Regulation of the Hypothalamic-Pituitary- Adrenocortical Stress Response". *Comprehensive Physiology* 6 (2): 603-21.

Stresul duce la scurt-circuite și la comportamente impulsive

Arnsten, Amy F.T. 2009. „Stress Signalling Pathways That Impair Prefrontal Cortex Structure and Function". *Nature Reviews Neuroscience.* https://doi.org/10.1038/nrn2648.

Stresul și creierul copilului

McEwen, Bruce S. 2007. „Physiology and Neurobiology of Stress and Adaptation: Central Role of the Brain". *Physiological Reviews.* https://doi. org/10.1152/physrev.00041.2006.

Stresul și epigenetica

Murgatroyd, Chris et al. 2009. „Dynamic DNA Methylation Programs Persistent Adverse Effects of Early-Life Stress". *Nature Neuroscience.* https://doi.org/10.1038/nn.2436.

Susținerea socială reduce stresul

Raposa, Elizabeth B., Holly B. Laws și Emily B. Ansell. 2016. „Prosocial Behavior Mitigates the Negative Effects of Stress in Everyday Life". *Clinical Psychological Science* 4 (4): 691-98.

Atenția la sine reduce stresul

Sharma, Manoj și Sarah E. Rush. 2014. „Mindfulness-Based Stress Reduction as a Stress Management Intervention for Healthy Individuals". *Journal of Evidence-Based Complementary & Alternative Medicine.* https://doi.org/10.1177/2156587214543143.

Atenția la sine ne modifică creierul!

Tang, Yi-Yuan, and Michael I. Posner. 2013. „Tools of the Trade: Theory and Method in Mindfulness Neuroscience". *Social Cognitive and Affective Neuroscience.* https://doi. org/10.1093/scan/nss112.

Hölzel, Britta K. et al. 2011. „Mindfulness Practice Leads to Increases in Regional Brain Gray Matter Density”. *Psychiatry Research: Neuroimaging.* https://doi.org/10.1016/j.pscychresns.2010.08.006.

Taren, Adrienne A. et al. 2015. „Mindfulness Meditation Training Alters Stress-Related Amygdala Resting State Functional Connectivity: A Randomized Controlled Trial”. *Social Cognitive and Affective Neuroscience.* https://doi.org/10.1093/scan/nsv066.

Capitolul 10 – Grija de a nu rata ceva

Cel mai important cercetător al fenomenului fomo și inventatorul „fomo scales”

Przybylski, Andrew K. et al. 2013. „Motivational, Emotional, and Behavioral Correlates of Fear of Missing out”. *Computers in Human Behavior* 29 (4): 1841-48.

Fomo în actualitate

Fuster, Héctor, Ander Chamarro și Ursula Oberst. 2017. „Fear of Missing Out, Online Social Networking and Mobile Phone Addiction: A Latent Profile Approach”. *Aloma: Revista de Psicologia, Ciències de l'Educació I de l'Esport* 35 (1). http://www.revistaaloma.net/index.php/aloma/article/view/310.

Cum modifică rețelele sociale modul în care ne privim pe noi înșine

Chou, Hui-Tzu Grace și Nicholas Edge. 2012. „>They Are Happier and Having Better Lives than I Am<: The Impact of Using Facebook on Perceptions of Others< Lives”. *Cyberpsychology, Behavior and Social Networking* 15 (2): 117-21.

Phubbing

Chotpitayasunondh, Varoth și Karen M. Douglas. 2016. „How ›phubbing‹ Becomes the Norm: The Antecedents and Consequences of Snubbing via Smartphone". *Computers in Human Behavior* 63 (October): 9-18.

Roberts, James A. și Meredith E. David. 2016. „My Life Has Become a Major Distraction from My Cell Phone: Partner Phubbing and Relationship Satisfaction among Romantic Partners". *Computers in Human Behavior* 54 (January): 134-41.

Ne îmbolnăvesc telefoanele mobile?

Spitzer, M. 2018. „Smartphone și Depression: Ursache oder Therapie?" *Nervenheilkșie* 37 (01): 7-15.

Deutsche «Fomo-Scale»: Spitzer, Manfred. 2015. „Smartphones, Angst și Stress". *Nervenheilkșie* 34 (08): 591-600.

Younes, Farah et al. 2016. „Internet Addiction and Relationships with Insomnia, Anxiety, Depression, Stress and Self-Esteem in University Students: A Cross-Sectional Designed Study". *PloS One* 11 (9): e0161126.

Heffer, Taylor et al. 2019. „The Longitudinal Association Between Social-Media Use and Depressive Symptoms Among Adolescents and Young Adults: An Empirical Reply to Twenge et Al. (2018)". *Clinical Psychological Science* 7 (3): 462-70.

Viața mea mă distrage cumplit de la telefonul mobil

Roberts, James A. și Meredith E. David. 2016. „My Life Has Become a Major Distraction from My Cell Phone: Partner Phubbing and Relationship Satisfaction among Romantic Partners". *Computers in Human Behavior* 54 (January): 134-41.

Dependența de smartphone

Salehan, Mohammad și Arash Negahban. 2013. „Social Networking on Smartphones: When Mobile Phones Become Addictive". *Computers in Human Behavior* 29 (6): 2632-39.

Nomofobia

Bhattacharya, Sudip et al. 2019. „NOMOPHOBIA: NO MObile PHOne PhoBIA". *Journal of Family Medicine and Primary Care* 8 (4): 1297-1300.

Utilizarea intensivă a telefoanelor mobile și a platformelor sociale ne modifică creierul

Montag, Christian et al. 2017. „Facebook Usage on Smartphones and Gray Matter Volume of the Nucleus Accumbens". *Behavioural Brain Research* 329 (June): 221-28.

Montag, Christian et al. 2018. „Internet Communication Disorder and the Structure of the Human Brain: Initial Insights on WeChat Addiction". *Scientific Reports* 8 (1): 2155.

Fomo și demența digitală în Asia

Dossey, Larry. 2014. „FOMO, Digital Dementia, and Our Dangerous Experiment". *Explore* 10 (2): 69-73.

Descompunerea substanței cenușii la „heavy internet users"

Yuan, Kai et al. 2011. „Microstructure Abnormalities in Adolescents with Internet Addiction Disorder". *PloS One* 6 (6): e20708.

Mult timp petrecut în fața ecranului diminuează concentrarea și capacitatea de învățare

Walsh, Jeremy J. et al. 2018. „Associations between 24 Hour Movement Behaviours and Global Cognition in US Children:

A Cross-Sectional Observational Study". *The Lancet. Child & Adolescent Health* 2 (11): 783-91.

Jomo în New York Times

Phelan, Hayley. 2018. „How to Make This the Summer of Missing Out". *The New York Times*, July 12, 2018.

Capitolul 11 – Fac spume!

Când dușmanul se apropie, teama se transformă în agresivitate

Mobbs, D. et al. 2007. „When Fear Is Near: Threat Imminence Elicits Prefrontal-Periaqueductal Gray Shifts in Humans". *Science.* https://doi. org/10.1126/science.1144298.

Frustrarea în creier

Yu, Rongjun et al. 2014. „The Neural Signature of Escalating Frustration in Humans". *Cortex; a Journal Devoted to the Study of the Nervous System and Behavior* 54 (May): 165-78.

Un rezumat excelent al poveștii lui Phineas Gage

García-Molina, A. 2012. „Phineas Gage and the Enigma of the Prefrontal Cortex". *Neurología (English Edition).* https://doi.org/10.1016/j.nrleng. 2010.03.002.

Scrisoarea lui Harlow, la 20 de ani după accidentul lui Phineas Gage

Harlow, J.M. 1868. „Recovery from the Passage of an Iron Bar through the Head. Reprinted in Miller, E. (1993)". *History of Psychiatry* 4: 271-78.

„Redescoperirea" craniului lui Phineas Gage, 1994

Damasio, H. et al. 1994. „The Return of Phineas Gage: Clues about the Brain from the Skull of a Famous Patient". *Science* 264 (5162): 1102-5.

Descoperirile revoluționare ale lui António Damásio și consecințele lor extinse pentru studiul sentimentelor într-o carte

Damásio, António R. 2004. Descartes' Irrtum: Fühlen, Denken și das menschliche Gehirn. List.

Criminalii și asasinii au un cortex prefrontal mai mic

Raine, Adrian et al. 2017. „Reduced Prefrontal and Increased Subcortical Brain Functioning Assessed Using Positron Emission Tomography in Predatory and Affective Murderers". *Biosocial Theories of Crime.* https://doi.org/10.4324/9781315096278-21.

Alcoolul și agresivitatea

Denson, Thomas F et al. 2018. „The Neural Correlates of Alcohol-Related Aggression". *Cognitive, Affective & Behavioral Neuroscience* 18 (2): 203-15.

Testosteronul și agresivitatea

Book, Angela S., Katherine B. Starzyk și Vernon L. Quinsey. 2001. „The Relationship between Testosterone and Aggression: A Meta-Analysis". *Aggression and Violent Behavior* 6 (6): 579-99.

Testosteronul și statutul

Dreher, Jean-Claude et al. 2016. „Testosterone Causes Both Prosocial and Antisocial Status-Enhancing Behaviors in Human Males". *Proceedings of the National Academy of Sciences of the United States of America* 113 (41): 11633-38.

Prejudecățile despre testosteron

Eisenegger, C., et al. 2010. „Prejudice and Truth about the Effect of Testosterone on Human Bargaining Behaviour". *Nature* 463 (7279): 356-59.

Lipsa de MAO-A și agresivitatea

Brunner, H.G. et al. 1993. „Abnormal Behavior Associated with a Point Mutation in the Structural Gene for Monoamine Oxidase A". *Science* 262 (5133): 578-80.

Răzbunarea este dulce

Chester, David S. și C. Nathan DeWall. 2016. „The Pleasure of Revenge: Retaliatory Aggression Arises from a Neural Imbalance toward Reward". *Social Cognitive and Affective Neuroscience*. https://doi.org/10.1093/scan/nsv082.

Capitolul 11 – (I'm) Hangry

Foamea ne face impulsivi și crește riscul să acționăm necinstit

Anderberg, Rozita H. et al. 2016. „The Stomach-Derived Hormone Ghrelin Increases Impulsive Behavior". *Neuropsychopharmacology: Official Publication of the American College of Neuropsychopharmacology* 41 (5): 1199-1209.

Williams, Elanor F. et al. 2016. „The Valjean Effect: Visceral States and Cheating". *Emotion* 16 (6): 897-902

Foamea ne face agresivi?

MacCormack, Jennifer K. și Kristen A. Lindquist. 2019. „Feeling Hangry? When Hunger Is Conceptualized as Emotion". *Emotion* 19 (2): 301-19.

Cuplurile hangry se ceartă mai mult

Bushman, Brad J. et al. 2014. „Low Glucose Relates to Greater Aggression in Married Couples". *Proceedings of the National Academy of Sciences of the United States of America* 111 (17): 6254-57.

Capitolul 12 – Sar în sus

Două studii cuprinzătoare despre hedonism și eudemonism

Disabato, David J. et al. 2016. „Different Types of Well-Being? A Cross-Cultural Examination of Hedonic and Eudaimonic Well-Being". *Psychological Assessment* 28 (5): 471-82.

Ryan, R.M. și E.L. Deci. 2001. „On Happiness and Human Potentials: A Review of Research on Hedonic and Eudaimonic Well-Being". *Annual Review of Psychology* 52: 141-66.

De ce căutarea fericirii ne poate face nefericiți

Kim, Aekyoung și Sam J. Maglio. 2018. „Vanishing Time in the Pursuit of Happiness". *Psychonomic Bulletin & Review* 25 (4): 1337-42.

Fericirea se află în proporție de 50% în gene

Lykken, David, and Auke Tellegen. 1996. „Happiness Is a Stochastic Phenomenon". *Psychological Science* 7 (3): 186-89.

Äußere Umstände tragen nur zu zehn Prozent zu unserem Glück bei: Feldman, Fred. 2006. „Daniel Kahneman, Ed Diener și Norbert Schwarz (eds.), Well-Being: The Foșiations of Hedonic Psychology (New York: The Russell Sage Foșiation, 1999), Pp. Xii 593". Utilitas. https://doi. org/10.1017/s0953820 806231972.

40% din fericire este în mâinile noastre

Lyubomirsky, Sonja, Kennon M. Sheldon și David Schkade. 2005. „Pursuing Happiness: The Architecture of Sustainable Change". *Review of General Psychology: Journal of Division 1, of the American Psychological Association* 9 (2): 111-31.

Despre câștigători la loto și oameni imobilizați în scaunul cu rotile

Brickman, P., D. Coates și R. Janoff-Bulman. 1978. „Lottery Winners and Accident Victims: Is Happiness Relative?" *Journal of Personality and Social Psychology* 36 (8): 917-27.

Morten Kringelbach este unul dintre principalii neurologi care se ocupă de „studiul fericirii". Studiile, cărțile și prelegerile lui sunt fascinante și dătătoare de inspirație, iar prelegerile, în mod deosebit, sunt chiar distractive și potrivite și pentru profani. Aruncați o privire!

Totul despre *wanting* și *liking*: Berridge, Kent C. și Morten L. Kringelbach. 2015. „Pleasure Systems in the Brain". *Neuron* 86 (3): 646-64.

Prezentare înțeleaptă și amuzantă a lui Kringelbach pe această temă: Of pleasure and happiness. 4.10.2019. https://www.youtube.com/watch?v=WTnBleSKkPA

Cortexul orbitofrontal și fericirea: Der orbitofrontale Kortex și Glück: Kringelbach, Morten L. și Edmși T. Rolls. 2004. „The Functional Neuroanatomy of the Human Orbitofrontal Cortex: Evidence from Neuroimaging and Neuropsychology". *Progress in Neurobiology* 72 (5): 341-72. *Dependența: Când* wanting și liking *se dezechilibrează*

Grăsimea și carbohidrații în cantități masive – bonificația pentru sistemul de recompense

Di Feliceantonio, Alexandra G. et al. 2018. „Supra-Additive Effects of Combining Fat and Carbohydrate on Food Reward". *Cell Metabolism*. https://doi.org/10.1016/j.cmet.2018.05.018.

Buna-dispoziție ne face creativi

Rowe, G., J.B. Hirsh și A.K. Anderson. 2007. „Positive Affect Increases the Breadth of Attentional Selection". *Proceedings of the National Academy of Sciences of the United States of America* 104 (1): 383-88.

Optimismul prelungește viața

Lee, Lewina O. et al. 2019. „Optimism Is Associated with Exceptional Longevity in 2 Epidemiologic Cohorts of Men and Women". *Proceedings of the National Academy of Sciences of the United States of America* 116 (37): 18357-62.

Comparația ascendentă și influența ei asupra stării noastre de bine

Wang, Jin-Liang et al. 2017. „The Mediating Roles of Upward Social Comparison and Self-Esteem and the Moderating Role of Social Comparison Orientation in the Association between Social Networking Site Usage and Subjective Well-Being". *Frontiers in Psychology* 8 (May): 771.

Motivații intrinsece

Di Domenico, Stefano I. și Richard M. Ryan. 2017. „The Emerging Neuroscience of Intrinsic Motivation: A New Frontier in Self-Determination Research". *Frontiers in Human Neuroscience* 11 (March): 145.

Flow!

Csíkszentmihályi, Mihály. 2014. Flow and the Foundations of Positive Psychology: The Collected Works of Mihály Csíkszentmihályi. Springer Netherlands.

Jurnalul recunoștinței

Emmons, Robert A. și Michael E. McCullough. 2003. „Counting Blessings versus Burdens: An Experimental Investigation of Gratitude and Subjective Well-Being in Daily Life". *Journal of Personality & Social Psychology*. https://doi.org/10.1037//0022-3514.84.2.377.

Neurobiologia recunoștinței

Fox, Glenn R., Jonas Kaplan, Hanna Damasio și António Damásio. 2015. „Neural Correlates of Gratitude". *Frontiers in Psychology*. https://doi. org/10.3389/fpsyg.2015.01491.

Default mode network

Raichle, Marcus E. 2015. „The Brain's Default Mode Network". *Annual Review of Neuroscience* 38 (July): 433-47.

Default mode network și sensul vieții

Waytz, Adam, Hal E. Hershfield și Diana I. Tamir. 2015. „Mental Simulation and Meaning in Life". *Journal of Personality and Social Psychology* 108 (2): 336-55.

Default mode network și fericirea

Kringelbach, Morten L. și Kent C. Berridge. 2009. „Towards a Functional Neuroanatomy of Pleasure and Happiness". *Trends in Cognitive Sciences*. https://doi.org/10.1016/j. tics.2009.08.006.

A gândi te poate face nefericit

Killingsworth, Matthew A. și Daniel T. Gilbert. 2010. „A Wandering Mind Is an Unhappy Mind". *Science* 330 (6006): 932.

Avantajele și dezavantajele gândurilor rătăcitoare

Smallwood, Jonathan și Jonathan W. Schooler. 2015. „The Science of Mind Wandering: Empirically Navigating the Stream of Consciousness". *Annual Review of Psychology.* https://doi.org/10.1146/annurev-psych- 010814-015331.

Echilibrul rețelelor și fericirea

Shi, Liang et al. 2018. „Brain Networks of Happiness: Dynamic Functional Connectivity among the Default, Cognitive and Salience Networks Relates to Subjective Well-Being". *Social Cognitive and Affective Neuroscience.* https://doi.org/10.1093/scan/nsy059.

King, Marcie L. 2019. „The Neural Correlates of Well-Being: A Systematic Review of the Human Neuroimaging and Neuropsychological Literature". *Cognitive, Affective & Behavioral Neuroscience* 19 (4): 779-96.

Kringelbach, Morten L. și Berridge, Kent C. 2017. „The Affective Core of Emotion: Linking Pleasure, Subjective Well-Being, and Optimal Metastability in the Brain". *Emotion Review: Journal of the International Society for Research on Emotion* 9 (3): 191-99.

Drogurile psihedelice și default mode network

Carhart-Harris, Robin L. et al. 2014. „The Entropic Brain: A Theory of Conscious States Informed by Neuroimaging Research with Psychedelic Drugs". *Frontiers in Human Neuroscience.* https://doi.org/10.3389/ fnhum.2014.00020.

Meditația/atenția la sine și default mode network

Doll, Anselm et al. 2015. „Mindfulness Is Associated with Intrinsic Functional Connectivity between Default Mode and Salience Networks". *Frontiers in Human Neuroscience* 9 (August): 461.

Runner's high și opioidele

Boecker, H., et al. 2008. „The Runner's High: Opioidergic Mechanisms in the Human Brain". Cerebral Cortex. https://doi.org/10.1093/cercor/ bhn013.

Nașterea ipotezei serotoninei

Coppen, A. 1967. „The Biochemistry of Affective Disorders". The British Journal of Psychiatry: *The Journal of Mental Science* 113 (504): 1237-64.

O carte recomandabilă despre depresii și antidepresive

Bschor, Tom. 2018. Antidepressiva: Wie man sie richtig anwendet și wer sie nicht nehmen sollte - vom Mitautor der Behandlungsleitlinie für Depressionen. Südwest Verlag.

Recenzie Cochrane a triptofanului

Shaw, K., J. Turner și C. Del Mar. 2002. „Tryptophan and 5-Hydroxytryptophan for Depression". *Cochrane Database of Systematic Reviews*, no. 1: CD003198.

Un articol interesant despre depresie, serotonină și inhibitorii de recaptare a serotoninei, accesibil online

Julia Friedrichs, Thorsten Padberg: Aus dem Schatten ans Licht, *ZEITMAGAZIN* Nr. 25/20169. Juni 2016

Muzica și fericirea

Stark, E.A., P. Vuust și M.L. Kringelbach. 2018. „Music, Dance, and Other Art Forms: New Insights into the Links between Hedonia (pleasure) and Eudaimonia (well-Being)". *Progress in Brain Research.*

Blood, A.J. și R.J. Zatorre. 2001. „Intensely Pleasurable Responses to Music Correlate with Activity in Brain Regions Implicated in Reward and Emotion". *Proceedings of the National Academy of Sciences* 98 (20): 11818-23.

Pielea de găină în momente emoționante

Wassiliwizky, Eugen et al. 2017. „Tears Falling on Goosebumps: Co-Occurrence of Emotional Lacrimation and Emotional Piloerection Indicates a Psychophysiological Climax in Emotional Arousal". *Frontiers in Psychology* 8 (February): 158.

Benedek, M. și C. Kaernbach. 2011. „Physiological Correlates and Emotional Specificity of Human Piloerection". *Biological Psychology.* https://www.sciencedirect.com/science/article/pii/S0301051111000093.

Aduc banii fericirea?

Kahneman, D. și A. Deaton. 2010. „High Income Improves Evaluation of Life but Not Emotional Well-Being". *Proceedings of the National.* https://www.pnas.org/content/107/38/16489.short.

Dunn, Elizabeth W., Daniel T. Gilbert și Timothy D. Wilson. 2011. „If Money Doesn't Make You Happy, Then You Probably Aren't Spending It Right". *Journal of Consumer Psychology: The Official Journal of the Society for Consumer Psychology,* Choice over time, 21 (2): 115-25.

Studiul despre fericire de la Harvard

https://www.adultdevelopmentstudy.org/

Spirala pozitivă a fericirii, legăturilor sociale și sănătății

Kok, Bethany E. et al. 2013. „How Positive Emotions Build Physical Health: Perceived Positive Social Connections Account for the Upward Spiral between Positive Emotions and Vagal Tone". *Psychological Science* 24 (7): 1123-32.

Solitudinea este otravă

Hawkley, Louise C. și John T. Cacioppo. 2010. „Loneliness Matters: A Theoretical and Empirical Review of Consequences and Mechanisms". *Annals of Behavioral Medicine: A Publication of the Society of Behavioral Medicine* 40 (2): 218-27.

Holt-Lunstad, Julianne, Timothy B. Smith și J. Bradley Layton. 2010. „Social Relationships and Mortality Risk: A Meta-Analytic Review". Edited by Carol Brayne. https://doi.org/10.1371/journal.pmed.1000316.

Purtarea altruistă ne face fericiți

Nelson, S. Katherine et al. 2016. „Do unto Others or Treat Yourself? The Effects of Prosocial and Self-Focused Behavior on Psychological Flourishing". *Emotion* 16 (6): 850-61.

Fericirea se poate exersa

Dolcos, S., M. Moore și Y. Katsumi. 2018. „Neuroscience and Well- Being". *Handbook of Well*

B

idei // observații // note

idei // observații // note

idei // observații // note

idei // observații // note

idei // observații // note

idei // observații // note